習王體制部署

習要掌權二十年

作者／王淨文　季達

目錄

第一章

延期公布修憲細節

習江暗鬥激烈，二中全會習陣營受阻，人事布局未成。2018年中國新年後習當局宣布修改憲法中國家主席任期限制，江派隨即操縱新華社搞鬼阻撓修憲。習緊急提前召開三中全會，採取一系列行動對陣，朝其四個「五年計畫」邁進。

中共修憲刪改國家主席任期建議引發海內外軒然大波。（Getty Images）

第一節

江派操縱新華社搞鬼

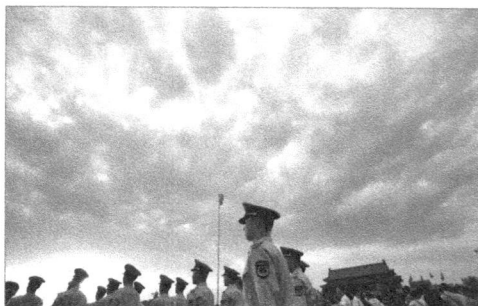

兩會前夕，新華社英文版提前曝光中共國家主席任期改變這一極其敏感的消息，引爆輿論，讓當局難堪。（Getty Images）

新華社三次搞鬼炒作

2018年2月25日下午3點54分，新華社英文版以Urgent（急電）方式發布簡訊，標題為「CPC proposes change on Chinese president's term in Constitution」（中共中央建議修改憲法中國家主席的任期），只報導了一句中共中央委員會建議在憲法中刪除國家主席「不得連續任職兩屆」規定的短消息。

簡訊發表後，立即引起海內外輿論界的軒然大波，不光西方媒體強烈關注，國內網上也是罵聲一片，人們認為這是習近平要搞終身制、當皇帝的信號。什麼「司馬昭之心」、「袁世凱」、「稱帝」、「我反對」等等帖子不斷，負面輿論十分強烈。

新華社旗下的新華視點也做了類似炒作的事情。消息人士披露，新華視點公號 25 日當天也發布了修憲的文章，但同一篇文章 30 分鐘內卻發了兩遍。發第一遍時，編輯對文章的關鍵語句，也就是取消連任限制的部分進行了標紅加粗。25 分鐘後，新華視點刪除該文，將標紅加粗取消後，整篇文章一個字沒改動重新再發表。

消息人士說，僅僅這點小細節，為什麼要刪除重新發呢？原因就是對於官方文本，特別是有敏感信息的文本，是不可標註、不可解讀，更不可單獨摘出重點發表。

另外，新華視點的微博在 2 月 25 日下午 5 時 33 分也刊發了《重磅！中共中央關於修改憲法部分內容的建議》一文，但該文很快已打不開，陸媒轉載的相關鏈接也打不開。

在新華社英文簡訊出來一個小時後，新華社中文版才以授權的方式公布《中共中央委員會關於修改憲法部分內容的建議》全文。該建議共包括 21 條修改建議，還包括 11 條有關「監察委員會」的建議。建議第 14 條才提到刪除「國家主席、副主席連續任職不得超過兩屆」的內容。

網路水軍製造負面反饋

《蘋果日報》報導說，這個修憲提議的幕後推手，同樣是「習思想」的主導者、習近平的智囊王滬寧。雖然僅僅是個提議，但海外主流媒體在報導中，幾乎都是採用了肯定的說法。因為人們都知道，只要中共黨內表決通過的事情，在中共的兩會上，如果

不出意外，那就肯定會通過，而且是高票通過。

其實，十九大沒有選出習近平的接班人，這就暗示著習近平要連任。早在2016年10月，《新紀元》就出版了暢銷書No.48《習近平的總統制》，這些都讓人們對習連任有了思想準備。

特別是十九大後官媒越來越多的使用「領袖」來指代習近平。「領袖」比「領導」的地位更加高一等，並且具有精神含義。比如，毛澤東被稱為領袖，而習近平的兩個前任胡錦濤和江澤民則沒有這樣的待遇。

中國人民大學政治學教授張鳴說：「在中國，老百姓已經將習近平視為皇帝了。」既然已經認為是皇帝了，那為什麼對取消主席任期限制，民間輿論還這麼大動干戈呢？

懂中共政局的人就知道，網路上的負面反饋是有五毛等網路團隊在故意炒作。新華社這三個動作，加上網路水軍的配合炒作，是因為背後有批人在反對習近平。反習聯盟的主角就是江澤民和曾慶紅的人馬。

由於江派的故意煽動和輿論攻擊，習陣營不得不一系列採取行動。大陸微博一度禁止評論廢除國家主席任期限制，一旦輸入「司馬昭之心」、「袁世凱」等字眼，搜尋結果會顯示「根據相關法律法規和政策，XXX 搜索結果未予顯示」。

各大社交網站除了迅速大面積刪除網民評論之外，也採取了更多輔助手段來進行言論控制。比如社交平台禁止修改用戶名、頭像等個人信息；微博搜索結果白名單化，只顯示藍V帳號內容等。

更好笑的是，被禁搜屏蔽的還有一個詞「移民」。在百度指數上，從發布消息的下午三點到晚上七點，「移民」的指數從原來的不到100，突然飆升到2500。

江派操控新華社搗鬼

過去幾十年，中共文宣系統一直是由江派人馬把持。在習近平執政的第一屆任期初期，由江派常委劉雲山及政治局委員劉奇葆把持的文宣系統，一度時期曾扣發習近平、王岐山等高層的講話，習、王不得不利用親習陣營的財新網等媒體發聲；習近平執政的第一屆任期的後期，由於通過反腐「打虎」，其權力不斷擴大，文宣系統又對習近平進行各種「高級黑」。

時政評論員石實表示，本次新華社英文版、新華視點同時突出報導修憲中的修改中共國家主席任期，應該是江派有預謀地向習近平攪局，其最終目的就是要習近平五年後下台。

石實說，早在習近平第一屆任期內，江派就放出風來，說習近平最多任兩屆十年；2016 年的中共兩會期間，江派也曾通過新疆媒體無界新聞網要求習近平「辭職」。

對於有報導認為本次攪局可能是前中央網信辦主任魯煒在新華社的「餘毒」肇事，或可能與出身團派的新華社社長蔡名照有關，石實認為，中共有嚴厲的審查制度及等級制度，如果沒有江派大佬們的支持，小小的新華社社長或魯煒的「餘毒」怎麼敢與習近平叫板，那不是自投羅網嗎？

石實說，通過這件事也說明，雖然中共十九大後至今，習、江陣營看起來相安無事，但實質上他們的暗鬥仍然怵目驚心。習近平如果不拿下江派大佬江澤民、曾慶紅，兩派之間你死我活的鬥爭就不會停息。

《新紀元》周刊這五年來一直有報導，表面上習近平在執政，但他一直面臨著江澤民派系的暗中攻擊，因為江派在鎮壓法輪功

上欠下血債而擔心被習近平清理，因此鋌而走險，不斷搞出政變
和暗殺，企圖把習近平推下位。

習大祕再提「篡黨奪權」

無獨有偶。中共官媒《中直黨建》2月號刊發了中共政治局
委員、習近平的大祕、中辦主任丁薛祥1月26日在中直機關會議
上的講話。丁薛祥在說到高層官員腐敗時稱，中共十八大以來，
幾乎無一例外地查到有政治問題，拉票賄選、拉幫結派，「有的
甚至想要篡黨奪權」。

2017年的中共十九大期間，中共證監會主席劉士余在10月
19日的中共中央金融系統代表團小組會上發言時，公開批周永
康、薄熙來、徐才厚、郭伯雄、令計劃、孫政才等人位高權重，
既巨貪又巨腐，又「陰謀篡黨奪權」，案件「令人不寒而慄、怵
目驚心」等。當時劉士余的話港媒普遍做了報導，但大陸媒體未
報導。

如今當局再次在中共兩會前夕高調提「篡黨奪權」，實質是
警告這六人企圖政變背後的「大老闆」：江澤民、曾慶紅，以及
依舊按照江曾意圖行事的嘍囉們。

新華社相關人員受處分

2月28日，消息人士向《大紀元》透露，新華社英文版在關

於中共國家主席任期的報導上，犯了重大政治錯誤，相關人員受到了處分或撤職。

消息人士說，新華社英文版把中共國家主席任期改變這一點單獨摘出來做報導，將外界的注意力都集中到這一點上，而改變國家主席任期又極其敏感，這就等於是火上澆油，讓當局難堪。

港媒《星島日報》和《蘋果日報》2 月 28 日也引述消息人士稱，新華社以英文稿搶先突出報導國家主席任期更改的消息，引起西方媒體大肆炒作，在海內外社交網站造成議論，事件被定性為「嚴重失誤」及「政治失誤」，相關人員被撤職，社領導要做檢討。

海外有報導指，新華社社長蔡名照出身團派，早年與前中辦主任令計劃有關，曾被當局審查。分析指新華社或因今次事件面臨肅整。

人們注意到，2 月 26 日官媒報導說，中央巡視組進駐新華社，進行為期三個月的巡視工作。此番巡視將針對新華社黨組成員、主要負責人和重要崗位領導，重點處理關於違反政治、組織、工作、生活紀律等方面的舉報和反映。

看來，也許不光英文版的相關人員受處罰，可能新華社高層也有人會被處理。

第二節

各方評說習連任

習近平過去五年一直為集權努力，有人擔心獨裁再現，也有人猜測習近平的底牌是實行總統制。（AFP）

各方評說習不得不連任

新華社英文快訊出來後，有外媒表示，如果這次 69 歲的王岐山能重新回來不退休，那麼這就為習近平在達到退休年齡之後繼續留任開創了先例。1953 年出生的習近平今年 64 歲。

也有猜測，習近平從中共十八大以來的大動作不斷，被斬落的大小貪腐官員數以百萬計。其中不乏政治排位靠前而且比較年輕的中共官員，甚至包括早前被認為是接班人的黨官。這些人被打掉，使中共政局出現了大的變化，也導致接班人出現了「真空」狀態，或者說當前可能的「候選人」還沒具備接任最高領導人的條件。

《北京之春》名譽主編胡平曾表示，習近平會在中共二十大時繼續謀求掌權，「因為他走到這個位置就沒法停住，放棄了權力就會對他構成危險。」

美國之音也認為，習近平的大規模反腐打虎運動，樹立了太多的敵人。如果他在第二任期結束後下台，也就是在 2023 年後下台，他和他的家人都可能面臨巨大風險。這可能是習近平留任的最主要原因之一。

分析家說，如果習近平只有兩屆任期，他的權力在一兩年內就將開始萎縮，他將成為跛腳鴨。傳統上，一旦中共領導人接近他們第二任期的後半部分，權力就開始削弱。

香港嶺南大學國際事務教授張泊匯說，中共這個舉動將讓習近平擁有更大的權力，並將遏制任何殘留的針對他的統治的阻力。「一旦人們知道他將掌權多少多少年，那將加強他的權力，激勵每個人加入他的陣營。」張泊匯說，「任何對手都將認為他是全能的（因此難以挑戰）。」

北京政治評論員胡星斗告訴美聯社，雖然習近平可能需要額外的一兩屆任期來實施他的計畫，但是中國不太可能回到國家元首終身制的時代。

「習主席可能在相當長的時間內擔任領導職務。」胡星斗說，「這有利於推動改革、反腐敗，但是中國不可能再次搞終身制。」「我們已經從終身任期制度吸取了深刻的教訓。」胡星斗指的是毛澤東在 1966 年至 1976 年發動的文化大革命。

香港的大陸問題專家劉斯路也對習近平續任表示擔憂。他認為如果習近平真的要無限期掌權，那麼他必須非常小心，因為權力過度集中，一旦他犯了一個錯，那將給大陸帶來無法想像的惡果。

對於中共修憲，2月25日，海外著名學者何清漣在推特上表示：「我覺得趙家人（趙家是近幾年中國網民對中共統治集團的稱呼）為此激動、憤怒，都是可以理解之事；但趙家之外的平民，與本輪修憲沒有相關利益，他們遑論投票權利，就連議論國事的資格都沒有，當真用不著太將自己不當『外人』，代替趙家人出征，去罵習近平要建立獨裁、想當皇帝。」

2月25日北京歷史學者章立凡告訴路透社，這個消息並不出人意料，但是很難預測習近平可能掌權多少年。「理論上，他可能比穆加貝任期更長，但是實際上，沒有人可以確定將發生什麼事情。」章立凡說。津巴布韋前主席穆加貝掌權了40年，2017年11月份剛剛下台。

2月26日章立凡在美國之音政論節目中表示，體制性腐敗，集權非解藥。他說，絕對權力與腐敗之間的關聯和必然，不是分權和集權問題；根本上，不受監督的一黨體制就是產生腐敗的溫床，無法通過取消任期限制來實現。

據官方公布的數字，五年來有近200萬違紀涉貪腐的黨員幹部遭到中紀委系統查處。

延期是為解決台灣問題？

北京消息人士2月27日對港媒《蘋果日報》說，習近平還需要一或兩屆任期來實現他自己的計畫，而這個計畫就是在任內解決台灣問題。

習近平上任初期就曾說過「台灣問題終究要解決，總不能這

樣一代一代拖下去」；在中共十九大上，習近平提出到 2035 年基本實現「現代化」。當時就有專家表示，相信在 2035 年前後會解決台灣問題。

64 歲的習近平 2013 年就任國家主席，就算他 2018 年兩會連任，也將在 2023 年卸任，而在那時未必是解決台灣問題的最佳時機。若習連任三屆，屆時是 2028 年卸任，只有連任四屆，2032 年卸任，才有可能解決台灣問題，不過那時習近平已經是 79 歲了。

按照國際慣例，一旦發生戰爭，就會有特別的戰爭法來決定首領的任期。比如美國總統羅斯福，因為二戰就連任了四屆總統。

不過 2 月 25 日，前總統馬英九參加團拜活動時表示，到目前為止，兩岸統一的條件還沒成熟，雙方必須持續交流和互動，創造有利條件。

有趣的是，2 月 28 日，中共國台辦藉由例行記者會主動宣布《關於促進兩岸經濟文化交流合作的若干措施》，措施共 31 條，企圖藉此吸引台灣企業、社團、藝文業等領域人士前往中國大陸發展。對此，台灣行政院大陸委員會提醒台灣民眾，不要被所謂「惠台措施」所拉攏。

官媒稱修憲不等於終身制

面對網路上的反對聲音，3 月 1 日，《人民日報》在第三版發表篇幅達半版、署名「軒理」的評論文章強調，修憲不意味領導幹部職務「終身制」，明顯想為這輪外界指責降溫。

中央社報導稱，「軒理」或「鐘軒理」通常是中共中央宣傳部理論局在中共官方媒體發布文章時所用的署名，觀點一般被解讀為官方正式表態。

這篇長篇評論文章提到，中共黨章對中共的總書記和中央軍委主席沒有規定連續任職不得超過兩屆，這次在對國家主席任職規定上作出修改，有利於「三位一體」領導體制的一致性。

評論稱：「這一修改，不意味著改變黨和國家領導幹部退休制，也不意味著領導幹部職務終身制。」

文章提到中共黨章中的一條明確規定，中共的各級領導幹部「職務都不是終身的，都可以變動或解除。」「年齡和健康狀況不適宜於繼續擔任工作的幹部，應當按照國家的規定退、離休。」

但政論家、《北京之春》榮譽主編胡平認為，在中共體制內，「終身制」與延長任期差別不大，《人民日報》的評論只是在咬文嚼字：「修憲取消任期限制，也的確不等於實行『終身制』，這是兩個不同的概念。」

「但取消任期限制還是意味著可以永遠當下去，搞搞假選舉就可以接著當了。以前中共黨魁毛澤東也不是終身制，他也開過好幾次會，假模假樣的又當選一次。」

新華社報導出來後，海外廣泛議論，但國內除少數官媒以社論相挺外，未見太多報導評論。2月27日，《解放軍報》以《全軍和武警部隊官兵堅定表示：堅決擁護中共中央關於修改《憲法》部分內容的建議》為題為該建議背書。

但其他媒體少於表態。據一名媒體工作者透露，官方採口頭指示媒體淡化處理，以免「被海外作文章」。

他說，當天就有媒體接獲「不突出報導」的口頭指示，因為

報導得愈多，意見也就愈多，被海外拿來作文章、進而向中國國內反噬的可能性也就愈高。因此，在宣傳上「求穩」才符合需要，讓民眾知道「修憲要這樣修」，就可以了。

時代不同 習無法獨裁

《澳洲人報》2月27日報導稱，悉尼科技大學中國研究副教授馮崇義博士表示，對於北京當局最新的修憲建議並不感到驚訝。他說，習近平在過去五年中一直在為集權努力，現在他終於用法治的工具鞏固了自己的地位。

來自全澳華人人口比例最高的悉尼南區 Hurstville 的前市議會候選人謝宏認為，人們太過容易作出習近平是獨裁者的結論；相反，他認為習近平既不會成為「皇帝」，中國也不會回到毛澤東時代。

他說：「雖然中國仍然是一黨專制國家，但是以今天的信息技術，互聯網、微信、大量移民、學生和中國遊客來看，共產黨怎麼可能封鎖所有的信息？天時地利，現在的世界已經與毛澤東的時代完全不同了，所以也不可能回到當時那樣的集權的。」

「這為習近平實現更大的政治和社會改革奠定了必要的法理基礎。」謝宏說：「也只有當他能完全掌握絕對的權力，他才能去面對中國分化的盤根錯節的政治觀念，對複雜的利益集團進行改革——要知道，在中國進行政治改革所面臨的巨大風險和障礙，其複雜程度遠超出我們所能想像。」

謝宏說：「習近平還沒有亮出底牌，沒有人知道會怎樣，現

在所有這些解讀都只是猜測。」

　　有人猜測習近平的底牌是搞總統制。對於中國可能實行總統制的問題，此前大陸也有數名學者表達了同樣的看法。如中共體制內專家、國家行政學院教授汪玉凱曾公開說，習近平當局要應對現在出現的種種風險、危險，就必須在政治改革上有所突破。

第三節

張德江阻撓修憲

習近平要修改憲法，需通過人大來進行表決，人大委員長張德江（左）就是修憲的最大阻力。（Getty Images）

二中全會談成 修憲推遲一月發布

2月25日，新華社以「重磅」消息形式公布中共的修憲建議，而第二天就是中共三中全會召開的日子。官方為何在這個敏感日子拋出這個敏感話題呢？

細心的人會發現，中共給人大建議修憲的落款日期是「2018年1月26日」，而公布的日期卻是2月25日，幾乎延後了一個月。

回頭看歷史，2018年1月12日，新華社宣布，中共中央政治局決定十九屆二中全會將於1月18日至19日在北京召開，研究修改憲法部分內容的建議。

此次修憲主要有三大重點：一、「習近平新時代中國特色社會主義思想」納入憲法總則的指導思想，上升到國家意志；二、

增加國家監察委員會；三、可能修改國家主席任期制。

外媒分析說，這屆二中全會與往屆相比有三大不同：一是，罕見未提領導人「建議名單」；二是，會期提早到了1月份；三是，不僅要安排人事，更要討論修改憲法。

1月19日公布的十九屆二中全會公報提到，全會審議通過了《中共中央關於修改憲法部分內容的建議》，但沒有公布建議的具體內容。

以往，多數媒體預料，中共二十大時才會修憲討論習留任的問題。路透社更在2月28日引用來自於「接近中共高官的消息」指，關於取消國家主席任期限制的修憲建議是在二中全會上討論的，但是有保留意見，沒達成共識。在二中全會上有不同的聲音，僵持不下。

也有海外分析人士認為，「可能因為體制內沒有通過」，「這項提議是二中全會時沒達成共識、出現分歧，會議結束後又單個要求中央委員表態，才會在1月26日完成這份文件。」

不過多維網分析說，一般全會公告七天之後給出具體建議內容是正常的。中共推遲一個月全文公布修憲建議，還有一個很現實的原因。1月28日至31日，習近平等中共七常委和傳即將出任國家副主席的王岐山，才先後當選中共十三屆全國人大代表。若在習、王當選人大代表之前，公布修憲取消國家主席、副主席任期限制，也有可能對選舉造成一些干擾。

也就是說，二中全會時習近平已經讓中央委員們同意通過了取消主席連任的限制，在這點上，習陣營是成功了。

不過，令人吃驚的是，二中全會沒有通過國家副主席、人大副委員長，以及國務院總理等重要職務的推薦名單，這就無法提

請即將在 3 月 5 日召開的全國人大來批准。於是，人們看到，中共三中全會不得不從以往的 9、10 月提前到了 2 月 26 日至 28 日緊急召開。

看來，二中全會上習陣營遭到了江派的竭力阻擊，沒談成人事。

張德江叫板 二中全會沒談成人事

按慣例，三中全會是部署未來五年經濟政策的，如今淪為替二中全會完成人事推薦。到底二中全會上發生了怎麼的激烈爭奪，才把整個全會安排徹底打亂了？是誰阻撓王岐山出任國家副主席呢？

毫無疑問，阻力來自江派，特別是張德江和劉雲山。十九大時，就是江派三常委的竭力阻撓，習近平未能讓王岐山繼續留任政治局常委。劉雲山卸任前長期主管新華社，所以這次才出來了「重磅消息」的高級黑。張德江雖然已經不是政治局常委，但是在栗戰書被正式任命之前，張德江還是人大委員長。

如果習近平要修改憲法，哪怕是「作秀」，也是要通過人大來進行表決的，那麼張德江就是修憲的最大阻力。如果張德江挾橡皮圖章之名，行狙擊之實，再糾合劉雲山的宣傳口殘餘舊部，可能就會對習近平形成一定的攻擊力。

於是習近平不得不先保證修憲取消主席任期限制，而留到一個月後召開三中全會來讓自己中意的人進入兩會表決。

為了實現這目的，人們看到，在二中及三中全會間隔的一個多月裡，除了過年時間，習陣營公訴了江派的白手套吳小暉，以

及軍方的白手套、華信總裁葉簡明。這兩人的後台都是江派。

　　港媒《蘋果日報》3月1日披露，習近平近年致力打擊「財閥治國」，慎防發生經濟政變。中國華信、安邦、大連萬達、海航、復星國際等這些「財閥」私企的富豪和大鱷，靠銀行貸款、金融槓桿、資本市場坑矇拐騙和圈錢而暴富，風險卻由全社會埋單。

　　據說葉簡明是習近平親自下令抓捕的。也許處理這兩人，抓住了江派的軟肋，於是江派不得不在三中全會上讓步，同意王岐山擔任國家副主席，於是，「習王體制」再度出現。

第四節

「忍辱負重連任四屆」

三中全會的異常入場習穩坐首席

三中全會於 2 月 26 日至 2 月 28 日間舉行。有趣的是,自由亞洲電台引述北京一位要求匿名的學者披露,習近平步入三中全會會場的方式與過往比有些異常。

該北京學者表示:「三中全會是習近平一個人先走進會場的,全體起立為他鼓掌,他坐下後,等掌聲平息下來,李克強才帶著那六個(中共)常委魚貫走進來,分坐在他的兩邊。三中全會已經非常明確,他就是黨內的絕對老大,其餘六個(中共)常委絕不能和他比肩。」

看來,習近平再坐穩十幾年最高位是肯定的了。在三中全會前一天才公布二中全會通過的習無任期限制,這無疑是警告反對

派們，在三中全會上要「知難而退」，未來十幾年都是我習陣營的天下，江派嘍囉們你們趕緊收場轉向吧。

2016 年放風：忍辱負重連任四屆

有海外資深媒體人士認為，延長國家主席任期，不使反腐「打虎」成果得而復失，是可以理解的，但只有以民族大業為己任，走真正的民主法治，才能走出重重迷霧和危機。

其實早在 2016 年 11 月、中共十八屆六中全會剛結束時，據港媒披露，習近平私下對親信說，他忍辱負重將連任四屆，擬用 20 年時間徹底改變國貌。

據港媒《前哨》雜誌 2016 年 11 月號披露，作者一位京城老友訪港，意在實地考察《成報》「炮轟」香港四人幫事件真相。朋友圈中稱他為「瀕危物種」，因為這位老友是一位貨真價實的「自由派習粉」，堅定秉持普世價值，同時堅決挺習近平。

這位「自由派習粉」洩露了高層政治圈子祕密，據說來自習近平的一名親信。習私下對這名親信表示：「沒辦法，咱們只有忍辱負重。」並透露他的四個「五年計畫」：

第一屆，十八大任上，初步反貪及全力固權，因為沒實權啥也幹不成；第二屆十九大任上，繼續固權，而且培植未來足以壓倒任何派系，同時抽出相當精力、財力改善民生，讓老百姓嘗到有關實惠；第三屆，二十大任上，水到渠成，從制度層面根治腐敗，不論政治背景、家族背景如何，無差別對待；第四屆，廿一大任上，持續強化、常態化全國的政治生態，把官員真正改造為

「公僕」。

「自由派習粉」稱他堅決支持習多幹十年即兩屆，即 2032 年再退下，否則什麼事也幹不成，不是半途而廢，就是功虧一簣。

2016 年 11 月 5 日，另一篇署名楊子、題為《習近平連任三屆的操作步驟》的文章在網上熱傳。文章稱，剛剛確立的「習核心」不可能只當五年，起碼還要十年吧，十年後由自己的「接班人」掌權，再影響政壇十多年。

目前來看，雖然習近平十九大未打破常委「七上八下」的潛規則，但不設立接班人已經實現，而修憲廢止國家主席任期限制，也正在操作之中。這顯示，習近平早已準備謀求連任。

習應帶領中國走民主道路

習近平要把官員真正改造為「公僕」，那必須改變中共的性質，真正走民主的道路。《新紀元》在 2016 年出版的《習近平的總統制》就介紹了這方面的動向。

比如 2016 年 11 月 4 日，中共喉舌媒體人民網在論壇首要位置上，轉載了寧波中共黨校機關報於當年 9 月 19 日發表的一篇題為《論作為核心價值的民主對深化改革的意義》的政論文章。

這篇由南京大學哲學與法學教授顧肅撰寫的文章，開篇即批判了近些年來中共否定民主的現狀，然後從分析民主的基本要素和特徵入手，指稱民主是「多數人的統治，或叫人民的統治」，即一個社會的最終政治決定權不依賴於個別人或少數人，而是在民主制度下由人民通過投票，由多數人來決定國家的基本政策。

　　文章稱，在 20 世紀世界政治發展過程中，人們通常認為民主至少具有三大經驗特徵：一、定期舉行公共權力機構負責人的選舉，其結果可實質性（而不是表面上）改變政策及其制訂者；二、採用普選方式，即公民一人一票進行的直接選舉；三、保障對選舉過程具有實質意義的公民自由權利。這三者缺一不可。

　　文章指出，在中國古代的民本思想中，也包含了民主的思想成分。例如《尚書・皋陶謨》中提出的「民惟邦本，本固邦寧。」孟子所倡導的「民為貴，社稷次之，君為輕。」（《孟子・盡心下》），這些民本思想中，已經包含了「政權的合法性必須建立在人民的同意基礎上這一基本原理」，也就是說，「統治者必須顧及人民的意願，不可一意孤行。」

　　文章分析說，全面深化改革看起來是經濟和社會的改革，但其根子卻在政治改革，需要進一步發展政治民主。而要真正建設起高度的民主，僅有民主的原則規定是不夠的，還需要在制度上實施並保障民主，需要使民主制度化、法律化。

　　尤其當今的中國，正面臨一系列突出矛盾和問題，面臨相當大的困難和挑戰。「一些人將權力與資本相結合，形成了壟斷或準壟斷的經濟力量，阻礙進一步的改革。官商勾結，一些公司承辦的公共工程中價高質劣，糟蹋納稅人的錢財。」要想真正進入市場，發展經濟貿易上的平等權利和同等待遇，有效遏制官場腐敗與惰政，建設一個「治理能力強、運作高效、作風清廉的政府」，就需要政治民主的保障。

　　這篇看上去帶有濃厚的西方憲政民主色彩的文章，能夠在中共喉舌媒體上公開發表，這個罕見的現象引起了外界的特別關注。

　　人民論壇網一向被外界視為中共當局釋放信號的前沿平台，

所以上文的出現，不排除是中共黨內自由派勢力在釋放信號，同時似乎也證明了「中共內部左右思想博弈的激烈狀況」。

目前人民網上的這篇政論文已被刪除，但寧波黨校學報的官網上仍可看到顧肅的這篇文章。如今習近平要幹 20 年的信息已經非常清晰，這次三中全會搞大部制改革，也有利於日後習近平搞總統制，因為一個總統也就面對十多個關鍵下屬。

十多年後，習近平是否能當上中國的首屆民選總統，讓我們拭目以待。

習王體制部署 習要掌權二十年

第二章

張德江是江派死黨

力阻習近平修憲的張德江，早期因「德江」之名受江澤民刻意栽培，並追隨江迫害法輪功而成爲江的死黨。倚仗江，張執政有恃無恐，做出隱瞞薩斯疫情、用黑惡勢力治理廣東、涉深航貪污黑幕等惡行，並不斷暗中攪局，對抗習政權。

張德江被指隱含「攪局基因」，從胡、溫時代到至今的習近平政權，都愛「攪局」。（AFP）

第一節

江澤民的鐵桿死黨

張德江（左）在向江效忠的同時，對胡溫也不過分怠慢。薄熙來（右）倒台後，張德江歸順胡、溫、習之意圖明顯。（AFP）

　　張德江是中共建政以來先後任四省（直轄市）一把手的官場第一人。但他和上海市委書記俞正聲一樣，因年齡界限，2012 年的中共十八大是他們擔任政治局常委的最後機會。

　　張的官運亨通，除了有江派的照應外，還與其注重自身外在形象和八面玲瓏的性格有關。張不像中共很多官員那般張揚，為人低調內斂，並給人以「正派正直」的印象，而且他懂得如何自我調整，緊跟領導。長期政工領域的經驗，加上早年曾留學朝鮮，因此被視為意識型態保守僵化的一類。

　　張德江並非江的嫡系，與江澤民關係應該說是一種權力捆綁而鐵心鐵肺的狼狽之奸。張在向江效忠的同時，對胡溫也並不過分怠慢。在其出任廣東省委書記的 2004 年，胡錦濤考察廣東，

並給予肯定，希望廣東能做全國經濟、社會發展的「排頭兵」。
2005 年，溫家寶到廣東視察時，張德江也恭敬有加。外界亦有觀
察，自導致薄熙來翻船的重慶事件後，江系勢力接近崩盤，張德
江似乎選擇重新站隊，表現出歸順胡、溫、習之意圖。

朝鮮進修 趙南起扶持

1946 年 11 月 4 日，張德江出生在遼寧台安縣桓洞鎮一個叫
做十八戶屯的小地方。據說，張德江已多年沒有回過台安老家，
老房已幾度轉手，最後一次回鄉是 80 年代末，在其當民政部副
部長任內，那時他還給當地一所聾啞學校題了字。

有人說張德江是平民階層出身，也有人將張德江納入太子黨
陣營。原因是其父張志毅曾是中共前炮兵少將，更有「炮兵鼻祖」
一說。其父歷任廣州軍區炮兵副司令員，濟南軍區炮兵代司令員、
副司令員、顧問，1964 年晉升為少將軍銜，1998 年去世。由於屬
軍隊過期的老幹部，沒有實權，並未在張德江的政治路途上發揮
大作用。

1966 年「文革」開始，全中國的學校「停課鬧革命」，那些
沒法正常念書的高中、初中畢業生和在校生，被稱為「老三屆」。
在中國「老三屆」之稱，基本上就是「荒廢學業」一代人的代稱，
張德江屬正趕上沒有機會入讀大學的應屆高中畢業生，更被稱為
「老高三」。兩年後，1968 年 11 月，張作為「上山下鄉插隊知
識青年」來到吉林省汪清縣羅子溝公社下鄉插隊。

據官方媒體採訪當地的農民介紹，張德江是第七生產隊的隊

長，經常代表七隊在大會上講話，頭頭是道。當然，活也沒少幹，鏟地、割莊稼、上山冬採，趕車拉燒柴，放扒犁，張德江在當地人眼裡屬能吃苦的那類。每當黃曆新年時，集體戶的同學們都回家和親人團聚去了，張就主動留下來看房子。兩年後，張升任吉林省汪清縣革委會宣傳組幹事、機關團支部書記。由於表現好，張成為100多名下鄉知青中第一個加入中共的人。

1972年5月，張德江進入延邊大學朝鮮語系就讀，並以政治表現突出而留校，做政工幹部。1978年8月，趁著「文革」餘溫，赴朝鮮金日成綜合大學進修經濟，1980年8月回國，任延邊大學黨委常委、副校長。

「老三屆」的張德江幾乎已沒有資本攀升其人生的遙遙仕途，但卻意外的得到一位軍頭貴人相助，從此步入政界。此人叫趙南起。

趙南起1927年生，中共解放軍上將，官至總後勤部部長、中央軍委委員、解放軍軍事科學院院長。

趙南起「文革」中被打倒，1973年復出。復出後，在通化軍分區做政委，一直到吉林省軍區政委。同時趙南起還擔任地方職務，自1978年起曾擔任過吉林省延邊州的州委書記、人大主任、吉林省副省長，一直到相當於吉林省委副書記。文武交叉兼職，這與「文革」後中共軍隊制度不健全有關。

提攜張德江時，趙南起正任職政協副主席。於是，1983年張德江出仕從政，擔任吉林省延吉市委副書記。1986年至1990年間，他曾離開吉林擔任中共國家民政部副部長、黨組副書記。

1989年「六四」後，江澤民當上了總書記，趙南起時任總後勤部部長、軍委委員。趙的後台是洪學智，江與洪學智、趙南起

合作，以對付楊尚昆等勢力。憑藉這層關係，趙向江推薦了張德江，張開始受到重用，這也是外界認為其是江澤民嫡系的緣由。

1990 年 10 月，在江的重用下，張重返吉林省擔任省委副書記兼延邊州委書記。1995 年 6 月任吉林省委書記、省人大主任，直到 1998 年赴任浙江省委書記。

張德江要離開吉林時，在南湖賓館告別會上說：「吉林是個好地方，沒待夠；吉林是個幹事業的地方，沒幹夠；吉林幹部群眾樸實，沒處夠。吉林是我的家鄉，我始終牽掛著吉林，時時刻刻關注著家鄉的發展變化。」

作為仕途首站，張德江在吉林確實是好好「發揮」了一番。自由亞洲之聲電台曾報導說，張德江在延吉的時候搞圖們江下游開發，提出五國（俄羅斯、日本、朝鮮、韓國、中共）共建北方香港，由聯合國投資，搞得很有生氣。

張德江是吉林延邊的知青，後來到延邊大學讀書留校做基層幹部，是典型的草根階層。據說張在延吉時，讀書很刻苦，幾乎把當地圖書館的書都看完了，還看天文、地理、動物、植物各方面的紀錄片，對各方面的知識都很感興趣。

被江澤民看中「德江」好名

1998 年 9 月，張德江改任浙江省委書記；2002 年 11 月至 2007 年 12 月，任中共中央政治局委員、廣東省委書記；2008 年 3 月起，任中共中央政治局委員、國務院副總理。江澤民曾經公開說：「我今天確實高興，因為廣東省有你掛帥。」張德江深得

江的歡喜由此可見。

北京政治觀察家指出，當初江澤民把張德江從吉林調到浙江，就是想苦心栽培張。多年來，浙江一直都是中國經濟最發達的省份之一，浙江私有經濟的迅猛發展也對其他省份起著關鍵的引導作用。十六大後又將其調任廣東省委書記，被護送進局中央政治局委員。外界認為：「無論是浙江還是廣東，張德江都是在摘桃子，可見江澤民對張的器重和刻意栽培。」

這期間，張雖「政聲不佳」，但「官運亨通」。到十七大時，張德江因封鎖負面真相、整肅敢言媒體，甚至動用武力鎮壓維權民眾，在廣東民間引發轟轟烈烈的「驅張運動」。張的民望下跌，反對聲不斷，在江澤民的強頂下才保持了政治局裡的席位，而且還被江推進溫家寶的第二屆內閣班子擔任副總理。

張德江為什麼會得到江澤民的信任和栽培呢？有人認為張很聽話，是個權力追隨者，誰當權就聽誰的。比如，他曾公開撰文反對私營企業家入黨，但在江澤民發表私營企業家可以入黨的講話後，立刻 180 度大轉變，肉麻吹捧江「樹立了又一座理論豐碑」。

但民間也有有趣的說法，張無形中彌補了江的一個鮮為人知的「恐懼」。江對名字、名稱有一種特別的迷信。

據《江澤民其人》一書記述，2000 年 12 月有一位叫鄭鎮江的軍事戰略專家外逃美國，叛逃消息上報江澤民後，底下人說，沒想到江非常惱怒，說「要不惜一切代價將人找回來」，理由是：「不能讓他在海外到處『鎮江』。」

2005 年 4 月 30 日通車的潤揚大橋，是江澤民耗資 50 億人民幣興建的一座橫跨長江連結鎮江與揚州的長江公路大橋，此懸索

橋全長 4700 公尺。2000 年 10 月 20 日，江澤民參加了大橋奠基儀式，並親手揭起奠基石上的紅綢。

潤揚大橋原名叫「鎮揚大橋」，因這座橋連結鎮江與揚州所得名，可揚州是江澤民出生地，江澤民一聽「鎮揚」就變了臉，這豈不是要鎮住他嗎？有人想起鎮江的古名「潤州」，將大橋定名為「潤揚大橋」，江澤民這才拍了板。

江喜歡好名字，認為能給自己帶來吉利，比如（周）永康、（李）長春、（曾）慶紅、（賈）慶林，這些名字都受寵。「德江」更正是江看中的好名，叫一聲「德江」，似乎就是給江本人補「德」、頌「德」。毀掉「德江」，也就表明江無德可用。因而北京圈裡的人都說「張德江是江必保之人」。

發展民營泛濫偽劣

官方認定，張德江在浙江最出色的政績，當屬出台一系列鼓勵民營經濟發展的政策，他鼓勵民間創業，鼓勵民營經濟發展，強調發展個體私營經濟不是權宜之計，而是一個戰略方針。

「一有土壤就發芽，一有陽光就燦爛。」張德江以此話形容浙江民間經濟的頑強生命力。張德江對浙江民營經濟的政策，第一是積極鼓勵和扶持其發展，第二是依法加強管理。但在中國，所謂第二要求往往是第一要求的陪襯而已。

正當中共官方高調，浙江在民營經濟發展中走出了一條「先放開後引導、先搞活後規範、先發展後提高」的道路，成千上萬個民營企業吸納千萬就業大軍，營造了浙江這個就業天堂的時

候，張德江也發現浙江的民間企業由於規範的嚴重滯後，也帶動了全中國的假冒偽劣商品的大泛濫。

雖然張德江不得不表示「誰砸浙江的牌子，就砸誰的飯碗」，但為時已晚，浙江溫州已成為假冒偽劣的發源地。

政聲不佳惹公憤

張德江任職廣東省委書記期間曾發生不少震驚全中國的事件，均與其脫不了關係。2003年隱瞞非典疫情事件、孫志剛事件，2005年的太石村罷免事件、東洲事件，以及後來的《南方都市報》案，張對事件的處理手法備受質疑。

張德江從浙江轉赴中國經濟第一省廣東，他碰到的首個難題不是經濟問題，而是那場讓中國人談之色變的「非典」事件。廣東掩蓋「非典」疫情，致使疫情擴散。當時張德江的一番感言恰恰生動的描述了廣東政府的欺瞞作為。他說，在「非典」疫情讓全國各地都深陷恐慌之際，廣東人一如平常，照常在餐廳吃飯，這其實也是在特別替政府著想。他並為此「非常感謝廣東，同時也被廣東人民感動著」，殊不知可怕的病毒就這樣在人們不知不覺中傳遍了全球。

2003年廣東發生大學生孫志剛死於收容所的事件，造成全中國輿論討伐，最終導致溫家寶發令取締臭名昭著的收容所制度。同年整肅披露該案情和「薩斯」疫情的《南方都市報》，逮捕並將正副總編輯判刑。

在此期間，還發生了東莞石龍萬人抗暴、揭陽萬人抗暴、太

石村等造成多人死傷的血腥事件，一些民眾發起了「驅張運動」。

張德江在廣東主政期間追隨江澤民，對法輪功迫害有加。從 2002 年到 2006 年，被迫害致死的廣東法輪功學員有 30 多人，被抓、被判刑的也有不少。2005 年 11 月，張德江在率團赴澳洲參加會議時被澳洲法輪功學員以酷刑罪告上新南威爾斯（簡稱紐省）高等法院。張德江被控告的消息引起了參加此次會議的中外代表震驚，也震驚了中南海。2006 年 6 月初，紐省高等法院舉行了聆訊。

張任副總理後，2009 年負責指揮造成 108 人死亡的黑龍江鶴崗新興煤礦爆炸事故搶救、善後處理及調查工作。2010 年 8 月 25 日，負責指揮河南航空 8387 號班機空難事故搶救、善後處理及調查工作。

但在 2011 年處理溫州動車追尾事故中引起極大公憤。在事發後僅僅 8 個小時就下令停止搜救乘客，而事實上，在其下令停止搶救 13 個小時後，兩歲半的女童小伊伊被發現獲救；而另一個三歲男孩身上沒有傷，20 個小時的等待使他窒息而死。負責生產安全工作的張德江被指下令停止搜救乘客，並就地掩埋車體。其後，張德江在媒體上消失了一段時間。

第二節

張德江五大惡行

張德江上任廣東省委書記不久，2002
年底 SARS 於廣東爆發。封鎖疫情，
致使 SARS 大陸蔓延並擴散全球 30 多
個國家。（新紀元合成圖）

　　張德江的執政，用《成報》的話說，其隱含「攪局基因」，
從胡、溫時代到至今的習近平政權，都愛「攪局」。

一、隱瞞薩斯疫情

　　張德江剛到廣東上任省委書記，2002 年底全球爆發了嚴重急
性呼吸道症候群（SARS）。世衛證實，SARS 源於 11 月發現在
廣東省的順德，隨後蔓延，但廣東政府一直不發布相關訊息，並
禁止媒體報導有關病情，切斷香港電視台的相關新聞，封鎖疫情。
　　在國際關注下，直到 2003 年 2 月 11 日，張德江才首度舉行
記者會，透露已確診逾 300 個感染案例，五人死亡，但宣稱疫情

已受控；並明令政府官員要教育公眾「不信謠，不傳謠」，打擊「傳謠」的《南方日報》。

隨後，SARS 迅速蔓延至全國，北京受害最嚴重。截至 2003 年 5 月 18 日統計：北京感染 2400 多人、死亡 147 人。

SARS 更進一步擴散至東南亞及全球 30 多個國家及地區，其中死亡最多的是大陸 348 人，依次是香港 299 人、加拿大 38 人、台灣 37 人等；全球感染患病高達 8400 多人，大陸就有近 5000 人、香港 1700 多人。

《蘋果日報》2016 年 5 月發表題為《隱瞞 SARS 扭曲經濟發展 張德江欠香港太多》的文章說，張德江隱瞞疫情釀成全球大禍。時任中共國家主席胡錦濤 2003 年 4 月南巡廣東，急召時任特首董建華到深圳解釋防疫進程，張德江陪伴，胡錦濤會上「全程面黑」，怒罵董「議而不決，決而不行」。

然而，報導稱，最終張德江獲江澤民撐腰，只大陸衛生部長張文康及廣東省衛生廳長黃慶道與一眾廣東官員被罷免。張則藉港媒全力洗底。

SARS 後香港經濟直插谷底，雖因實行「赴港自由行」得以緩和，但又帶來一串新的問題，特別是令香港經濟發展單一化，變得更依賴大陸。

二、整肅《南方都市報》

SARS 流行時，張德江主政的廣東省極力掩蓋疫情。香港《新維月刊》曾發表題為《揭祕中共審查制度的病毒》的文章說，廣

東省委宣傳部的禁令有時一天多達 30 多條。然而《南方都市報》
突破封鎖持續跟蹤報導，招致張德江的忌恨。

此外，2003 年 3 月，剛到廣州工作的大學生孫志剛因未辦理
暫住證被當局收容，後死於收容所，也是《南方都市報》4 月率
先披露孫志剛被毆打致死，震驚全國，在社會上掀起了對收容遣
送制度的大討論。

《南都》報導稱，該報記者聽到幾名喝得滿臉通紅的警察稱，
《南都》報導孫志剛害得他們弟兄坐牢、處分，「我們張書記說
了，這事沒完，你們等著瞧吧！」

2004 年《南方都市報》的正副總編程益中、喻華峰、報業集
團社委李民英，被以貪污、行賄、受賄、私分國有資產等罪名逮
捕及判刑。專案組張桂芳稱，這是省委主要領導交代要辦的大案，
「要從嚴從快，要辦成鐵案！」

《新維月刊》稱，張德江曾兩次在省委常委會上質問下屬：
「為什麼不用洩密罪起訴《南方都市報》負責人？」

三、黑白道治理廣東

張德江執政第三年，2005 年 7 月，廣州番禺區太石村村民持
續數月要求罷免貪污村官。《大紀元》當年報導，地方當局多次
出動數百警力毆打村民、搶劫帳本、抓捕維權人士和村民代表，
並僱用黑社會歹徒砸車、揮舞棍棒匕首圍毆追堵前往太石村的律
師與維權人士和外國記者。

結果太石村罷免村委會主任的民主選舉，在當局暴力和各種

卑劣手段威逼下，以流產告終。

同一年，2005 年，作為「廣東十大建設工程」之一的汕尾東州發電廠選址徵地，各級官員貪污腐敗侵吞了 2 億多賠償款，失地村民得不到合理補償，多次上訪、申訴得不到回應。村民搭棚阻撓發電廠開工，抗爭長達七個月。

廣東當局當年 12 月 6 日派出數千軍警和坦克包圍東州村，公然開槍射殺抗議民眾，導致數十人死亡，製造「六四」以來最大血案。

《成報》2016 年 10 月 4 日評論稱，張德江倚仗江澤民，用黑惡勢力治理廣東，任內三年爆發多宗轟動國際的醜聞；張從胡、溫主政到習近平執政一直在攪局，「期望中紀委的『虎頭鍘』把這些利益團伙正法。」

四、動車慘劇毀屍滅跡

2008 年張德江進中央任中共副總理。2011 年 7 月 23 日晚，浙江溫州發生動車相撞慘劇。張德江 24 日到現場，事發僅八個小時就令停止一切搜救，就地掩埋動車殘骸，毀屍滅跡，但停止搜救 13 小時後，兩歲半女童小伊伊被發現，激起民憤。

7 月 28 日，溫家寶抵達溫州事故現場舉行中外記者會，不見現場總指揮張德江，溫說「要給群眾一個明白的回答」。溫家寶的表態被認為形同質疑張德江的指揮是否得當。

各大媒體網站也把矛頭對準張德江，負面評價如潮。在遇難者「頭七」當天，中宣部禁令迫使上百家報紙連夜撤稿改版。當

時主管宣傳的政治局常委李長春也是江派要員。

五、涉深航貪污黑幕曝光

　　曾經震動海內外的深圳航空（深航）收購案黑幕，大後台也被指是張德江。

　　2014 年 8 月，海外中文媒體報導，有知情人爆料，紅極一時的江澤民情婦宋祖英之妹宋祖玉被調查組問話，她供出了這起貪腐案的許多細節，背後的實際操作人、黑幕的大後台就是張德江。

　　深航收購案件源於 2005 年，當時名不見經傳的李澤源突然出資 27 億元人民幣，成功地擊敗了競爭對手國航、中信集團、平安保險乃至外資巨頭，入主深航，一時轟動海內外。

　　報導稱，李澤源在入主深航不到四年的時間裡，就以偽造融資租賃合同的辦法，從深航「套走」了 20 億元到海外，並留下近百億的財務黑洞。而他之所以能夠「空手套白狼」，除了違規借用新華人壽前總裁關國亮 8 億元資金外，背後更牽涉多位中共黨政軍高層以及高幹子弟，包括時任廣東省委書記的張德江，以及前中央軍委委員、總後勤部部長趙南起，和前國防部長秦基偉之女等人，甚至也涉及宋祖英和江澤民。宋祖英曾經是深航代言人，她的妹妹宋祖玉一度擔任深航的董事。

　　2009 年 11 月，李澤源因涉嫌經濟犯罪被扣留調查，掀開了這家中國第五大航空公司的重重黑幕。因為深航一案，張德江被記下一筆爛帳。

第三節

反腐要動常委
二張為腐敗開脫

為排除江澤民阻撓抓捕周永康,王岐
山下令調查江澤民家族的「老根據
地」中國移動。江派張德江與張高麗
緊急提案遭否決。(AFP)

　　2014 年 7 月 29 日,前政治局常委、政法委書記周永康被官
方正式宣布立案調查。不過 2013 年 8 月習近平因所謂背痛而神祕
消失 14 天之後,就提出要查辦周永康,當時就遭到江澤民集團
的拚命阻止。為了讓江澤民同意處罰周永康,王岐山下令調查江
澤民家族的「老根據地」中國移動,害怕兒子江綿恆落馬的江澤
民馬上命令江派安插在常委中的二張——張德江與張高麗,聯手
提出「寬免退了休的高官貪腐」議案,為周永康和江澤民開脫。
不過,二張的議案遭到習近平陣營的否決。

　　據《動向》雜誌 2013 年 9 月報導,8 月中旬,中共中央政治局、
國務院、中紀委決定聯合出擊調查中央的企業和中央地方在境外
國外視窗公司的腐敗問題,其中包括中石油、中石化、華潤集團、

光大集團、四大商業銀行、中國移動、中國電訊、中國國航、中國南方航空等。

　　這裡面特別值得一提的是被出擊調查的中國移動。中國移動是江澤民家族的「老根據地」，江當政時期，其子江綿恆在短短幾年時間就建立起他的龐大電信王國，如上海信息網路、上海有線網路、中國網通等。

　　此前王岐山任國務院副總理時，曾查處過中國移動的三大案：2011 年的馬力案、2011 年的葉兵案和 2012 年的魯向東案。魯向東在案發前任中國移動執行董事兼副總經理，葉兵則是中國移動下設全資公司卓望的首席執行官，馬力是中國移動數據部的副總。不過這三個案子都遭到來自江澤民的阻力。

　　然而江家的干預並沒有讓王岐山止步，反而迫使王再度抓人。2013 年 4 月王岐山「雙規」了廣州移動總經理李澤欣，7 月是廣東移動總經理孫煉，8 月是中國移動廣東公司董事長兼總經理徐龍。

　　據大陸媒體報導，自 2009 年 12 月中國移動原黨組書記副總裁、江綿恆的親信張春江落馬開始，到 2012 年 4 月，中國移動落馬的管理層已經多達 12 人。2012 年 1 月，溫家寶的國務院曾點名批評中國移動等央企「奢侈浪費」、「用人唯親」、「管理不嚴」。

　　張春江的落馬與江綿恆直接相關。張春江當時所在的網通能夠吞併中國電信北方 10 個省區的資產和業務，就是因為網通幕後老闆是江綿恆。江綿恆當時操控的國企向銀行、中央不斷伸手要錢，而這些大型國企實際上是把銀行和中央撥的款，不斷通過各種變相的「貸款、經濟刺激政策、與外資合資」等方式再轉手

給該企業上層家族牟利。

江綿恆一直被稱為「中國第一貪」，他牽涉中國近年多起最重大貪腐案，有「周正毅案」、「劉金寶案」、「黃菊前祕書王維工案」、中國最大金融醜聞「上海招沽案」等，這些案件都涉及天文數字的貪污受賄、侵吞公款。王岐山打老虎，能否一直打到「江老虎」，這是人們最關心的，也是腐敗分子最害怕的。於是，有人出面來阻止王岐山的打虎了。

張德江張高麗再為腐敗「叫屈」

據《動向》雜誌 2013 年 9 月報導，中共人大委員長張德江與常務副總理張高麗，在政治局聯署提出寬免高官在經濟領域、配偶子女定居境外和外國、特權斂財非法性的議案；二張提出對「已退離休（已逝世）黨政、國家副總理（國務委員）、人大副委員長、政協副主席，及以上幹部的家屬包括配偶、子女、直系兄弟姐妹」等區別對待，允許其搞特權，「原則上不搞審查」。不過此提議被否決。

中共中組部調查稱，中央與省部門在港、澳特區視窗公司擔任高級管理人員的，80％是官二代、官三代，有 1 萬 7500 多人；中央黨校、國家部門、地方黨政部門省部一級幹部子女已在香港特區定居的有 12 萬 5000 多人，在澳門特區定居的有 1 萬 1200 多人。在香港特區擁有億元以上資產的官二代、官三代有 10 萬 3000 多人；在澳門特區擁有億元以上資產的官二代、官三代有 6600 多人。在港、澳特區定居的官二代與官三代中，95％已持有

英國、加拿大、美國、澳洲等西方國家定居權或國籍。

據《爭鳴》雜誌 2013 年 6 月報導，張德江、張高麗等提出《關於強化廉政建設制度化，特赦在限定時間內自首的經濟領域違紀、違法公職人員的建議》，他們想特赦貪官的理由是：腐敗違紀、違法的情況，遠比所想像、所掌握的，要嚴峻、複雜、惡化；黨內外對反腐敗工作及進展普遍產生畏難、悲觀情緒。

《新紀元》周刊在 2012 年 12 月 27 日出刊的封面故事《反腐升級習近平害怕「魚死網破」》中，談到《京華時報》發表了反腐專家李永忠的「出格」言論：對腐敗官員不能趕盡殺絕，要赦免。他說：「如果我們用『絕不赦免』的方法，可以推算，『腐敗呆帳』只會越來越多，存量會越來越大，抵抗也會越來越頑強，最後可能出現魚死網破，甚至魚未死網已破的態勢。」

李永忠是中國紀檢監察學院副院長、制度反腐「專家」、國家行政學院等院校兼職教授、中國經濟體制改革研究會特約研究員，有數十年的「反貪經驗」。

張德江、張高麗的說法與這位反腐專家的言論很類似，不過，習近平、王岐山並沒有採納。因為從憲法的角度看，這樣赦免貪官，就等於宣布法制的無效。

張德江給習國安委「挖坑」習憤怒反擊

2014 年中共兩會前，中央辦公廳透露消息稱，國安委正式設立將由人大立法通過，但兩會期間，人大根本無此議程。據悉，暗中攪局的是中共人大委員長張德江。

香港《爭鳴》雜誌 2014 年 4 月號消息，兩會原計畫是通過立法程式將國安委從黨權序列正式並列國家行政權力序列，以便國安委運行起來名正言順。然而，張德江不甘權力貶值，對習實行程式阻擊。換言之，儘管習在黨權方面位列第一，但張是國家最高立法機構的負責人，兩種權力發生了激烈碰撞且後續碰撞亦不可避免。

張德江對習近平藉改革名義無止境擴權表示高度警惕，於會前在人大內部講話中，明指「黨內民主生活很不正常，非程式的觀念與行為越來越多」，直接針對習近平。

報導稱，習、張在廣義黨權與狹義政權方面的巨大分歧還因周永康案的定性而加劇。習力主對周永康經濟政治問題一起查，最終定性為反黨集團；而張則主張只定性貪腐，「政治方面不好把握，應慎重從事」。

《大紀元》2014 年 4 月 4 日報導稱，張德江一直在與習近平作對，包括在周永康案上與江澤民和曾慶紅裡應外合，阻撓周案的進展，東莞掃黃事件就是習利用來敲打張德江的。

報導說，有一名廣東官員隸屬東莞本土勢力，掌控東莞多年，其老婆、妹夫、兄弟都掌控東莞的各個行業。其最初靠拍馬江澤民情婦黃麗滿發家，後來在張德江主掌廣東後，這名官員又倒向張，被張一路提拔，成為某市的黨、政、軍的一把手。

2002 年 11 月至 2007 年 12 月，張德江任職廣東省委書記。東莞在張德江執政廣東時開始發達，直到 2007 年底汪洋執掌廣東時，東莞的「性都」名號已經響徹全球。據稱汪洋當時已經發現東莞背後的勢力很深。

2013 年初，習近平試圖取消勞教制，一直拖延不辦的就是張

德江。港媒稱，習近平要廢除「刑不上常委」的規定，勾結老人黨反對、拖延的又是張德江；罪證確鑿的天下第一貪周永康案久拖不決，與江、曾保周派裡應外合的，還是張德江。2014 年 2 月，習近平在東莞掃黃中，就是想重重「敲打」一下張德江，「令其清醒、識做，不要逼我一路深挖，直把你挖成第二個周永康。」

　　2014 年 4 月 15 日，「中央國家安全委員會」第一次會議召開，習近平繞過立法程式，強行在黨內運作「國安委」，等於把張德江撂在了一邊，讓張德江乾瞪著眼坐了一回冷板凳。

第四節

東莞太子輝的後台是張德江

2014 年 2 月東莞大掃黃時傳出，習近平藉東莞事件「敲打」江派常委張德江，並指向江派二號人物曾慶紅。（AFP）

2014 年廣東掃黃四個月後，大陸官媒高調報導「破獲涉黃刑事案件 1121 宗，打掉涉黃團伙 214 個，刑事拘留 3033 人」，其中特別提到東莞黃江太子酒店老闆梁耀輝被逮捕。梁耀輝是在張德江主政廣東時暴紅暴富，曾慶紅則被指退休後常住東莞，「情陷東莞」。

《羊城晚報》報導，2014 年 6 月 12 日一早，廣東省公安廳召開新聞發布會通報全省「掃黃」階段性成效。粵公安廳自稱，截至 6 月 10 日，全省共破獲涉黃刑事案件 1121 宗，打掉涉黃團伙 214 個，刑事拘留 3033 人。

其中，有「太子輝」之稱的黃江太子酒店老闆梁耀輝由於是人大代表，經由中共人大會議才罷免其代表資格。

　　2014 年 2 月 9 日，中共央視播出暗訪東莞色情業的節目。9 日下午，中共廣東省委書記胡春華迅速擺出大陣仗在東莞展開「掃黃」，出動 6000 餘警力，梁耀輝名下的太子酒店牽涉其中。央視稱，東莞五星級酒店太子酒店桑拿中心，明目張膽的從事招嫖賣淫活動。

「太子輝」在張德江主政時暴富

　　梁耀輝被人稱作「太子輝」，除了是太子酒店董事長外，還是中源石油集團董事長，可以說是廣東的本土勢力。梁耀輝起家時並不富有，創業頗為艱難，但隨著其國外油井生意的發展，竟登上胡潤內地富豪榜的第 654 名及 406 名。而涉案的太子酒店開業於 1996 年，無線電視 2005 年熱播的《酒店風雲》就曾假該處拍攝。

　　除了有錢之外，梁耀輝在政界影響力也不容輕視：他是唯一在 2008 年、2013 年連任兩屆的東莞市全國人大代表。整個東莞市，包括市長在內，共有四名全國人大代表，據東莞市官員透露，民營企業家連任兩屆的情況「並不常見」。

　　2007 年與 2008 年是梁耀輝最為高調的時期。隨著汪洋在廣東清洗江派官員，「太子輝」逐漸變得低調，但資產卻絲毫沒停止增長。2010 年，梁興建了「全國最大酒店」奧威斯國際會議酒店；2012 年在廣東南雄與各方融資 120 億，興建奧威斯樂園，號稱將建成世界最大的飛船探險峽谷。

　　有爆料者稱，太子輝的「保護傘」為往屆廣東高官。從其經

歷來看，其最高調時期就在張德江剛剛調任國務院副總理之時。
外界普遍認為，東莞的色情業在張德江執掌廣東時期，不斷上升，
等到汪洋接手廣東的時候，東莞已經成為著名的「性都」。

第三章

張德江多次阻撓習改革

作爲江派安插在政治局常委的「釘子」，張德江入常以來一直和習近平唱反調，阻撓廢除勞教與「刑不上常委」規定，拖延周永康案，並拋出《香港白皮書》激怒港人，攪局習改革。而習陣營也出手反擊，藉東莞事件敲打張、清洗吉林幫。

江派張德江（左）自入常以來，不斷給習近平「挖坑」、「摻沙子」。
（AFP）

第一節

張德江阻撓廢除勞教制

在江澤民的滅絕性鎮壓法輪功政策下，大陸勞教所成為仇恨宣傳、冤獄、酷刑及活摘器官等罪行的主要發生地。（新紀元合成圖）

　　張德江自入常以來，與劉雲山一起在江澤民、曾慶紅等江派大佬的支持下，不斷給習「挖坑」、「摻沙子」。

　　2013 年初，習近平當局試圖取消備受外界詬病的勞教制，然而由於勞教制度是江派的死穴、非法關押著大量法輪功學員，作為人大委員長的張德江一直拖延不辦；港媒稱，習近平這次要廢除「刑不上常委」的規定，勾結老人黨反對、拖延的也是張德江；罪證確鑿的天下第一貪「周永康案」久拖不決，與江、曾保周派裡應外合的，又是張德江。

　　對於張德江的不斷出手攪局，習近平出手反擊。

　　2014 年 2 月，中共廣東省委書記胡春華擺出大陣式進行「掃黃運動」，繼而席捲全國。港媒披露，習近平藉東莞事件「敲打」

張德江，「令其清醒、識做，不要逼我一路深挖，直把你挖成第二個周永康。」

習近平的憲政夢被庹震「追夢」

2012 年 12 月 4 日新任中共總書記習近平在憲法公布 30 周年上的定調，高調表示要「依法依憲」執政，並強調切實落實憲法的實施。敏感先行的大陸媒體相繼在新年致詞中強調了習近平新政的「憲政夢」特色，強調「黨在法下」、「憲法是政改共識」。

不過習的「憲政夢」才剛剛開始，就有人來阻止他做夢了，儘管 2013 年 1 月 3 日被庹震篡改的《南方周末》的專題名稱還叫「追夢」，《我們比任何時候都更接近夢想》，但實際此夢已非彼夢也。

習近平憲政夢的變調，主要是江澤民派系的原中宣部部長、後任中央書記處第一書記的政治局常委劉雲山的插手干涉，不過檯面上帶頭挑釁習近平的是原新華社副社長、2011 年被江派大將李長春空降到廣東擔任宣傳部長的庹震。據說庹震曾多次辱罵習近平不夠水準、「應該下台」，習能幹五年就已經不錯了等等。

中宣部管制媒體，這是眾所周知的事。每逢發生重大突發事件或召開重要會議，宣傳部的禁令和規定就鋪天蓋地。2003 年初薩斯（SARS）盛行期間，中共廣東省委宣傳部的禁令有時一天多達 30 多條，甚至對頭版等重要版面具體上什麼稿件、稿件的排版位置及標題字號、圖片的規格大小等等，都做出明確規定。

但《南方都市報》還是不斷想方設法突破封鎖，揭露真相，

發出聲音。時任中共中央政治局委員、廣東省委書記張德江，兩次在省委常委會上質問下屬：「為什麼不用洩密罪起訴《南方都市報》負責人？」

2004年9月17日《紐約時報》駐北京辦事處新聞助理趙岩在上海被捕，11月24日湖南《當代商報》記者師濤被湖南長沙國安拘押於山西太原。兩人均被以洩密罪起訴，趙岩被判三年徒刑、師濤被判十年徒刑。而師濤的所謂罪證，就是他向外界傳播了宣傳部門給媒體發布的禁令。

局勢突變 習提前廢勞教內幕

2013年1月3日，《南方周末》2013年新年獻詞《中國夢，憲政夢》被廣東省宣傳部長庹震閹割，引發軒然大波。1月7日，習近平在全國政法工作電視電話會議上強硬重提「憲法夢」、「平安中國」。

2013年1月7日當天，中共政法委書記孟建柱在中國政法會議上突然宣布中國將在報請全國人大常委會批准後，今年停止使用勞教制度。他同時表示，在獲批之前，嚴格控制使用勞教手段，對纏訪、鬧訪等三類對象，不採取勞教措施。

消息引起外界強烈關注，包括新華網、中央電視台、《人民日報》中共官媒在內的海內外媒體紛紛轉載和報導。但之後這三家官媒有關停止使用勞教制度的消息均被刪除。這突顯高層的分裂、博弈。

同時，習近平在此會上發表震撼性的講話，強調政法工作要

順應人民對公共安全、司法公正和權益保障的新期待，全力推進「平安中國、法治中國」和過硬隊伍建設，再次強調其「憲政夢」。

《大紀元》獨家獲悉，據接近中辦的消息人士稱，習近平上任之後以反貪和法制作為政改突破口。公安部承諾，在年內拿出一整套取消勞教的「漸進方案」，原計畫從 2014 年 1 月開始，在兩年的「內部掌握的過渡期」最後清理勞動教養問題。然而由於「南周事件」的風雲突變，中辦突發指示：「不要過渡期，2013 年內必須停止。」

2013 年 3 月 17 日，在中共十二屆人大一次會議閉幕會後的記者招待會上，新任國務院總理李克強主動提出，有關中國勞教制度的改革方案，相關部門正在抓緊研究制定，年內有望出台。

公安部的消息稱，外界認為各級公安部門是反對取消勞教制度的主要障礙，但實際上各地維穩辦才是真正的阻礙，公安部門只是執行機構。在政情形勢不明朗下，政法委中尤其是公安機關的官員憂心忡忡，擔心最後為中央和地方的維穩政策背黑鍋，所以寧願有中央明確政策出台。消息人士說，這次習強硬推動，很可能和他的憲政夢「遭封殺」有關。

消息還稱，2012 年底中國一批法律和社會學者聯名上書，要求停止勞教，實施憲政。據中國政法大學一位學者透露，習高調談法治，並強調憲法的基礎地位，而勞教恰恰是違憲的行政法規，如不採取行動，所有有關所謂的「法治建設」都將無效。

《中國憲法》第 37 條規定：「中華人民共和國公民的人身自由不受侵犯。任何公民，非經人民檢察院批准或者決定或者人民法院決定，並由公安機關執行，不受逮捕。禁止非法拘禁和以其他方法非法剝奪或者限制公民的人身自由，禁止非法搜查公民

的身體。」《刑事訴訟法》第12條規定:「未經人民法院依法判決,對任何人都不得確定有罪。」然而現實生活中,各地公安隨意抓捕百姓,動輒勞教關押二、三年的非法事件比比皆是。

中國的「勞動教養制度」是中共從前蘇聯引進而形成的目前世界上獨有的制度。勞動教養並非依據法律條例,從法律形式上亦非刑法規定的刑罰,而是依據國務院勞動教養相關法規的一種行政處罰,公安機關毋須經法庭審訊定罪,即可對疑犯投入勞教場所實行最高期限為四年的限制人身自由、強迫勞動、思想教育等措施。

大陸勞教制度最早在1957年反右時大力推行。當時中共官方說有58萬右派,而實際上有300多萬。很多「右派」就因單位頭頭一句話就被勞教多年。經歷過那段古拉格式煉獄的人都知道,有時勞教所比監獄還黑暗,無法無天,什麼惡事都幹得出來。

2012年10月中共司法部曾透露,當時大陸一年內被勞教人員數量有6萬多;自勞教制度實施以來,被勞教人員最多時一年達到30餘萬人,最少時也超過5000人。不過外界一直質疑官方數據隱瞞了巨大數量,據人權組織調查,中國有上百萬奴工,在勞教所無償為政法委等公檢法機關生產產品,很多還出口到了國外,受到國際人權組織的抵制。

海內外齊聲呼籲廢除勞教

幾十年來,中共勞教制度一直備受譴責,特別是江澤民自1999年對上億修煉法輪功的善良民眾發起鎮壓之後,很多無辜法

輪功學員因堅持信仰而被關進勞教所，受盡折磨，據說人數高達上百萬。

2012 年聖誕節前夕，西方社會突然爆發關注中共勞教所奴役良心犯的國際人權浪潮。2012 年 10 月，美國一名普通公民凱斯（Julie Keith）從購買的萬聖節裝飾品盒子中發現一份用英文寫的求救信，上面寫著：「先生，如果您偶然買到這項產品，請慈悲地將這封信送給世界人權組織。在這裡正遭受中共當局迫害的數千人，將會永遠感激您。」這封沒有署名的信說，這個裝飾品是在中國遼寧省瀋陽馬三家勞教所二所八大隊製造的，那裡的工人實質上是奴隸，每月薪資 1.61 美元，被關押在那裡的人多數是法輪功學員。

凱斯把這份信發到網上，引起美國眾多媒體和政府官員的關注。投資人網站評論說，來自中共勞教所的裝飾品提醒了美國企業和政界菁英，中共是如何「運作」的，美國是否為了自身的利益而被中共買通呢？文章批評道，西方貪求中國的廉價商品，導致中國成為一個偉大的「奴隸帝國」。

當消息傳到大西洋彼岸時，奧地利居民辛蒂（Cindy）覺得有義務將自己知道的另一封求救信事件公布出來，儘管已是將近十年前的事。辛蒂表示，她知道奧地利一位民眾大約十年前在購買的環形飾品中發現了一封英文求救信，來自廣州槎頭女子勞教所。信中稱：「警察利用各種殘酷手段來強迫我們放棄修煉法輪功，包括可怕的精神和肉體上的折磨。」「毒打我們，切斷我們和家裡親人的聯繫。」並且「當我們的關押日期到了，他們仍然不釋放我們，他們把我們送到所謂的『教育中心』裡繼續折磨我們。」信的末尾請求看到這封信的人幫助：「把這些罪惡公布於世！」

在國際社會的一片譴責聲中，中共的勞教制度在大陸內部也遭到媒體和學者們的反對。2012 年 12 月 4 日，由中國著名民生問題學家、北京理工大學經濟學教授胡星斗提議與 69 名專家學者簽名的司法建議書，通過特快專遞形式寄給人大常委會和國務院，建議習近平對勞教制度進行違憲審查，並立刻廢止勞教。2013 年 1 月 3 日《檢察日報》刊發了北京大學法學院教授姜明安的文章，對勞教制度提出改革，要求將勞教決定程式司法或準司法化。

早在習近平還沒有接班中共總書記之時，他就對勞教制度提出過非議。2012 年 9 月由浙江省共青團主管的《青年時報》，以《重慶男子轉發打黑漫畫被勞教續：將要求國家賠償》為題，對薄熙來主政重慶時「打黑」的荒唐及勞教制度的弊端進行了報導，文章最後藉受害人代理律師雷登峰的話說，希望把廢除勞教的想法傳遞出去。浙江被稱為「習家軍」的大本營，《青年時報》的輿論導向很大程度上代表了習近平的意願。

十八大之後，習近平反對勞教所的態度也從一些具體行動中流露出來。2012 年 12 月 2 日，河南籍截訪人員在北京法院被以非法拘禁罪判刑的消息傳出；12 月 4 日，關押訪民的北京久敬莊突然釋放全部訪民，動作之大引起外界關注。

於是在這樣的大環境下，在各種鋪墊準備工作已經展開的情況下，面對江派劉雲山之流的挑釁，習近平決定拿勞教制度開刀，提前廢除勞教制度，以換取民心和國際威望。

然而，由於勞教制度是政法委管轄之下黑金的搖錢樹，是其非法收入的主要來源，而且也是江派最大祕密所在，一旦習近平動手拿下勞教制度，就等於是挖了江澤民的根，動了江派最大、

最黑的「乳酪」，於是很快就有人跳出來搞破壞了。

馬三家勞教所黑幕再引關注

　　2013 年初，習近平當局宣布要廢除勞教制度。2013 年 4 月，大陸《財經》旗下的《Lens》視覺雜誌刊登《走出馬三家》長篇報導，披露了遼寧馬三家勞教所對女性勞教人員使用的令人怵目驚心的各種酷刑。但 2013 年 4 月 19 日，王珉主政的遼寧省當局宣布，經過 10 天的調查，發現「《走出馬三家》一文存在嚴重失實的問題」。在廢除勞教制度問題上，王珉公開對抗習近平。

　　「遼寧幫」被清洗之際，2016 年 8 月 24 日，大陸資深媒體人羅昌平在微信平台「平說」發表袁凌的文章《她們走出馬三家之後……》，羅昌平特別註明，大概在 2013 年，他編發了袁凌的文章《走出馬三家》，獲得《LENS》雜誌主編的大力支持。本是一系列時事報導之一，《LENS》早已受到文青的尊敬，為此承擔了很大的代價。

　　袁凌在文章中說，三年多以前，《走出馬三家》一文披露了一群女人們在遼寧馬三家女子勞教所裡的遭遇，引發不少關注。其後勞教制度被廢除，這些女人也都走出了勞教所的高牆。但是現實並非如此樂觀，她們以後的生活大多遇到了各種各樣的困難，上訪之路並未就此終結，而身體卻往往累積了沉痾，其中不少與勞教期間的超強勞動和體罰虐待有關，導致她們的生存越來越艱難；好幾位身患癌症已至晚期，有的已經離世。

　　該文再次引發對馬三家勞教所的罪惡的關注。

　　勞教制度曾是中共整個政法委的核心，也是政法委的生財工具，勞教是這個部門巨大的貪腐黑洞。

　　1999 年 7 月，江澤民開始打壓法輪功，下達不惜代價、不計後果的鎮壓政策：「名譽上搞臭、經濟上截斷、肉體上消滅」、「打死算自殺」、「三個月內剷除」、「對法輪功可以不講法律」。謊言和仇恨宣傳伴隨著綁架、冤獄、酷刑、虐殺，以及活體摘取法輪功學員的人體器官以牟取暴利、非法盜賣屍體等罪行發生。勞教所成了這一切罪行的主要發生地。

　　臭名昭著的遼寧瀋陽市馬三家女子勞教所，多年來，逼迫所有勞教人員，包括法輪功學員，每天工作長達十多個小時，連孕婦也不放過，如不能完成工作量，就會遭受各種懲罰。近十餘年來，關押在馬三家勞教所的大量法輪功學員遭遇酷刑、性侵犯、活摘器官等駭人罪惡不斷被披露。

　　2000 年 10 月，時任中共政法委書記羅干在馬三家勞教所蹲點之際，馬三家勞教所的惡警，將 18 位女法輪功學員扒光衣服投入男牢房，任他們強姦，導致至少 5 人死亡、7 人精神失常，餘者致殘。此事件在國際媒體曝光後引起震驚。

張德江挾人大阻撓習廢除勞教制度

　　勞教制度當年是以國務院名義上報人大、人大批准之後實行的，所以廢除勞教制度也會走相同的形式，但是張德江挾人大故意在此事上拖延。

　　據悉，此前張德江在人大內務司法會議上公開指責列席會議

的孟建柱:「在勞教制度存廢重大是非方面立場出現偏差,陷入『激進改革』的敵對勢力圈套。」

2013年4月7日,《財經》旗下的《LENS》視覺雜誌4月號發表2萬字深度報導馬三家勞教所的部分黑幕,同時被大陸各大網站轉載,並被一些名博在微博推出。在當事人的親歷下,馬三家勞教所血淋淋的黑幕一樁樁展現在眼前:小號、大掛、電擊、灌食、毒打、老虎凳,死人床、長時間勞役……種種慘無人道的酷刑看得人怵目驚心,邪惡至極。

就在《中國遼寧馬三家勞教所酷刑虐待罪惡黑幕曝光》一文在中國及國際社會發酵之際,4月8日,在江派劉雲山的命令下,大陸紛紛轉載的文章遭全部刪除;同時一份由劉雲山把持的中宣部發出密令曝光:對馬三家勞教所的相關報導,一律不轉不報不評。

在此期間,張德江、劉雲山家族貪腐醜聞不斷曝光。4月9日,中共官方突然推出深航資金黑洞大案,暗指張德江是深航幕後老闆李澤源的大後台,此後深航案不斷升級,直接敲打張德江。6月22日到6月25日,在罕見的連續四天政治局專門會議上,主管宣傳口、不斷造事的江派常委劉雲山遭到警告。

6月26日,一個自稱中共中央辦公廳官員,在網上發表了題為《劉雲山死都不知道是怎麼死的》文章。文章稱,劉雲山掌控的宣傳口腐敗已經達到無法想像的程度,情況之嚴重已經超過胡作非為的政法口;並放風稱「除掉劉是不錯的選擇」。

2013年11月15日,中共官方公布了中共三中全會《決定》,其中一項措施,就是廢止勞動教養制度。據悉,為廢除勞動教養制度,習近平與江派翻臉,對劉雲山拍桌子。

第二節

張德江藉香港白皮書唱反調

2014 年 6 月 10 日香港白皮書是由江澤民集團一手策劃，意圖攪局香港。習近平當局藉此將張德江、劉雲山等江派殘餘勢力擺上台。（大紀元合成圖）

在香港問題上，張德江也與習近平唱反調。

2014 年 6 月 10 日，中共國新辦發表《「一國兩制」在香港特別行政區的實踐》白皮書，重彈「23 條立法」老調，首次變相改動「一國兩制」定義，且在江澤民設的非法特務機構「610 辦公室」成立 15 年那一天發表，使得整個香港都「炸了鍋」。

據消息人士透露，白皮書出台背後涉習江在中南海決鬥，江派意圖攪局香港，反而被習近平擺上台，中南海在香港問題上出現兩種聲音。

當時多起事件，如普京會見江澤民、中共單方面設立「東海防空區」，都涉及江習大戰，手法相似。曾慶紅遭內控，被監視居住，無法參與當時江澤民集團幾大事件的策劃，江澤民集團接

連失利。

國新辦拋香港白皮書恐嚇港人

2014 年 6 月 10 日，國務院新聞辦公室發表了《「一國兩制」在香港特別行政區的實踐》白皮書。該白皮書首次改動了鄧小平「一國兩制」說法，稱「兩制」從屬「一國」，內容強調中共對香港擁有「全面管治權」，「愛國」是對治港者的基本政治要求，內容中也提及駐港部隊由中央軍委領導等。此白皮書被香港媒體解讀為「京官治港」。

這個白皮書出台的時機是 18 萬人參加的香港「六四」燭光集會落幕後，港人「占領中環」行動在 2014 年 6 月 20 至 22 日舉行政改方案全民投票，以及「七一」大遊行前夕。

大陸維權律師滕彪指，白皮書對於香港的「佔中」而言，相當於八九民運中將民運定性為動亂的「四二六社論」。同時，白皮書也被多家港媒認為，對香港人的恐嚇意味濃厚。

江澤民集團在背後運作

華府中國問題專家石藏山稱，白皮書的出台，外界明顯感到曾長期控制中共港澳辦、國新辦的中共江澤民集團試圖激怒香港人，在香港問題上給習近平難堪和壓力。然而，從情況看，習那邊顯然同時在利用此機會讓江澤民集團做法曝光，並將其擺上台。

他說，江派勢力過去一直盤據在中共國新辦、外交部、港澳辦，這次選擇國新辦作為釋放此消息的機構，更突顯江派在背後的運作。

在白皮書之前，中南海圍繞香港政治有二個最重要的文件，都有負責分管該事務的中央機構名稱，這個白皮書出台，沒列明任何中央主責機構。

針對香港政治的第一個文件是《中英聯合聲明》。此聲明在1984年12月19日由時任國務院總理趙紫陽與英國首相撒切爾夫人在北京簽訂，當時中共領導人鄧小平和主席李先念等也在場；兩國政府在1985年5月27日互相交換批准書，並向聯合國祕書處登記。

第二個文件則是《香港基本法》。該法於1990年4月4日，人大第三次會議通過，時任中共主席楊尚昆簽署主席令，《基本法》出台。

石藏山說，通常這類白皮書會有相關政府職能部門做政策解讀，國新辦做報導，但現在這個白皮書在提法上超越此範圍，由國新辦這樣一個負責推動政策的宣傳部門發出並強調「一國兩制」中的「一國」之權限，突顯高層對白皮書的分歧。

董建華在第二日蹂躪發聲

6月11日，有接近董建華的消息人士向《南華早報》否認了《明報》在10日的一個說法。

《明報》10日在其頭版刊登報導，指民主派主席劉慧卿援引

一位來自商界消息人士的說法，稱聽說前特首、全國政協副主席董建華「走到北京，跟北京說普選不是對的、並非對香港好。」

這名接近董建華的消息人士 11 日對《南華早報》表示，《明報》「缺乏憑據」。

董建華一直被認為是香港親胡、習派系人物。1997 年之後，習在福建任省長，就與時任香港特首董來往甚密。2007 年習成為中共「儲君」後，仍保持與董的私誼。2011 年 8 月習在北京接待到訪的美國副總統拜登，董是主要陪同成員；2012 年 2 月習訪美，董更是代表團要員之一。2012 年 9 月，在習近平「神隱」前後，董建華在接受 CNN 專訪時透露，習近平在游泳中傷了背部。同時，董還釋放胡錦濤會連任軍委主席的消息。

石藏山說，在此敏感時刻，董建華的這個蹊蹺否認，更是清楚地以「你懂的！」方式，向外界表明了習近平對白皮書的態度，以及中南海之間的極大分裂。

對於中共國新辦出台的這個白皮書原文，與習近平陣營關係密切的大陸媒體財新網只在兩天後，簡單轉發了新華社報導的有關中共外交部發言人在例行記者會上回答有關此白皮書的問題。

李源潮談白皮書 聚焦張德江

2014 年 6 月 11 日，鳳凰網公布了中共副主席李源潮的一段視頻。視頻中，李首先與一名西方人交談，其後對白皮書只是淡淡的一句：「中央的精神在這個白皮書裡都寫了。」隨後，鳳凰衛視記者提問：「那為什麼會在這個時間想到對香港（提出白皮

書）？」李源潮臉色一變，臉上笑容驟失，鏡頭也沒有持續下去。

香港熟悉中共運作的內幕人士稱，江派在國新辦、外交部、港澳辦都有勢力，國新辦作為釋放白皮書的機構，本身就是把江澤民擺上台。李源潮對此的表態也只會因為其是港澳小組副組長，而把火燒到張德江和整個港澳辦的身上。在這件事情上，即使今後習近平出面做官式表態，也不代表其對白皮書的實際態度。

此消息來源還說：「江澤民已經被習設定為『對將來香港混亂局勢的罪責承擔者』。江澤民集團在港澳的勢力將因引發香港社會矛盾激化，再度遭到大清洗。香港將發生大的勢力重組，不排除梁振英被抓的可能性。」

江澤民集團曾長期把持港澳系統

2003 年曾慶紅接手港澳小組組長職務後，在香港各個重要位置安插特務人員。曾的勢力一直盤據在中央港澳系統，現任香港特首梁振英也是江派的死黨。到了十八大以後，江派張德江接手港澳小組組長職務，江澤民勢力一直有著對港澳系統的控制權，爪牙遍布中聯辦、各大在香港的央企、各類協會等。

2014 年在香港落馬的華潤集團董事長宋林，其後台就是曾慶紅。據報，宋林在曾慶紅的授意下，一直在香港力挺江澤民集團在香港扶植的特首梁振英，為梁當上特首賣力。宋打破華潤董事長由外經貿部副部長或部長助理出任的慣例，靠的就是投靠中共江派勢力。而曾慶紅扎根的基地，是中共在新界的黑幫勢力。

梁振英另一支持者、前摩根大通亞洲區投資銀行副主席方

方，2014 年 3 月底被美國聯邦調查局調查拋出。

普京一句話 江澤民被擺上台

　　2014 年 5 月 20 日，俄羅斯總統普京訪中國，在上海與江澤民會面，只有部分大陸媒體報導兩人會見。報導中並沒有提及江澤民的任何話語，只提及普京說「感激江澤民對中俄關係的貢獻」。一向愛出風頭的江澤民，在這次會見中罕見成「啞巴」。

　　石藏山說，普京的話被習近平陣營有意選擇性釋放，普京一句「感激江澤民對中俄關係的貢獻」，實質點到江澤民要承擔在 1999 年與俄羅斯簽署出賣 100 多萬平方公里中國領土，相當於東北三省面積的總和、幾十個台灣的賣國條約的責任。

　　「這就是近期習近平在把江澤民擺上台的做法，其後微博對江澤民賣國的評論出奇地多，使得當局不得不關閉這條普江會消息的評論功能。」

第三節

張德江南下深圳遭冷處理

香港泛民主派批評張德江分化香港和操縱政改，社民連議員梁國雄諷刺張德江的鳥籠政改無恥。（大紀元）

　　2014 年 7 月 19 日，身兼中共中央港澳協調工作小組組長的中共人大常委會委員長張德江南下深圳，一連三天在紫荊山莊舉行了 10 場會面，先聽取香港特首梁振英的政改報告，之後會見六大商會、建制派政黨自由黨、經民聯、新民黨及民建聯等的核心成員等。

　　此前四天 7 月 15 日，梁振英向中共人大提出修改 2017 年特首選舉辦法的報告。正當香港社會等待中共人大 8 月底決定政改框架之際，張德江突然南下，在三天會面中，人大副祕書長李飛、港澳辦主任王光亞及中聯辦主任張曉明出席了會談。

張德江南下未獲大陸官方報導

雖然此前香港有近 80 萬人投票支持普選行政長官應有公民提名方案，但據多家媒體報導，張德江對此並不接受，張還表明不認同占領中環，稱是街頭政治。對於香港民眾強烈呼籲梁振英下台，張德江反其道表示支持梁振英，同時讚梁「硬朗、有決心」，是「敢擔當的人」。

《新紀元》周刊此前報導，受江澤民集團直接操控的中共地下黨員、香港特首梁振英實質上已經被北京習近平當局拋棄。在 7 月 1 日香港大遊行之前，當局不許梁再激化局勢，緊急勒令梁振英接連放假四天。

習近平在掌權後會見梁振英時，曾經對梁的「工作態度」有過意見，但是從沒對梁本人有過評語，也從沒談及梁在工作上的成績，與前兩任特首的成績獲時任黨魁的肯定，大有分別。

華府的中國問題專家石藏山稱：「張德江讚揚梁振英的話，相當罕見。那些都屬於對個人的評語，很感性的話，顯然代表其個人。」於是接下來發生了說奇怪也不奇怪的事。

對於政治局常委級別的張德江如此興師動眾的出行，一般官方都會在當天所有媒體頭版重要位置播報。奇怪的是，中共新華網、人民網並沒有作出相應的官式報導，人民網只是引用了中新網的報導，在其「港澳欄目」中做了轉載。而中新網這篇名為《梁振英向張德江匯報香港政改報告》的報導，只是其香港記者所發。也就是說，張德江此次南下並未得到中共第三號人物應有的官式報導和認可。

有些網站也不知是否有意，如騰訊網發出的類似報導名變成

《張德江深圳聽取梁振英整改報告強調依照基本法》，標題中的「政改」與「整改」，雖然一字之差，但是意味深長。

張德江步江澤民後塵去深圳

四個月前的 2014 年 3 月末，江澤民也選擇將深圳作為其南行的城市。據說深圳的市委書記王榮是江澤民集團的地方大員，江澤民的姪女那時住在深圳。江澤民到來後，人們看見江派控制的政法委系統加大對民眾的管制，4 月初，廣東茂名民眾反 PX 項目與官方的衝突突然升級，官方出動大批警察抓人、打人，很多無辜學生也被抓、被打。

當時就有報導稱，江澤民在深圳接見了梁振英，並力挺梁。有人猜測這次張德江的南下挺梁，也是聽命於江的安排。

坊間有傳說，迷信的江澤民因為張德江的名字對自己有利，加上張也會討好江，於是有意培植張。無論是把他調到浙江還是廣東擔任省委書記，都是故意讓張在政治權力上「坐享其成」，以便接替賈慶林進入政治局常委。

張德江對江澤民的討好很露骨。比如，沿襲朝鮮思維模式的張，曾公開撰文反對私營企業家入黨，但在江澤民發表私營企業家可以入黨的講話後，張立刻 180 度大轉變，吹捧江「樹立了又一座理論豐碑」。1999 年江澤民鎮壓法輪功後，張德江又是「緊跟形勢」，殘酷迫害法輪功，結果張在澳洲等國被以酷刑罪起訴。

與習唱反調 張德江公開挺梁

香港民眾對梁振英可謂非常厭惡，從梁上台初始，「梁振英下台」的呼聲就一浪高過一浪。就在張德江違背民意、南下力挺梁振英的消息傳回香港後，激起香港民眾以及眾多議員的強烈抗議。

比如社民連的梁國雄議員專門在開會時，拿出一個鳥籠道具，諷刺北京給香港的政改方案只是「鳥籠政改」，並題詩一首：「張牙舞爪，德才不濟，江河日下，無中生有，恥寡鮮廉。」橫著看每句的第一個字就是「張德江無恥」。

前面說到張德江與徐才厚的相似之處，他倆不但有相同的仕途恩人如趙南起、江澤民之外，兩人在政治立場站隊的關鍵時刻也有相似的表現。

2012 年 3 月中共兩會期間，王立軍出逃引燃的政治大火已經燒到了薄熙來，很多中共官員都力圖切割，及時遠離薄熙來。當時唯一公開站出來支持薄的就是周永康，結果後來周永康被抓；而另外半公開支持薄的就是徐才厚。兩會上徐才厚雙手緊握薄熙來的手以示支持鼓勵的照片，前段時間在徐落馬時廣為流傳。

如今張德江也公開和習近平唱反調。習為了安撫港人，不斷壓制梁，而屬江派的張為了激怒港人，不斷挺梁。江習雙方分裂態勢日益公開和明顯。

香港原來是江派第二大佬曾慶紅管轄的地盤，如今曾慶紅被祕密抓捕關押，江派面臨「山中無老虎」的窘境，名列第三的張德江不得不「猴子充霸王」。於是張學江走到前台來，公開挺梁振英這個江派培植了幾十年的祕密特務。

資深媒體人、熟悉中共高層政治內情的中國問題專家季達表

示，張德江挺梁振英，但誰挺張德江？張德江本人地位岌岌可危，他越高調挺梁，梁的處境越危險；現在梁振英的處境更慘。

香港問題專家廖仕明表示：「在七一大遊行之前，習近平拿下徐才厚；之後在張德江來港之前，立即更換了駐港部隊司令，並著手對張德江的吉林幫進行清洗。中南海高層圈內一直有消息稱，習近平最終會逮捕江派三常委——劉雲山、張德江和張高麗。現在張德江親自南下香港攪局，煽情發表挺梁言論，目的是刺激香港社會，故意激化社會衝突。」張德江如此公開反習，恐怕會如同周永康、徐才厚那般，迅速走上不歸之路。

第四節

蘇榮落馬 吉林幫主慌了

中共前政協副主席蘇榮被調查,掀開江派「吉林幫」的醜聞。從左依次為蘇榮、回良玉、王儒林和張德江。(大紀元合成圖)

　　2014 年 6 月 14 日,人們在報紙上剛看到政協副主席蘇榮從青海考察回來不到四天,就被中紀委宣布涉嫌嚴重違紀違法,正在被調查,有的說他已被逮捕。

　　在 52 歲之前,蘇榮沒有離開過吉林,被官場歸為「吉林幫」成員。「吉林幫」的幫主是江派常委張德江,他和蘇榮都曾主政吉林延邊,而吉林幫的出現和江澤民有關。早前江澤民在長春一汽工作時就喜歡拉幫結派,江號稱對吉林「有感情」,上台後不斷提拔吉林官員,於是北京官場有了「吉林出高官」的說法,張德江、王剛、杜青林、蘇榮都成了中共「國家領導人」。

　　2014 年過沒幾個月,就有消息說蘇榮出事了。2014 年被撤職並已逃往海外的所謂中共「最美政協委員」、哈爾濱翔鷹集團董

事長劉迎霞，其主要靠山就是「吉林幫」高官。早年劉迎霞靠走「上層路線」接政府重大工程發家，進京後迅速搭上了東北幫，尤其是吉林幫，當中一個關鍵人物就是王剛。有消息稱，王剛不僅是劉迎霞的後台，而且是她十多年的情夫。王剛是由曾慶紅一手提拔上來的心腹。劉迎霞被撤職消息曝光後的第三天，海外網站曝蘇榮被調查，當時就有「吉林幫」會引來政治風暴的傳聞。

2014 年中共兩會期間，王岐山在參加中共人大吉林代表團的審議時，當面「叫停」吉林省委書記王儒林的發言，斥其搞「形式主義」。當時有媒體指，打狗還要看主人，其實那時王岐山就是想給吉林幫一點顏色看看。

2014 年 3 月 10 日，王岐山參加吉林代表團的審議。王岐山發言後，主持會議的吉林書記王儒林拿出一摞稿子，正想做總結發言，王岐山要求他「講短點」，王儒林回答說可能短不了。王岐山生氣地說：「我剛才又沒稿子，你怎麼知道並事先列印出來那麼多呢？這不是形式主義麼？你不用念了！」面對王岐山不留情面的「叫停」，王儒林只好收起講稿，草草講了幾句話即宣布討論結束。

有人把這場非公開會議細節透露給了香港記者，第二天港媒就發表了王岐山怒斥王儒林的報導，隨後大陸媒體紛紛轉載，令王儒林顏面盡失、惱羞成怒。王勒令全團上下，一不准任何人出外應酬，以防再度發生意外；二要求嚴查究竟是誰洩露了這一細節；三是透過江派常委劉雲山掌控的宣傳口刪除這一消息。

當時《大紀元》分析說，打狗還要看主人，王岐山其實就是不給張德江面子。

6 月 12 日，大陸官媒高調報導廣東掃黃四個月，「破獲涉黃

刑事案件 1121 宗，打掉涉黃團伙 214 個，刑事拘留 3033 人」，其中特別提到東莞黃江太子酒店老闆梁耀輝正處於被逮捕階段。梁耀輝是在張德江主政廣東時開始暴紅暴富，曾慶紅則被曝退休後常住東莞。不難看出，習近平陣營是在藉東莞事件「敲打」張德江，並把矛頭指向江派二號人物曾慶紅。

張德江作為江澤民派系安插在政治局常委的「釘子」，過去在很多事情上一直和習近平對著幹，真正發揮了釘子的作用。比如 2013 年初，習近平當局試圖取消備受外界詬病的、點中江澤民死穴的勞教制度，作為中共人大委員長的張德江一直拖延不辦；而習近平要廢除「刑不上常委」的規定，勾結老人黨反對、拖延的又是張德江；罪證確鑿的天下第一貪周永康案久拖不決，與江、曾保周派裡應外合的，也是張德江。

蘇榮被調查，很多大陸民眾感慨說，幾個月前《新紀元》周刊等海外媒體就報導了蘇榮將會落馬，當時蘇榮還出來「闢謠」，3 月 6 日蘇榮在兩會期間被問及被調查時，閃爍其詞，以「呵呵呵呵」作答，還在最後向記者說「謝謝你們」。儘管表現得「若無其事」，但不到 100 天，其結局再次印證了那句話：中共所說的謠言，就是「遙遙領先的預言」。

也是在 2014 年的中共兩會期間，全國政協委員、原曾慶紅的祕書施芝鴻 3 月 5 日就打大老虎的問題，向港媒表示，對於海外稱曾慶紅捲入周永康案，「這又是瞎掰，無中生有，空穴來風。」直接替曾慶紅發聲，不過現在曾慶紅被軟禁，已經被很多人知道了。

習王體制部署 習要掌權二十年

第四章

香港成報
接連炮轟張德江

香港是江派反撲的最後一張牌。江派拋出《香港白皮書》引發爭取眞普選的雨傘運動；耗資上億「反佔中」遊行撕裂香港。港媒《成報》發表系列評論點出「亂港四人幫」、痛批張德江禍港 13 年。《成報》大動作釋出信號，張德江岌岌可危。

2016 年 10 月 7 日香港《成報》頭版刊登漫畫廣告，影射著辱張德江，諷刺張處境不妙。（大紀元合成圖）

第一節

江過生日 張德江挑釁習近平

張德江 2014 年 7 月南下深圳行，目的
是安排香港 8 月 17 日的「反佔中」運
動，為江澤民慶生，挑釁習近平陣營。
（大紀元合成圖）

　　江澤民集團日漸潰散，在江派第二大佬曾慶紅被祕密抓捕關
押後，名列第三的張德江走到前台，2014 年南下深圳公開力挺江
派在香港所培植的祕密特務梁振英。這也是江澤民南下深圳兩個
多月後，張德江南下深圳力挺梁振英，公開和習近平唱反調。不
過張德江到深圳到底對香港親共團體的首領們談了什麼、安排了
什麼，當時外界都不得而知。而等到 8 月 17 日江澤民過 88 歲生
日時，這個謎底就揭開了。

香港是習江博弈的主戰場

2014 年 8 月 17 日周日，香港親共團體策劃了一個號稱十多萬人參加的「反佔中」遊行運動，反對香港市民提出的「占領中環、爭取普選」的「佔中」運動。中環是中聯辦等大陸官方機構所在地點，對於下一屆香港特首的選擇，香港民眾要求實行一人一票的普選，而不是由中共小圈子進行的變相指定。

但香港民眾的這種心願，卻被張德江、劉雲山等江派人馬在 6 月 10 日抛出的香港白皮書所顛覆，白皮書變相剝奪了港人治港的鄧小平政策，從而令港人極端憤怒，結果引發了近 80 萬香港人參與的公投，以及 51 萬人參加的「七‧一」遊行。白皮書發表僅四天後，江派副國級官員、中共政協副主席蘇榮落馬，外界稱這是習近平回擊江派的香港攪局，旨在打擊江派吉林幫，敲打張德江。

據《大紀元》集團獨家獲悉，張德江那次南下深圳、廣泛會見香港地下黨組織的首領，主要就是為了安排「反佔中」運動，一是給一個月後的江澤民生日「送大禮」，二也是滿足江派人馬生死存亡的需要：利用香港這塊依舊掌握在江派手中的「最後根據地」，挑釁習近平陣營，以雙方列陣的方式擺出決戰架勢。據悉遊行前，香港各種協會特務頭目還被召集到深圳祕密開會，部署這次遊行，與會者在開會前手機都被收走，非常保密。

不少大陸民眾不關心香港的政局，認為離自己太遠，不過關心中共政局的人一定不能忽視香港政局的變化，因為香港是中南海兩派博弈的最後主戰場。

以前江派人馬還控制大陸一些省份，比如周永康原來掌控的

四川省、新疆自治區；曾慶紅掌控的上海；江澤民心腹季建業掌控的南京；羅志軍掌控的江蘇；冀文林、譚力、蔣定之掌控的海南；萬慶良掌控的廣東；薄熙來的同盟秦光榮掌控的雲南；蘇榮控制的江西等。隨著周永康、蘇榮、萬慶良等人的落馬及曾慶紅被祕密關押，剩下的江派人馬都不敢出頭了。

周永康被拿下後，大陸所有省份都公開表態支持中央拿下周永康，儘管有些省份表態很遲緩，有的表態措辭很特別，如上海的韓正在擁護習近平的同時，還抬出胡錦濤的科學發展觀來「對付」習；海南省的表態中找不到「與中央保持一致」的話語，但畢竟他們都公開宣布支持中央懲罰周永康。

唯獨香港還掌控在江派手中，那裡畢竟是曾慶紅「苦心經營」了幾十年的老地盤，於是香港成了江澤民反撲習近平的最後一張牌。2014 年 6 月 10 日，江澤民下令讓劉雲山推出所謂《香港白皮書》，目的就是激怒港人，讓北京當局難堪，從而亂中搞事。

不過就在江派一系列動作之後，隨機也遭遇了一系列打擊，如 6 月 27 日中紀委宣布調查廣州市委書記萬慶良，三天後的 6 月 30 日，在宣布徐才厚被開除黨籍並移送軍事法庭審判的同時，也正式宣布萬慶良被免職。萬慶良其實是曾慶紅在香港安插的各類特務的主要聯絡人，廣州也是香港江派人馬的大後方。萬慶良被抓後，江派對香港的控制力就大大減弱。

江派耗資上億「反佔中」撕裂香港

江派人馬在香港開始行動，策劃了一系列違背香港民意、旨

在撕裂香港的事，特別是 8 月 17 日江澤民生日這天的「反佔中」運動，從早上的跑步、中午的獻花，到下午的遊行，整個一齣鬧劇出籠。

據主辦方聲稱，有 1500 個團體參加，香港親共的建制派、曾慶紅培植的地下特務等，都使盡招數拉人來參加遊行，被梁振英控制的香港警方也積極協同，宣稱「反佔中遊行」有 11.18 萬人從維園出發，遊行組織者「保普選反佔中大聯盟」則宣稱遊行有 19.3 萬人參加。不過，香港大學民意研究計畫在灣仔軒尼詩道與軍器廠街交界的行人天橋點算，推算出遊行的總人數僅介乎 7.9 萬至 8.8 萬之間，而且這 8 萬人中很多是從大陸用錢買來的。

而 2014 年 7 月 1 日大遊行，民間估計有 51 萬人參加，但梁振英控制的香港警方宣布只有 9.8 萬人。不過同一地點的現場照片很能說明問題。

這個由上千個親共陣營工商、勞工、政治團體組成的「保普選反佔中大聯盟」對外宣布，早上先在中環舉行「萬人跑步上中環」活動，警方為此封閉了一條行車線。主辦單位稱有 1500 人參與，警方估計有 880 人，香港傳媒報導現場參加人數稀少不足 500 人。從一萬人到不足 500 人，反差很大。在中環遮打道行人專區的反佔中「獻花」，也同樣是人員稀少。

等到了遊行時，原計畫 2 時從維園出發，也許是因為大陸來的人想早點回家，遊行提前了半個多小時。現場民眾看見，參加遊行的大部分是與大陸有關的社團，如深圳、廣西、惠州、廣東潮汕、湛江市等等，他們都是一團團前來，有的坐巴士，有的坐地鐵。

據港媒報導，遊行前後多個親共團體在酒樓包場，據報維園

附近至少七間酒樓共預訂了逾 200 桌，向參加遊行的會員提供膳食。據消息人士稱，這次活動的籌委會主要是由「鐵票」福建幫牽頭。由於萬慶良的落馬，原來唱大戲的廣州人退下來了。

香港市民陳先生對《大紀元》記者表示，一位跟中共關係很近的福建朋友遊說他去參加「817」反佔中遊行，說一個人有 500 港幣的報酬，而且遊行後還有專車載去吃一餐。也有一位香港媒體業廣告員洪女士說，有人她叫去參加反佔中遊行，有 300 元報酬，不過這位女士回答說，絕不會幫共產黨抬轎。還有一位《大紀元》的女讀者也收到類似的邀請，她直言給 2000 元也不會去。

據觀察，這些親共社團都曾有組織地對長者進行「教育」，並按團體穿著不同「制服」，但仍有遊行參與者根本不知道遊行的目的，有的回答記者提問時說是來「保佔中」的。

英國《金融時報》以《香港親中遊行惹來偽造人群指控》為題報導說，這次遊行有用金錢賄賂人的、遊行人數存在虛報、遊行中的大陸人比香港還多等虛假情況；報導說，「深圳社團總會」安排了多達 2 萬人參與遊行，每人獲發 300 元及免費午餐。美國有線電視新聞網（CNN）也報導稱，有錄像片段顯示有人向參加者遞鈔票，還有照片顯示遊行人士在酒樓享用免費午餐。

商會領袖：耗資一兩億來撕裂香港

據《大紀元》網站報導，某商會領袖透露說，他收到梁振英副手親自打的電話，「讓我站出來反佔中。」而中共港區全國人大代表、前立法會主席范徐麗泰等亦拉他出來，但該商會領袖以

自己立場中立婉拒，直言：「反佔中令香港社會撕裂，只會令香港更加亂，不想香港變成和大陸一樣。」

他說，今次有中聯辦幕後協調，亦有不少地下黨組織全力活動，「基本上香港地下黨商會都出來了」，還有不少紅色富豪給錢支持，「每個人派錢 200 至 400 元，之後還有獎賞，保守估計每人 600 元，10 萬人就是 6000 萬；還有簽名都要給錢，以及包酒樓、宣傳等等，至少一兩億。」「以前立法會選舉都沒有動用這麼多人力、物力，足以證明今次中共的恐懼。」

不過他說，參加「反佔中遊行」的頭面人物寥寥可數，真正的大富豪沒有幾個真的站出來。早前梁粉富豪羅康瑞只是簽名而已、霍英東孫子霍啟剛也只是陪周融參加記者會，但遊行時候都「縮沙了」（退縮），估計只是幕後付錢。

習藉器官話題點江澤民死穴

2014 年 8 月 17 日張德江謀劃的這齣鬧劇剛一結束，習近平當局就至少出手了三個外界能夠看得見的回擊。

第一，8 月 18 日早晨 6 時 50 分，中共官媒新華網就發表報導《中國將嚴查違法買賣人體器官 器官捐獻將建監管體系》，報導說，將建設全面立體的人體器官移植監管體系。此消息引起國際高度關注，這是中共官方首次間接承認中國大陸確實存在「人體器官的非法買賣、私下分配，及移植死囚器官」等罪惡。

特別值得留意的是 18 日傍晚 17 時 50 分，親習近平陣營的財新網馬上跟進報導說，據國家衛生計生委統計，中國每年約有 30

萬人需要器官移植，但僅有約 1 萬人能夠真正完成移植，器官捐獻不足是主要原因之一。文章暗示中國存在黑器官來源。

第二，8 月 18 日北京警方突然高調對外宣布，香港影星成龍的兒子房祖名吸毒被抓。其實成龍兒子四天前就被抓了，但此事一直沒有公開。按中共以往慣例，這類事發生了，警方敲詐點錢財，或關十幾天也就放人了，並不會這樣公開宣布，而且還在電視上大肆宣傳。成龍與江派人馬關係很近。

第三，8 月 18 日，中共官方通報兩名官員被查，分別是南京市溧水區區委書記姜明，和江蘇連雲港市副市長、公安局局長陸雲飛。陸的另一職務是連雲港市「610」主任。

江澤民與習近平衝突根源

江澤民與習近平衝突根源是，江在 1999 年 7 月 20 日發動了對億萬法輪功群眾的殘酷鎮壓，因為欠下血債太多，江澤民生怕失去權力後遭到民眾的清算，於是一直利用各種方式從胡錦濤、習近平手中搶奪權力，甚至不惜發動政變和策劃暗殺。光外界知道的，習近平就三次差點被周永康暗殺。

習為了保命，不得不對江派加以還擊。與此同時，江派的貪腐和對改革的阻撓，也成為習改革的攔路虎。

No zuo no die「不作不死」

　　據大陸官媒報導，就在香港大遊行之前的 8 月 8 日，廣東紀委書記黃先耀在全省第 13 期領導幹部「黨紀政紀法紀培訓班」上給廣州官員敲警鐘，稱要「認清形勢，明確責任，嚴明紀律，要守住底線，不越紅線，不碰高壓線」，最後黃還用網路用語告誡與會幹部：「No zuo no die」。

　　8 月 17 日是江澤民的生日，8 月 22 日是鄧小平的生日。習近平陣營高調「紀念」鄧小平之際，沒人理睬江澤民。張德江搞出香港大遊行來生祭黑老大江澤民，擺出一副要和習打擂台的姿勢。很明顯，張德江和習近平幹上了，就如同 2012 年 8 月的周永康一樣。

第二節

成報接連炮轟張德江

張德江依仗江澤民，夥同梁振英等官員攪局「亂港」的醜聞連爆。圖為 2016 年 5 月 18 日香港民主派抗議張德江。（AFP）

　　2016 年六中全會前一個多月，香港親北京媒體《成報》發表系列評論痛批中共政治局常委、人大委員長張德江，以及香港特首梁振英等人，成為海內外輿論焦點。從在香港攪局至黑幫治理廣東，再到遼寧人大坍塌，張德江一夥「亂港亂政」被大起底，背後黑手直指中共前黨魁江澤民。

　　分析指，六中全會前，現任常委醜聞遭公開曝光實屬罕見，顯示香港成為中南海激烈博弈的前哨，《成報》大動作釋出信號，張德江岌岌可危。

　　香港自 2012 年 7 月梁振英任特首後，即成為江派攪局的重要場所。2016 年 8 月 30 日起，《成報》頭版連發署名「漢江泄」的評論文章，揭露張德江依仗江澤民，夥同香港特首梁振英、中

聯辦張曉明、廖暉等官員攪局「亂港」的醜聞。詭異的是，梁振英等官員沉默，親共媒體則陷入混戰。張德江究竟如何夥同梁振英背靠江澤民亂港？

「港獨」鬧劇 梁振英導演

在港英時代，香港社會極少港獨聲音，即使在香港主權 1997年移轉之初，也不見有人提「港獨」。在梁上任前，「港獨」是香港人潛意識的一種禁忌。

但自梁振英 2012 年上台，《成報》8 月 30 日的評論文章《煽風點火「港獨」鬧劇梁振英播「獨」》稱：「越來越多的年輕人公開討論港獨，為何會如此？」「正正是他（梁）一手煽風點火，在中聯辦指揮棒下，由極左團體及左派傳媒營造輿論，虛張聲勢，誇大『港獨』的現象。」

梁的大力打擊製造一起起「港獨」鬧劇。《蘋果日報》報導，在 2014 年 9 月的雨傘運動結束後不久，梁振英在其施政報告中，特別點名抨擊很少人知道的香港大學刊物《學苑》裡面一篇有關港獨的文章，結果這本刊物很快就售光。

2015 年香港大學對 570 名學生做民調發現，28%的人支持獨立，是一年前的兩倍。2016 年夏天的全城民調顯示，17%的人贊成獨立。

《蘋果日報》分析說，梁振英不斷踐踏一國兩制的劣政，使香港人越來越感到依靠一國無法保障兩制，除了港獨就沒有更好出路。

　　2016 年 9 月 3 日《成報》再發文《炮製激進政團鞏固利益 中聯辦梁振英禍港 捧青年新政扮港獨》提到，「七‧一」遊行後，青年新政首次公開與被視為《旺角暴動》核心搞手「本土民主前線」及「香港民族黨」等發起「衝擊中聯辦」示威活動；這場「港獨」戲令社會陷入驚恐。

　　2016 年大年初一、初二「旺角」街頭爆發 1997 年後最嚴重的警民衝突，有本土派團體原本集會支持小販擺檔，其後與警方多次衝突。100 多人受傷。

　　《成報》說，其暴力場面讓「所有人都嚇傻了」，而梁振英一反休假傳統，「年初二便跳出來高調將事件定性」，但又拒絕成立獨立調查委員會，似乎是急於為事件作「冷處理」。

　　文章稱，梁振英處心積慮助長「港獨」，就是為了鞏固他和鷹派人士的管治權威。

　　事後有接近中南海知情人士對博聞社透露，習近平要求特區政府盡量避免擦槍走火和以暴力「鎮壓」手段對待社會和平抗議活動以及不同聲音；嚴格區別以間離香港和內地關係及「港獨」為目的一小撮肇事人；避免事態進一步複雜化；緩和社會氣氛。此外，駐港部隊不得擅自動作；駐粵部隊絕對不可有針對香港的軍事動作。

　　2016 年 9 月 4 日香港選舉立法會前，梁振英要求候選人在登記競選之前簽署效忠保證書，承諾認同香港是中國「不可分割的一部分」。之後剝奪了六名拒絕簽署保證書的候選人參選資格，但一名 25 歲青年梁天琦簽署保證書也被剝奪，說他沒有「真正改變」立場。

　　《成報》文章說：「最奇怪的是，在梁振英『反港獨』聲中，

連青年新政倡港獨自決的候選人竟可以『過關』入閘參選，天下奇聞。」「梁振英與中聯辦禍港四年，說也說不盡。」

9月11日《成報》發文《放「港獨」魔鬼入立法會呼風喚雨拆解幕後操盤團伙陰謀》指，「港獨議員」入局，梁振英以特首之名，擬「帶著港獨議員見阿爺」，這些創舉完全違反「一國兩制」，足是梁振英及中聯辦的「罪己詔」。

「亂港四人幫」首度提起 頭目是誰？

2016年9月12日《成報》發文點出「亂港四人幫」。文章《「亂港四人幫」薄熙來追隨者等搞局 香港之亂始於2012年》指，「香港亂局不斷，始於2012年，緣於『亂港四人幫』，他們分別是中聯辦主任張曉明、特首梁振英，以及薄熙來『粉絲』香港大公文匯傳媒集團董事長姜在忠，他們不斷搞局，自製場場鬧劇，為中央帶來極大『噪音』。」

不過，文章中只點了三人，第四人即「他們的頭目很快會水落石出，餘黨也會漸現」。

9月13日《成報》發文《梁振英中聯辦結盟創「西環模式」捧梁用黑指示左報虛報新聞》指，「中聯辦與梁振英結盟，以『捧梁用黑』的文革手法，威迫利誘建制陣營要聽命中聯辦，全面掌控香港特區政府及建制陣營，又透過香港大公文匯傳媒集團董事長姜在忠虛構新聞，欺上瞞下，愈搞愈瘋狂，弄至香港民怨沸騰，天怒人怨。」

梁振英「黑白道」治港

之後，2016 年 9 月 19 日至 22 日《成報》連續發表四篇評論，指中聯辦與梁振英為了拉攏政商界，撈取梁振英爭取連任的本錢，張曉明助紂為虐，與梁振英狼狽為奸，愈來愈倡狂。

文章說，香港官員對中聯辦的霸道行徑已怒火中燒；香港市民更感厭煩的，是中聯辦培植一班群醜亂舞，成立一批「愛」字頭組織，以「文革」的手段狙擊泛民政黨，挑起各類鬥爭。

最廣為人知的「愛」字頭組織包括 2013 年冒起的「愛護香港力量」、「愛港之聲」，以及從中再衍生的「保衛香港運動」等，這些反激進派組織，在公眾活動與反對派「鬥口」、「鬥手」，給在場維持秩序的警察添煩添亂。

外界關注，在江派大員薄熙來、周永康、徐才厚、郭伯雄一個個倒台之際，梁振英仍緊隨江澤民迫害法輪功。

與梁 2012 年 7 月上台幾乎同期，香港 6 月 10 日突然出現「香港青年關愛協會」（青關會）。這個日子是 99 年中共江澤民集團鎮壓法輪功的專門機構「610 辦公室」成立的日期。

《大紀元》此前報導，青關會以「文革」手法侵擾法輪功、阻街鬧場、暴力攻擊法輪功的真相點。專門滋擾衝擊法輪功學員活動的成員被指部分來自新界黑幫，總部曾設在粉嶺燕京大廈。

2013 年 7 月，在旺角街頭上，青關會侵擾法輪功真相點，警方不作為，觸發小學教師林慧思挺身而出，怒斥警方。此事件後，林慧思老師遭受大量親共團體騷擾和迫害以及校方的施壓。

2016 年 7 月，青關會再度以「文革」式手法阻撓新唐人舞蹈大賽。港府任由青關會作惡。

「香港亂局不止，歸根究底是地方諸侯把弄朝政，拉幫結派，打壓異己。罪魁禍首是中聯辦主任張曉明及行政長官梁振英這兩座『大山』，而背後包庇他們的是廖暉。」9 月 23 日，《成報》發文《中聯辦壟斷輿論鐵證如山張曉明心虛禁訪梁振英窮途末路》點出廖暉。

至此，《成報》只點出張曉明及梁振英的背後是廖暉。第四個「未知頭目」仍不明確。

公開資料顯示，廖暉（1942 年 5 月生），廣東惠陽人，生於香港。廖暉父親廖承志是第一代處理香港回歸問題的中央官員。1983 年廖承志病逝，廖暉接替職位，1997 年香港回歸後，轉任國務院港澳事務辦公室主任。《成報》透露，廖暉 2010 年卸任但勢力不減，政圈盛傳他對香港特區政府的影響力，遠超所有歷屆港澳辦主任。

第三節

傘運紀念日 張德江現形

2016 年 9 月 28 日是香港雨傘運動兩周年紀念日，從這天開始至 10 月 5 日，《成報》再次連續在頭版發表系列評論文章，直指張德江及後台江澤民，印證了此前亂港四人幫中的「未知頭目」是張德江，而張的背後是江澤民撐腰。

《成報》28 日發文《張德江致命一擊，「8·31」決定釀占領事件》指，政改一役暴露張德江主導路線失敗，加上張曉明和梁振英搞盡小動作，進一步撕裂社會，令香港陷入不和諧的困局，促成「占領事件」。

2014 年 6 月 10 日，在張德江的運作下，中共國新辦發表《香港白皮書》，改動「一國兩制」的定義，引爆香港各界強烈反彈。6 月 20 日開始，近 80 萬港人公投爭真普選；7 月 1 日，超過 51 萬人參加「七·一」大遊行。

7 月 19 日，身兼中共港澳協調工作小組組長的張德江南下深圳，一連三天在紫荊山莊舉行了 10 場會面，公開力挺江派在香

港培植的祕密特務梁振英。

張德江此行的目的，被外界視為刺激香港社會、故意激化矛盾、與習近平公開「唱反調」。而大陸官媒對張德江的南下也出奇冷淡地沒有做出任何報導。

8 月 31 日，對於港人的訴求，張德江操控的人大常委會對香港政改框架進行表決，連落三閘，全面封殺港人爭取的真普選，再次強烈刺激香港民眾。9 月 22 日，香港大學生開始罷課，得到越來越多的民眾聲援。

9 月 28 日，港警對手無寸鐵的民眾連發 87 枚催淚彈，近 20 萬港人憤怒上街「占領」，爆發持續 79 天的全香港「雨傘運動」。

「傘運」期間，10 月 3 日旺角街頭出現大批黑社會人士，暴力圍攻抗議的市民和學生。期間有人揚言「來幫警察」，有示威者被暴徒打至頭破血流。

在占領初期，梁振英多次公開或私下釋放「武力清場」信息，甚至暗示北京可能出動駐港解放軍，擬在香港製造一場六四流血鎮壓事件。再次刺激港人。

當時有消息人士對《大紀元》稱，習近平親自致電梁振英叫停不准開槍鎮壓，說「香港不是北京」。消息人士還透露，梁振英、政治局常委張德江等江澤民集團人馬，真的想在香港製造另一場六四流血鎮壓，設局逼習近平下台，但計畫最終沒有成事。

張德江後台江澤民

2016 年 9 月 29 日至 10 月 5 日，《成報》再發三文，明確指

張是香港「災星」，「禍港 13 年」，並點名江澤民是張的後台。

《成報》9 月 29 日第一次點名張德江的後台是江澤民，文章《張德江禍港 13 年——從隱瞞薩斯疫症至毀港普選夢》稱：「張德江隱瞞疫情釀成大禍，衛生部長張文康及廣東省衛生廳廳長黃慶道等眾廣東官員被罷免，但張獲江澤民撐腰下，不用問責。」

10 月 3 日的文章《張德江主政廣東倚重惡黑勢力》，批評張德江「打造全國人大貪腐之路」時，稱他「在內地已連番失職，卻在江澤民的『保護傘』下絲毫不用問責」。

10 月 4 日《成報》發表《「西環喉舌」《文匯》《大公》違中央路線》的評論則更直白，指出張德江之所以從胡溫時代到今天的習近平政權，都愛「攪局」，都是因為倚仗江澤民。用黑惡勢力治理廣東，在 2005 年廣東汕尾事件中製造「六四」以來最大血案，並稱張德江為「攪屎棍」。文章最後還說：「期望中紀委的『虎頭鍘』把這些利益團伙正法。」

中國問題專家石實表示：「《成報》的炮火確實是逐步升級。最早是在 2016 年 8 月 30 日，是在香港立法會選舉之前，它就已經開始炮轟梁振英和中聯辦。快到 10 月份的時候，它開始點名張德江。所以看它整個文章的連貫性，基本上就是從梁振英開始慢慢的往上走。它的炮火逐步增強，而且最後都說到了江澤民，都說江澤民是張德江幕後的保護傘。」

港媒曾報導，江派二號人物曾慶紅在列席港澳協調會時稱：「香港出現政治混亂，要害是『奪權』、是搞『政治獨立體』⋯⋯越亂越好辦，按既定方針解決。」

而同為江派大員的張德江時任港澳工作協調小組組長，充當曾慶紅的「副手」。時任香港特首梁振英則是曾慶紅培植的高級

特務。

四人幫全現形 張德江急顯示「仍然存在」

在《成報》連番深度揭批後，2016 年 10 月 7 日，《成報》再次頭版刊登漫畫廣告，影射羞辱張德江，諷刺張處境不妙要開高價求曝光，顯示其存在。

前一天，10 月 6 日，《成報》頭版再發署名「漢江泄」的文章指，10 月 4 日凌晨在中聯辦網站上，張德江等人發出悼念香港富豪鄭裕彤病逝的唁電。

文章質疑，鄭裕彤病逝六天之後才獲得中央官員「離奇」及「詭異」的唁電和致哀，而所有發出唁電致哀的官員，「全是被指為江澤民派系的代表人物」。

除了張德江，還有政協前主席賈慶林、天津市政府國務院僑務辦公室副主任李剛、中共天津市委書記李鴻忠等。此外還有統戰部、國務院港澳事務辦公室、中聯辦機構。

文章還指，唁電的時間是 4 日凌晨，既不是鄭的去世日（9 月 29 日），也不是出殯日（10 月 13 日），「莫名其妙」，這是用亮相或發表文章向外界顯示自己「仍然存在」。

不過，文章強調，中共官場，「一些流傳捲入涉嫌貪腐或失職瀆職等負面消息的高官，偶然亮相人前或發表文章，縱使只有片言隻語，也可起一種『仍然存在』之感，但真實情況不然。」

文章引用網民的「秒殺」說法，「上午還在會議上表態，下午就上了中紀委的頭條。」

第四節

習引爆賄選案 瞄準張德江

中共現行用人制度存在的假選舉真任命的弊端,是中共官場賄選、買官、貪腐氾濫的源頭。（Getty Images）

　　2016 年 9 月 13 日,中共召開 12 年來首次人大緊急會議,由江派常委、全國人大常委會委員長張德江主持。會上張德江用「首次」和多個「嚴重」來形容遼寧拉票賄選案。不過在此之前,習近平曾不下三次在公開場合提到湖南衡陽破壞選舉案,還曾拍案要求吸取教訓,堅決杜絕此類現象發生。

　　在 2014 年 1 月 14 日的中共中紀委三次全會上,習近平曾因衡陽賄選案大怒,連聲追問六個「到哪兒去了」。2016 年 1 月,在中共中紀委六次全會上,習近平指出,衡陽破壞選舉案與南充拉票賄選案性質極為惡劣,堅決查處這些案件,實施嚴厲問責。習表示 2016 年地方領導班子開始換屆,要做好問責工作,加大監督和查處力度。他強調問責不能感情用事,不能有憐憫之心,要

「較真」、「叫板」，發揮震懾效應。

2016 年中共兩會，習近平參加湖南團審議時指出：2016、2017 兩年，全國省市縣鄉要陸續換屆，要深刻吸取湖南衡陽破壞選舉案和四川南充拉票賄選案的教訓，以「零容忍」的政治態度，堅決杜絕此類現象發生。

中共官媒《人民日報》9 月 14 日發表評論文章稱，中共建政以來，遼寧拉票賄選案是第一起發生在省級層面的賄選案，「涉案人數眾多、性質惡劣、情節嚴重，怵目驚心。」

中共官場賄選已是常態換取利益

據中共官媒 2016 年 9 月 13 日報導，2013 年 1 月 27 日，在遼寧省十二屆人大一次會議第二次全體會議上，由 619 名遼寧省第十二屆人民代表大會代表選出 102 位十二屆全國人大代表，其中有 45 名當選的全國人大代表以金錢或者其他財物拉票賄選，有 523 名遼寧省人大代表涉及此案。

遼寧團的 102 名中共全國人大代表中有 8 人為中央分配，實際該省選舉產生 94 人。這意味著，48％的中共全國人大代表涉違法當選；遼寧省 619 名本屆人大代表，有 84％涉及賄選。

報導稱，被撤銷人大代表資格的 45 人中有 38 人被免除人大常委職務，使得遼寧省人大常委會成員已不足半數，即法定要求的最低人數，遼寧省人大常委會已不能正常運轉。

中共人大常被西方媒體形容為「橡皮圖章，舉手機器」，人大選舉也成為中國民眾調侃的對象，但他們不知道人大代表在中

共官場有很多特權，會給當選者帶來很多好處。這些人大代表回到地方上，憑著自己的身份，可以在官場上、在生意場上、在社會上，換取可以實際衡量的利益。

據陸媒財經網報導，有數十名來自遼寧省的有實力的企業老闆不惜重金賄選，當選後插手司法，甚至以「司法建議書」的形式干預案件辦理。

2016 年 8 月 26 日中紀委通報，遼寧人大原副主任鄭玉焯因涉嫌受賄罪、破壞選舉罪被立案偵查。此前，遼寧省人大常委會原副主任王陽、省委原政法委書記蘇宏章、省委原書記王珉先後被指控拉票賄選而落馬。

523 人涉案 454 人大代表資格被終止

2016 年 9 月 18 日，《遼寧日報》刊登了中共遼寧省第十二屆人大第七次會議籌備組公告，公告稱，2013 年的人大選舉中，有 45 名當選的全國人大代表拉票賄選，有 523 名遼寧省人大代表涉及此案。

公告稱，瀋陽等 14 個市人大常委會已接受 452 人辭去遼寧省人大代表職務。此外，原遼寧省人大常委會副主任、中共黨組書記李峰被罷免，此前因涉嫌嚴重違紀被立案調查的吳野松也辭去代表職務。總共 454 名人大代表資格被終止，其中 108 人的人大常務委員會和人大專門委員會組成人員職務被相應終止。

公告按姓名筆劃公布了這 452 人的全部名單。

從媒體公布的這 45 名全國人大代表名單和職務來看，全是

各個企業的董事長或總經理或國企的第一把手等。比如：於洪（葫蘆島宏躍集團董事長）、王文良（日林實業董事長）、王占柱（瀋陽鐵路局原局長）、王守彬（青花集團董事長）、王寶軍（宏運集團董事局主席）、王春成（遼寧春成工貿集團董事長）等。

通報表示，目前遼寧省十二屆人大實有代表 147 人。遼寧省十二屆人大常委會 62 人中有 38 人涉案，已不足半數。通報還說，這 454 人中至少有 9 人是現任或前任省級高官、多名正廳級官員，還有數十名遼寧省內知名企業家。

這 9 名省級高官分別為：李峰（現屆省人大常務副主任）、江瑞（遼寧副省長）、魏小鵬（復旦大學黨委書記）、趙長義（瀋陽市人大主任）、宋寶華（原瀋陽軍區裝備部副部長），以及曾任省人大副主任的仲躋權、王瓊、閏豐、朱紹毅。

其中李峰，料將遭到進一步處罰及刑事追究。李峰長期擔任遼寧公安廳長、政法委書記，被稱為「遼寧警棍」。目前，李峰的簡歷已經從遼寧省人大官方網站上撤下。

據之前報導，李峰靠周永康、王珉撐腰，濫用政法委的權力勾結黑道，成立聲色場所大賺黑心錢，不但包娼包賭包毒，還暗中提供警用槍枝給營業場所的保鑣配戴。李峰還深涉中國首個被判死刑的億萬富翁袁寶璟案件。

魏小鵬是遼寧大連人，2016 年時 57 歲，曾任大連大學校長、大連市委宣傳部長、遼寧省教育廳廳長、營口市委書記。2014 年，魏出任大連理工大學黨委書記，晉身副部，2016 年 3 月，魏接替朱之文（教育部副部長）出任復旦大學黨委書記，未料僅五個月便遭停職。

除魏小鵬外，遼寧教育系統還有數名官員出現在官方公布的

名單中。

他們分別為：遼寧大學校長程偉、瀋陽理工大學校長邢貴和、遼寧廣播電視大學校長蕭坤、遼寧中醫藥大學校長楊關林、魯迅美術學院黨委書記劉曉華、瀋陽工業大學副校長李三喜等。

此外，根據中紀委通報，此前遼寧省落馬的五名省部級官員，除2014年落馬的「遼寧首虎」陳鐵新外，其餘「四虎」王珉（前省委書記）、王陽（前省人大副主任）、蘇宏章（前省政法委書記）、鄭玉焯（前省人大副主任），均涉及相關拉票賄選。

不少賄選的企業家私下表示，他們也是被逼的，不給錢就無法評上人大代表，作惡的根源還是中共體制。不少人後悔當初這種放棄道德原則、不遵守法制的投機取巧的做法，給自己和企業蒙羞。

賄選案逼張德江閉嘴失權

不難看出，「賄選」早就存在，已經幾十年，甚至可以說是中共體制使然，習近平為何在中共六中全會及十九大前關鍵時刻對賄選案高調追擊？因為其實際起到的作用是強有力遏制了張德江。對張來說，後院曝出這麼大一件案子，問責是跑不了的，他在以後的人事卡位中將很難說得起硬話。

評論員冉沙洲認為，不論受賄、行賄，還是買官、賣官，或是賄選，它們都有一個共同的原因，那就是制度腐敗。由於中共制度腐敗，所以什麼奇事怪事都有可能發生。

他分析，遼寧賄選案對習近平當局而言是一個拿下新舊江派

常委的極好契機。從領導責任看，張德江任全國人大常委會委員長的這幾年間，地方人大常委會出現這樣的醜聞，絕非偶然，張德江負有不可推卸的領導責任。

然而，從遼寧是中共江派的一大窩點來看，江派李長春、周永康、薄熙來、徐才厚、王珉、陳政高等高官都先後盤踞在遼寧，並培植了大批的親信，形成一個「遼寧幫」。拿下江派新舊常委及「遼寧幫」，應該已經水到渠成。

習王體制部署 習要掌權二十年

第五章

習近平提議
取消毛澤東思想

習近平青少年時代在文革和上山下鄉的混亂中度過，深知毛
澤東和共產極權的暴虐。從政上位後，取消紀念毛誕，修改
黨章，做出不同於前朝的舉動，讓大眾看到其欲走出一條新路。
但正確的復興中華之路在何方，他似乎還在試水中。

2012 年 10 月 22 日中共政治局會議，新華社報導裡沒有提到毛
澤東思想，毛主義再被「拋棄」。（大紀元合成圖）

第一節

修改黨章 習提議取消毛思想

「修改黨章、取消馬列主義和毛澤東
思想」成了中共十八大修改黨章的重
要亮點。（AFP）

17 次修改黨章 換湯與換藥

　　2012 年 10 月 22 日，胡錦濤主持召開中共政治局會議，討
論提交給中共七中全會審議的中共十七屆中央委員會總結報告和
《中國共產黨章程》修正案。「修改黨章、取消馬列主義和毛澤
東思想」成了重要亮點。不過這只是 2010 年習近平提出的 179 決
議遲到兩年的對外宣布而已。

　　中共十七屆七中全會在 11 月 1 日召開，而十八大則在 11 月
8 日召開。相比歷次黨代會，這次由於中共內部矛盾激化，各方
無法達成協議，所以最晚提交政治報告。2007 年是在十七大召開
前近一個月提交的，而這次政治報告的定稿時間離七中全會只有

九天，而七中全會離十八大召開只有七天。

不難看出，如何給十八大定調，中共各方爭論不休，險象環生。這是發生在習近平背痛、提出辭職之後才最後定板的。

新華社在報導中談到，十八大將修改黨章，但沒有說具體內容，只是稱「要把黨的十八大報告確立的重大理論觀點和重大戰略思想寫入黨章」。

中國百姓已經認識到，幾乎中共的每一代領導人都會修改黨章，主要是想把自己的觀念加上去，為自己樹立「豐碑」。現行黨章是 1982 年 9 月召開的中共十二大通過的。中共自 1921 年建黨以來，已先後 17 次修正、制定黨章。

中共在十二大制定黨章時，第一次明確規定了黨必須在憲法和法律範圍內活動；第一次規定黨禁止任何形式的個人崇拜；十三大時，黨章修改最重要的一條是實行差額選舉的制度，此後差額比例不斷擴大。十四大，把社會主義初級階段和共產黨在這一階段所執行的「一個中心、兩個基本點」的基本路線寫入黨章，並第一次載明「黨堅持不懈地反對腐敗，加強黨風建設和廉政建設」，增寫了有關遵守黨紀的條文。

十五大時，鄧小平理論被確立為指導思想。十六大，江澤民的「三個代表」重要思想寫入黨章，並首次載明各級紀委協助黨委「組織協調反腐敗工作」。十七大黨章修改，胡錦濤的「科學發展觀」被寫入黨章，「八榮八恥」也作為對中共黨員的新要求寫入了黨章。

擬去除馬列主義和毛思想

　　細心人發現，當時中共黨八股文章出現了異常，新華社 2012 年 11 月 8 日報導稱，「大會將高舉中國特色社會主義偉大旗幟，以鄧小平理論和『三個代表』重要思想為指導，深入貫徹落實科學發展觀，認真總結過去五年的工作……」。以前都是將馬列主義、毛澤東思想、鄧小平理論、三個代表和科學發展觀一個不落地全部列出。2012 年 9 月 28 日中共宣布薄熙來被雙開時，也是故意刪除了毛思想和馬列主義。

　　外界分析說，如今中國人一半以上的家庭遭受過中共的迫害，包括胡錦濤、習近平等人的父輩乃本人，都深受文革之害，對於毛思想應該說從內心是厭惡的。隨著民間對毛滔天罪行的揭露，特別是薄熙來在重慶「唱紅打黑」所引發的紅歌潮和其背後的謀逆醜聞，以及不久前大陸民間保釣反日浪潮高漲中出現的挺薄和「毛澤東快回來吧」的標語，都讓中共高層警惕。

　　據說在 2012 年 9 月 28 日召開的中共中央政治局會議上，北京高層不但打算十八大不提毛澤東思想和馬列主義，而且毛的屍體也將遷移韶山下葬。大陸歷史教師袁騰飛曾說：「毛澤東的紀念堂是什麼？是靖國神社，裡邊供奉的是一個雙手沾滿人民鮮血的劊子手。」

　　中國人講究死後「入土為安」，有人戲稱，毛殺人太多，發動文革摧毀了中華文化，罪孽太大，死了也要遭天懲，不能讓其入土為安，故而就讓他待在紀念堂了。

　　華府中國問題專家石藏山分析，左派勢力一直在民間利用「毛澤東」煽事，使得高層產生警覺。但是中共又無法公開直接

否定毛澤東思想，否則就等於是否認中共的起源，因為中共本身一直又標榜自己是「紅色血統」的傳人。所以就出現了這種可笑的偷偷刪除的做法。

習近平、吳邦國提議排除毛思想

2011 年 2 月 26 日，《新史記》發表了《評習近平提出取消毛澤東思想這個重大議案》，著名傳記作家辛子陵接受高伐林專訪。時年 77 歲的辛子陵曾任中共國防大學政治研究室副主任、軍事學院出版社社長等職，著有《毛澤東全傳》，他給毛的評價是：「功勞蓋世，罪惡滔天」。

據辛子陵介紹，2010 年 12 月 28 日，中共中央政治局全體會議在胡錦濤主持下通過了《關於毛澤東思想若干建議意見》的決議，編號（179），該議案由吳邦國、習近平兩人共同提出，內容是，今後中共的會議公報、決議、方針政策、理論學習、各類宣傳報告等正式文書，不再把「毛澤東思想」列入。據悉，當會議宣布一致通過 179 號決議案時，全體政治局委員都不由自主地起立，長時間鼓掌歡呼。

辛子陵認為：「取消毛澤東思想這個重大議案由習近平提出，特別值得重視。習近平在未登大位之前舉重若輕，一舉掙脫了束縛自己，也束縛黨和全國人民的繩索，這反映了他的執政風格和政治走向，他不貪不色，一身正氣，關鍵時刻會有勇氣與權貴資產階級切割，他可能領導中共走向中興，領導國家走向民主共和。」

文章還說：「179 決議沒有嚴厲的、高調的政治語言，沒有大叫大嚷，平和得像個裝集裝箱的單子，註明某一種貨物不准進入集裝箱。就這樣，把幾代領導人想辦沒敢辦的事情辦成了……」

薄熙來也投了贊同票

辛子陵評價吳邦國：「在這個轉折關頭上支持習近平，改變了他『兩個絕不』的頑固派形象，在自己從政的歷史上留下了光彩的一筆。」他還提到，當時的薄熙來也投了贊成票。「這意味著由他發起的『唱讀講傳』活動也將畫上一個休止符，中國『棄鄧歸毛』的趨勢將得到根本扭轉。薄熙來這位紅色諸侯要想在十八大新班子中立足，必須要參與非毛化的進程。」

辛子陵還認為 179 號決議「有告別過去，開闢未來的劃時代意義。這是胡錦濤執政以來最大的亮點」，不過辛子陵自此之後被國安警察多次警告，不許亂發言論，他曾在那段時間做過「形勢與前途」演講，被官方找上門談話。

現在很多中國人通過翻牆軟體看到被中共封鎖的信息，比如在海外，人們知道《馬克思的成魔之路》介紹了馬克思信仰的不是共產主義，而是撒旦邪教，馬列只是西方拋棄的垃圾，毛澤東只是一個比希特勒更邪惡的殺人犯。可以說，《九評共產黨》在海內外的廣泛傳播，喚醒中國人「做中華兒女、不做馬列子孫」，在上億中國人退黨、退團、退隊的大環境下，才促使胡錦濤、習近平等人提出去馬列、去毛化。

中共為了生存，出現了鄧小平提出的改革，用辛子陵的話說，

改革就是要搞新資本主義，不過，不拋棄中共這張「邪皮」，期
待中共改良的人會像胡耀邦、趙紫陽那樣，被中共吞噬。

習提議毛屍體移出紀念堂 遭否決

2012 年 12 月初，有媒體報導說，習近平曾在上位前提出將
毛屍體移出毛澤東紀念堂，但被其他常委否決。

據前台灣國防部副部長林中斌教授指，在十八大召開前夕，
習近平曾在政治局常委會上提出，毛澤東的屍體是否應該移出毛
澤東紀念堂，因為紀念堂應該歌頌的是無數的無名「英雄」，如
此就能呼應紀念堂前面的「人民英雄紀念碑」；革命（中共搶奪
政權）是這些無名「英雄」的功勞，不是只有一個人的功勞。

林中斌表示，習近平的提議被溫家寶否決，「我相信溫家寶
心裡是支持的，但他顧及全域，說時間未到。」但分析認為，如
果這是真實的，更有可能提出否決的是胡錦濤，而不大可能是溫
家寶，因為胡一直以「保黨」為大，同時他在原政治局常委排名
第一，有強勢的話語權。

雖然當時遭否決，不過習近平遲早會再把這個案子提出，以
中共國家領導人之身份來推動。林中斌還表示，屆時對毛澤東的
所作所為，也不再維持 1981 年《關於建國以來黨的若干歷史問題
的決議》的「七三開」。

中共召開十八大前夕曾有消息說，在未來兩年內毛澤東的屍
體將被移出天安門廣場，運回湖南韶山或井岡山等地下葬，具體
地點要看毛家人意願。

　　同時，黨媒新華網在 2012 年 10 月 2 日報導中稱，毛澤東之女李敏攜女兒、女婿、外孫重返井岡山，當地市委書記劉萍高規格接待，有消息說，此行實際是中央部署，讓李敏去給毛澤東挑選墳地。

第二節

毛澤東被大會堂「掃地出門」

2013 年底，原定於人民大會堂的毛誕紀念晚會及央視劇目《毛澤東》都被取消。習陣營為「悼毛熱」降溫。（Getty Images）

　　2013 年 12 月中旬，中共官方突然取消原定北京人民大會堂舉行的毛澤東誕辰紀念晚會，同時，央視百集劇目《毛澤東》也取消播出，被外界視為習陣營為「悼毛熱」降溫。大會堂將毛「掃地出門」，似欲將毛澤東誕辰紀念的痕跡抹掉。

　　據自由亞洲電台（RFA）報導，中國大陸網路輿論為幾則有關毛澤東誕辰紀念活動被取消的消息而掀起波瀾。作家孫君紅 12 月 10 日在實名認證的微博上發文稱，人民大會堂紀念毛誕辰 120 周年的文藝晚會，臨時被要求審批，由於事發突然，根本就來不及報批，故最終被迫取消。

　　另一方面，北京的購票網站則改售《歌唱祖國》2014 年大型新年文藝晚會，由該演出取代毛誕辰紀念活動的演唱歌曲。同時，

央視的一部百集劇目《毛澤東》，據傳也被要求改播歌頌開國元
勳事跡的《聶榮臻》。《聶榮臻》已於 11 日晚在央視綜合頻道
黃金時段開播。

更值得關注的是，上述事件都是在中共中央政治局上周開完
會之後才發生的，以致於外界推測，淡化毛澤東誕辰紀念活動，
並嘗試為此類活動降溫，是北京當局開會後達成的共識。

鮑彤：毛澤東絞死了中國的市場

趙紫陽的祕書鮑彤評論稱：「據說中共中央將在本月（2013
年 12 月）隆重紀念毛澤東誕生 120 周年。言者鑿鑿。聽者有信有
疑。兩高沒有判它謠或非謠。我只能為之詫異。」

他稱，如果十八屆三中全會以前有人說要紀念毛，不足為怪。
問題在於，中共剛宣布要「全面深化改革」，整個改革的重點是
「建立現代市場體系」，而毛卻是市場經濟的死對頭，所以兩者
如何同台演出，就成為需要探討的問題了。

他說：「毀滅市場是毛最顯赫的苛政之一。有誰能在 900 多
萬平方公里的土地上把歷幾千年之功才得以建立起來的市場掃蕩
殆盡？別人不能，毛領導下的共產黨能！」

鮑彤表示，1950 年中共決定建立的「統一全國物資統一調度」
的制度，以超經濟的政治軍事手段，控制了糧食、花紗布和最重
要的工業器材市場。1953 年的糧棉油統購統銷和隨後的合作化、
公社化，窒息了大陸農村市場。幾乎同時實施的對私有企業的統
購包銷制度，加上稍後全面展開的對資改造，最後是各種生活必

需品的憑票供應，使城市市場同樣名存實亡。是毛澤東，是「解放」，是「社會主義」，在大陸城鄉絞死了中國的市場。

習近平當局為悼毛熱降溫

香港《蘋果日報》引述北京消息稱，當局為悼毛熱降溫，是不想影響三中全會的改革主調。報導認為，中共高層不是要封殺祭毛、悼毛，而是要讓所有活動處在可控的程度，不致損害當局欲向世界展示的改革派形象。一些毛左藉悼毛為薄熙來鳴冤、藉張成澤事件反改革，已超出當局容忍範圍，結果引致當局下令為悼毛降溫，但中共高層如何繼承毛的衣缽，有待觀察。

有分析稱，此前中國大陸知識界曾為習近平是否真下決心深化改革，發生過一番激烈辯論，如今毛誕紀念活動規模下調，習企圖深化改革的意向顯得更加明顯。目前當局沒有否定毛澤東，不代表習近平不會推行「去毛化」。

2013 年 10 月 15 日人民大會堂舉行習仲勛百年紀念活動的時候，習近平就表示出了「去毛」傾向。當日，位於天安門廣場的「毛主席紀念堂」閉館，為習仲勛讓路。並且毛澤東的政敵高崗的遺孀也被邀請參加人民大會堂的習仲勛紀念會，此舉被各界解讀為習近平要為高崗平反。

此前，習近平即公開表示紀念毛澤東必須從簡，他在前往湖南考察時，一是沒有前往韶山祭拜毛，二是在其向湖南省提出的要求中，包括要「簡樸」紀念毛澤東誕辰。是時人民大會堂將毛澤東「掃地出門」，似將毛澤東誕辰紀念的痕跡抹掉。

習近平等人心底都討厭毛左

有消息說，習近平、李克強、王岐山、俞正聲等人，在文革時都遭遇過知青歲月，心底裡都討厭甚至仇恨毛澤東，只是他們不說而已。特別是習近平，由於習仲勛在文革前就因為江青批《劉志丹》一書被打倒，因此習近平沒有薄熙來那樣的紅衛兵經歷，那時的習近平是黑五類，沒有資格當紅衛兵，因此也就躲過了作惡的可能。

習近平人生曲折、經歷豐富。既是「紅二代」，也當過「黑五類」，當年他的父親習仲勛被毛澤東迫害，全家遭殃，他也被打入社會底層。他還插過隊，下過鄉，培養了吃苦耐勞的精神。後來他又當上工農兵學員，上了清華大學。再後來作為第三梯隊的接班人，受到培養，直至登上大位。

據習家老友楊屏回憶：1966 年，年僅 13 歲的習近平，只因為說了幾句反對文化大革命的話，就被打成「現行反革命分子」，被關進中央黨校的院子。習近平和其他 5 個成人「反革命分子」被押到群眾大會上批鬥，每人戴著鐵制的高帽子，因為帽子重，壓得少年習近平受不了，就用兩只手託著。他的母親齊心就坐在台下，參加批鬥大會。當台上高喊「打倒習近平」時，他母親也不得不舉手高喊「打倒習近平」。批鬥會結束，母子不得相見。

一個大雨之夜，習近平實在承受不住了，趁下雨看管不嚴，突然跑回家，把母親嚇壞了，問他「怎麼回來的？」習近平說是趁看守不注意、跳窗戶回來的。習近平對母親喊：「媽媽，我餓！」然而，母親不僅沒有給他做飯吃，反而冒著大雨，出門去告發習近平。習近平哭了，絕望地跑進雨夜，逃離了家。當晚，頤和園

一個看工地的老頭收留了習近平，讓他在一張躺椅上熬過一夜。由於母親的舉報，第二天，習近平被抓進「少年管理所」，強制實施「勞動改造」，一關就是三年。

後來習近平也能理解母親的苦心了。假如她不舉報兒子，過幾天造反派一定會找到習家，不但習近平逃不出魔掌，習家母親，兩個姐姐都得關進監獄，也沒人去照看習仲勛了，那習家就全完了。可以想像，那樣一個少年，對毛澤東的暴政有何體會。

15歲那年習近平到延安當知青。人生最寶貴的七年，就是在貧瘠艱苦的黃土高坡苦熬，一直「面朝黃土背朝天」幹到22歲。習曾數次回憶插隊生活中跨過的「五大關」：

一是跳蚤關。梁家河的夏天，幾乎是躺在跳蚤堆裡睡覺，渾身都被咬腫，皮膚過敏，水泡潰爛。但兩年之後就習慣了，無論被如何叮咬，照樣睡得香甜。二是飲食關。沒有精米細面，主食是粗糲的雜糧，玉米麵窩頭。曾經幾個月吃不到肉，分到一點豬肉，顧不上做熟，就切下一片生肉放進嘴裡。後來陝北鄉村的飯菜竟是他經常懷念的。三是生活關。自己學著捻毛線，縫衣服、縫被子，都是自己做，生活自理能力很強，就是在那時打下的基礎。四是勞動關。習近平起初拿的工分還沒有婦女高，兩年後就拿到了壯勞力的10個工分，成了種地的好把式。在陡峭的山梁上放羊，下雨刮風在窯洞裡鍘草，晚上看牲口；春天擔糞，一擔豬糞、牛糞有七八十斤重，挑到幾裡外的山上；夏天擔麥子，200斤，十里山路一口氣走完。五是思想關。學到了農民實事求是、吃苦耐勞的精神。曾經嫌棄鄉民身上有蝨子，後來常常和他們睡在一個炕上，甚至合蓋一床棉被。

很多人說，經歷過苦難的人登上大位，一般都是要有一番作

為的。可以看出來，習近平就是一個有抱負，有作為的人。

毛澤東最終會被中國人拋棄

毛澤東曾是中共統治中國大陸的象徵，毛澤東頭像至今還被懸掛在天安門城樓上。時評員羌天明認為，毛澤東自稱有兩大作為，第一是奪權，第二是發動「文革」。奪權狂殺人，「文革」狠誅心，把這樣一個心狠手辣的魔頭畫像懸掛於寓有「承天啟運」、「受命於天」、「外安內和，長治久安」之意的天安門城樓之上，實在是格格不入的事情。

羌天明表示，中共的滅亡結局已定，從天安門城樓摘下毛澤東頭像，將成為中共滅亡的最重要標誌之一，具有將近 600 年歷史，已經被中共利用了整整 60 多年的天安門城樓，注定要見證中共滅亡的全過程。柏林牆是東德人民親手拆除的，天安門城樓上的毛澤東頭像也一定會被中國人民親手摘除。人們或許不能把貴州平塘的藏字石「中國共產黨亡」移運到天安門城樓之前，不過，在天安門城樓之前聚集億萬民眾，升起「天滅中共」的「退黨」集會大旗，倒是非常有可能的。

第三節

反思文革、轉型正義
大變局將至

中共當局 1982 年就承認「文革」是一場錯誤運動。圖為「文革」時期的紅衛兵。（AFP）

2015 年 12 月 9 日，曾任中共山西省省長、文化部副部長、現受聘於中山大學的于幼軍以「反思文化大革命」為主題的系列講座首次在廣州中山大學開講。系列講座共分七個部分，從 12 月 9 日起到 25 日，八天內分八場講完。根據通知，僅限於校內老師、碩博在校生參加，「現場請勿錄音、拍照、攝像」。

于幼軍稱，中共當局 1982 年就說，「文革」是一場錯誤運動，但「文革研究都變成了不成立的禁區」。這些年，「文革陰魂若隱若現，侵蝕執政黨和人民肌體」。

于幼軍說：「文革的土壤還在，特別是人們還沒有理性、深刻認識的情況下，文革有可能會在一定的歷史條件下部分重演。」

于幼軍還透露，他選擇「文革」話題開講，是由於「明年是

文革發生 50 周年」；讓大家「自覺地拒絕文革」、「不讓文革在新時代穿上一件馬甲就粉墨登場」。

有消息稱，于幼軍此次「反思文革」的重大任務，可能來自北京高層。公開資料顯示，習近平、王岐山等北京高層在「文革」期間都曾遭受迫害。

習近平曾在山東曲阜市考察孔府和孔子研究院，與當地「專家學者」座談時談到「文化大革命對傳統文化的戕害」，並鼓勵與會者「因勢利導」、「深化研究」孔子和儒家思想。

習近平 10 年前曾撰寫過一篇「文革」經歷的文章，內容詳述了「文革」期間由於父親習仲勳因所謂「《劉志丹》小說問題被立案審查，自己亦被作為『黑幫』的家屬揪出來了」等多個事例。

2015 年 10 月，習近平母親齊心的《齊家抗戰》一書出版。書中曝出，「文革」中，齊心因沒有同其丈夫習仲勳「劃清界限」，受到審查。僅在「五七」幹校勞動期間，齊心就被審查七年之久。對齊心來說，這是段不堪回首的日子。

王岐山的小學同學也曾向陸媒透露，王岐山在「文革」中，曾因提到「雷鋒即使活著，也未必百分之百正確」而被扣上「惡毒攻擊雷鋒」的罪名，在全校被大批鬥。

在于幼軍講授「反思文革」之前，11 月 30 日，有習陣營背景的大陸財新網博客欄目發表題為《為什麼需要真相委員會？》一文，文章以巴西真相委員會成立為導引表示，真相與和解委員會成為「轉型正義」的重要載體，通過調查、披露威權政府所犯下的罪行，將真相公之於世，促成全民反思與政府改革，避免歷史重蹈覆轍。

此外，12月8日，財新網再度刊登胡錦濤智囊俞可平在北大的演講全文《政治學的公理》，闡述中共政治體制違背了六條政治學公理，其中明確提到「如果幾個官員腐敗，那確實是他信仰缺失等等，如果是一片官員腐敗，那肯定是制度出了問題。」俞可平還說：「如果違背了這些公理，無論是誰都會受到懲罰。」

時政評論員周曉輝認為，無論是于幼軍的講座，還是提出「轉型正義」、點明中國問題所在，這些信號都在表明，為了迎接大變局，習近平不僅在政治、經濟、軍事、外交等方面進行全面部署、突破以往束縛，並且在輿論上一再突破某些禁區，在某些歷史和真相問題上試水。不排除習陣營在為即將到來的變局、社會轉型做輿論鋪墊。

文革到底是怎麼回事，以下摘錄《九評共產黨》之三：評中國共產黨的暴政，其中文革相關的真實論述。

文化大革命――邪靈附體，乾坤倒轉

「文革」是共產黨邪靈附體全中國的一次大表演。1966年，中國大地上掀起了又一股暴虐狂潮。紅色恐怖的狂風咆哮，如發瘋蟄龍，脫韁野馬，群山為之震撼，江河為之膽寒。作家秦牧曾這樣描述中國的文化大革命：「這真是空前的一場浩劫。多少百萬人連坐困頓，多少百萬人含恨以終，多少家庭分崩離析，多少少年兒童變成了流氓惡棍，多少書籍被付之一炬，多少名勝古跡橫遭破壞，多少先賢墳墓被挖掉，多少罪惡假革命之名以進行。」據專家們的保守估計，「文化大革命」中非正常死亡者達773萬人。

　　人們對文化革命中的暴力和屠殺往往有一種錯覺，覺得這些大都是在無政府狀態下由造反運動形成的。殺人者也都是「紅衛兵」、「造反派」。但根據中國出版的數千冊縣志所提供的資料，「文革」中死人最多的時期不是紅衛兵造反有理，中央各級政府處於癱瘓的 1966 年底，也不是造反派武鬥正盛的 1967 年，而是「各級革命委員會」已建立，毛澤東恢復了對國家機制全面控制的 1968 年。在全國著名大屠殺案件中，濫施暴力、血腥殺伐的大多是政府控制的軍隊、武裝民兵和各級黨員骨幹。

　　從下面這幾個例子中我們可以看到，「文革」中的暴行並非紅衛兵、造反派的一時過激行為，而是共產黨和地方政權的既定決策。「文革」時期的領導人與各級權力機構對暴政的直接指揮和參與，常常被遮掩起來而不為人知。

　　1966 年 8 月，北京紅衛兵以「遣返」為名，把歷次運動中劃為地、富、反、壞、右的北京市居民強行趕出北京押往農村。據官方不完全統計，當時有 3 萬 3695 戶北京市民被抄家，有 8 萬 5196 人被驅逐出城、遣返原籍。此風很快在全國各大城市蔓延，多達 40 萬城市居民被遣返到農村。連有地主成份的共產黨高級幹部的父母也未能倖免。實質上，這種遣返行動是中共在「文革」前就安排好了的。彭真任北京市長時就說過，要把北京居民成份純淨為「玻璃板、水晶石」，即把成份不好的市民全部趕出北京。1966 年 5 月，毛澤東發出「保衛首都」的指示，成立了以葉劍英、楊成武和謝富治為首的首都工作組。這個工作組的任務之一就是通過公安局大規模遣返「成份不好」的居民。如此就不難理解，為什麼紅衛兵對超過 2% 的北京市居民抄家遣返，不但未被政府阻止，相反還得到市、區公安局和街道派出所的大力支持。當時

的公安部長謝富治曾要求公安幹警不要去阻攔紅衛兵，要為紅衛兵當「參謀」，提供情報。紅衛兵不過是被當局所用。到了 1966年底，這些紅衛兵也被共產黨拋棄，不少人被宣布為「聯動分子」而入獄。其他的隨大批「知識青年」被送到鄉下參加勞動、改造思想。當時主持遣返活動的西城紅衛兵組織，就是在共產黨領導人的「親自關懷」下成立的，他們的通令也是由當時的國務院祕書長修訂後發表的。

繼北京遣返地、富成份的人去農村，農村也掀起了又一輪對地、富成份人群的迫害。1966 年 8 月 26 日在北京市所屬的大興縣公安局的局務會上，傳達了公安部長謝富治的講話。其中要點之一是公安幹警要為紅衛兵當參謀，提供黑五類（地、富、反、壞、右）的情報，協助抄家。大興縣的屠殺運動直接來自縣公安局的指令。組織殺人行動的是公安局的主任、黨委書記。動手殺人，連孩子都不放過的大多是民兵。

「文革」中，很多人因在屠殺中「表現好」而得以入黨。據不完全統計，在「文革」中突擊入黨的，在廣西一區有 9000 多人是殺人後入黨的，有 2 萬多人是入黨後殺人的，還有與殺人有牽連的 1 萬 9000 多人。單從這一省的統計，就有近 5 萬共產黨員參與了殺人事件。

「文革」中，對打人也要進行階級分析：好人打壞人活該；壞人打好人，好人光榮；好人打好人誤會。毛澤東當年講的這句話在肆虐一時的造反運動中廣為流傳。既然對階級敵人的暴力是他們「活該」，那麼暴力和殺戮也就廣泛傳播開去。

1967 年 8 月 13 日到 10 月 7 日，湖南道縣人民武裝部的基層民兵屠殺「湘江風雷」組織成員及黑五類。歷時 66 天涉及 10 個

區，36 個公社，468 個大隊，2778 戶，共 4519 人。全地區 10 個縣共死 9093 人，其中「地富反壞」占 38％，地富子女占 44％。被殺人中，年紀最大的 78 歲，最小的才 10 天。這僅僅是「文革」暴行中，一個地區的一個事件。在 1968 年初「革委會」成立後的清查階級隊伍運動中，內蒙古清查「內人黨」製造了 35 萬餘人被殺的血案。1968 年在廣西有數萬人參與了對「4．22」群眾團體的武裝大屠殺，死人 11 萬。

由此可見「文革」中的暴力屠殺首案、大案全是國家機器的行為，是共產黨領導人縱容和利用暴力迫害殘殺百姓。直接指揮和執行這些屠殺的凶手多是軍隊、警察、武裝民兵和黨團骨幹。如果說，土改是為了土地而依靠農民打地主，工商改造是為了資產而依靠工人打資本家，反右是為了讓知識分子緘口，那麼文化革命中這種你鬥我，我鬥你，並無哪個階級是可依靠的，即便你是共產黨依靠過的工人農民，只要觀點不一致，就可以殺你。這究竟是為了什麼？

這就是為了造就共產黨一教統天下的大勢。不光統治國家，還要統治每一個人的思想。文化革命使共產黨、毛澤東的「造神」運動登峰造極。一定要以毛澤東的理論獨裁一切，置一人之思想於億萬人腦中。空前絕後的是，文化大革命不規定有什麼事情是不能做的，而是「什麼可以做，要怎樣去做，而除此之外什麼都不能做、不能想」。「文革」中，全國人民實行著宗教崇拜一樣的「早請示，晚匯報」，每天數次敬祝毛主席萬壽無疆，早晚兩次政治禱告。認字的人幾乎人人寫過自我批評和思想匯報。言必稱語錄，「狠鬥私字一閃念」，「理解要執行，不理解也要執行，在執行中加深理解」。「文革」中只允許崇拜一位「神」，只誦

讀一本「經」——毛主席語錄。進而到不背語錄、不敬祝就無法
在食堂買飯。買東西、坐汽車、打電話也要背一句毫不相干的語
錄。人們在做這些事的時候，或狂熱興奮，或麻木不仁，已經完
全被罩在共產黨的邪靈之下。製造謊言、容忍謊言、依靠謊言業
已成為中國人生活的方式。

第四節

「執政黨要中國化」

2016 年元旦前夕，習近平在政治局一次集體學習會上強調實現中華民族偉大復興的中國夢。（AFP）

2015 年 12 月 28 至 29 日，中共政治局召開民主生活會議，在這 25 人的圓桌會上，習近平要求每個人做「批評與自我批評」。30 日，習主持中央政治局第 29 次集體學習。31 日，習發表新年賀詞。在這三次活動中，人們往往都忽視了中間那個，因為官方也沒有重點報導。

據媒體報導，中共中央政治局 12 月 30 日下午就「中華民族愛國主義精神的歷史形成和發展」進行第 29 次集體學習。習近平在主持學習時強調，「實現中華民族偉大復興的中國夢，是當代中國愛國主義的鮮明主題。」要大力弘揚「以改革創新為核心的時代精神」。習近平邀請清華大學國學院院長陳來就這個主題進行講解，並談了意見和建議。

不過有個人沒有忽視這次集體學習：旅美中國學者吳祚來1月9日在 BBC 專欄中分析，這次學習很可能談的是「執政黨要中國化」這個重大的政治問題，因為這關係到中國未來政治體制的大變革和大轉折。

吳文稱：「五個月前，也就是 2015 年 7 月 31 日，陳來接受王岐山治下的中紀委網站專訪，提出『執政黨要中國化，要更自覺地傳承中華文明』。從這次訪談的標題看，這是一個非常有價值的話題，與前不久王岐山提出的執政黨合法性問題，一樣可以奪人眼球、引發思考。」

共產黨是外來侵略黨 入侵中華文化

陳來是當代著名儒學家，主要研究方向為儒家哲學、宋元明清理學、現代儒家哲學。

王岐山是中共高層少有的歷史學者，他曾多次推薦《法國大革命》《公正》等書，還把提倡「人類最終都將發展為資本主義」的福山介紹給習近平，並在背地裡支持任志強提出「我們絕對不是共產主義接班人」等說法。

王岐山請陳來講「執政黨要中國化」的大背景是，早在 2004 年，一本奇書《九評共產黨》就在中國大陸悄然傳播，如今已經超過 3 億 200 萬名大陸民眾公開在《大紀元》網站上聲明退黨、退團、退隊（三退）。

《九評共產黨》揭示了中國共產黨從其誕生之日起，就是一個破壞中華民族的賣國黨，是伴隨共產幽靈的外來入侵黨。中

共成立之初就是共產國際遠東第三支部，經費來源、組織綱領、政治目標等都是蘇聯共產黨制定和輸送的，由於無產階級沒有祖國，要「砸爛現行一切制度」，其行動宗旨也是「保衛蘇維埃」。

無論共產假說描繪的人間天堂如何美好，但實質就是謊言。看誰家有錢了去搶去殺，這就叫「革命」，抗日戰爭爆發前中共公然在江西瑞金成立「國中國」：「中華蘇維埃共和國」偽政府，與國民政府抗衡。中共竭力宣傳的所謂長征，只是為了投靠蘇聯的曲線逃亡；連 1951 年的所謂「抗美援朝」，也只是為了「保衛蘇聯」而葬送了上百萬中華兒女性命的侵略戰爭。「文化大革命」表面上是毛澤東一人的私心貪慾所偶然發動的，其實質是共產侵略，黨對中華文化的必然摧殘。

在經歷一百多年的痛苦折磨後，現在的中國人，包括中共高層，只要還有點人性，都能清楚的看到，凡是共產黨所到之處，無不是與戰爭、饑荒、謊言、專制，如今已經沒有人真正相信共產理論了，很多人已經看清：共產主義是人類的大劫難，是地球上的致命癌細胞，必須清除共產邪靈，每個人才能保命。中共當權者也看到了這點，只是利益集團不願放棄既得利益而已。

陳來：執政黨要中國化

陳來在接受中紀委網站訪談時，談到「執政黨的中國化，要更自覺地傳承中華文明」。他認為，中華傳統文化十分豐富，最突出的特點就是「以德治為本」，這種思想主要針對當時「以刑法為本」。孔子認為，「道之以政，齊之以刑，民免而無恥」不

是理想的治國方法，只有「道之以德，齊之以禮，有恥且格」才是理想的社會。因此從孔子開始，儒家提出了「以德為本」的治國理念。今天「以德治國」的思想根源就出自儒家。

儒家文化重視人德性的培養和人格的提升。孔子說「朝聞道，夕死可矣」，把對真理和道德的追求看得比生死還重要。孟子提出「富貴不能淫，貧賤不能移，威武不能屈」，鼓勵人們追求堅定獨立的人格尊嚴，不被任何財富所腐化，不受任何外力所威脅。佛家講五戒，不殺生、不偷盜、不邪淫、不妄語、不飲酒，道家也講清淨無為、知足自得、清心寡欲等，這讓中國人在做人方面能很好地控制自己。

相對於西方的個人主義，中華價值觀呈現責任先於自由、義務先於權利、群體高於個人、和諧高於衝突的特色。中國人講「知行合一」，知道貪贓枉法的事不能做，行動上就不去做。官員的「公德要以私德為基礎，沒有私德的養成，公德也不可能養好」。《禮記·儒行》提出了「強學力行」、「不寶財祿」、「傲毅清廉」等十六條行為規範，而且中國人一直抱有「天下之本在國，國之本在家」的獨特的「國家」概念，君子要「修身齊家治國平天下」，而且兩三千年來中國就有獨特有效的官員監察制度。陳來認為這些都是現代人可以借鑒的。

古代帝王之制優於現在的治理

旅美學者吳祚來在 BBC 專欄中表示，中共表面上重視傳統中華文化，其文化與藝術只是一種市場消費或文化元素而已。「中

國古代是王法之治，現在是黨法之治，黨的利益與黨內法則高於
國家法律。」

　　為什麼許多學者敢於倡言要求中共回歸中國傳統？為什麼中
共高層多次讓歷史學者到中央政治局講課？因為中國古代傳統的
帝國之治，優於中共的政治治理。「古代帝王敬天畏民，當代中
共的統治者們何嘗有過敬畏？中共之治，只有政治信念，沒有相
對獨立的社會信仰。中共的意識形態把政治理念當成社會信仰，
這仍然是政教合一，所以在思想禁錮方面，與歐洲中世紀無異。

　　有政教合一必有政法合一，依法治國因此就成空話。政教合
一另一危害性在於，用政治理念來教化民眾，用烏托邦思想對民
眾洗腦，使普眾失去獨立的思想，沒有常識沒有邏輯沒有理性。」

　　在陳來看來，古代儒家官員一般都能做到：「惠而不費、勞
而不怨、欲而不貪、泰而不驕」。陳來認為，習近平提出的「講
仁愛、重民本、守誠信、崇正義、尚和合、求大同」這六條，就
是儒家的基本價值，就是我們社會核心價值之所本。

　　至於中共政權如何中國化，是回到獨尊儒術的中國化，還是
像台灣那樣民主憲政中國化，或者新加坡那樣有一定民主法制的
中國化，或參照日本與韓國民主化，公開報導裡沒有透露陳來是
如何向習近平回答這個問題的。

吳祚來：中共需要新三權共治

　　不過吳祚來認為，古代社會是皇家與儒家與家族的三家共治
天下，皇家有最終的裁決權，儒家掌管道德精神（皇家的教育權

在儒家手中），而民間社會，家族通過家規或家法，使民間社會有道德與秩序。於是他提出，「中共需要新三權共治」：「人民代表大會、政治協商會議與中共中央。」

「現在中共這樣的政制，一步進入歐美憲政民主制度，勉為其難，為什麼？不是中國人民不具備民主普選的素質，而是中共龐大的身軀不可能一步扭動過來，中共不僅是一個龐大的政治集團，也是一個利益共同體，立即剝奪他們的政治與經濟特權，掌握國家機器的官僚體系不會合作，除非發生革命性巨變；而一步回歸到傳統中國社會的所謂德治，更是不可能，經濟如此發達的社會，僅靠道德的力量不可能使社會有序與發展，只能通過社會自由信仰的方式，以及普遍的商業信譽記錄，提升全民道德品格，當代社會的秩序維繫，靠的只能是獨立的憲法體系下的法治。」

作者因此給習近平支招說：「將人大與政協坐實，就可以實現中國政治改革的第一步，而這一步是沒有政治風險的，中共建政之時建構起來的政制，既是歷史承諾的實施，又在某種程度上體現了中國特色。

「有人會說，習近平正在構建自己的威權，這種三權共治模式，如果全國人大真的擁有最高權力，會不會彈劾習近平？如果習近平真的有如此擔心的話，他自己在下一任期可以擔任全國人大委員長兼國家主席，並讓軍隊國家化，自己就可以擔任三軍統帥，這樣，他的威權就可以用在政治改革這樣宏大藍圖上了。」

《新紀元》在 2015 年聖誕前夕出刊的封面故事中就點出了「政協可選十九大領導，習邁出政改第一步」，這與陳來以及吳祚來的分析不謀而合。

習王體制部署 習要掌權二十年

第六章

西山密會
習悄悄改變中共

中共十九大前，習近平對中共體制提出了多方面的改革構想，引來海內外輿論的多方猜測，稱習可能在削弱和解體中共極權體制，爲最終走向總統制做鋪墊。從推崇恢復傳統、非中共黨員可任高級職務等意見看，某些改變正在顯露。

2016 年中共兩會期間，高層智囊 40 餘人在北京西山祕密研討關於民主制度和機制改革。習近平三次赴會發言，或為改革體制鋪路。（AFP）

第一節

專家談習正走向總統制

習近平提出要為執政者設定權力邊界，是一個很有民主意識的提法。（Getty Images）

習提權力清單 暗示權力要設限

　　2016 年 1 月 22 日，中紀委官網首頁以《執政黨對資源的支配權力很大，應該有一個權力清單》為標題，摘錄發表了習近平的一些內部講話。文章摘錄習近平 2014 年 5 月 9 日參加河南省蘭考縣委常委班子「專題民主生活會」時的講話內容：「執政黨對資源的支配權力很大，應該有一個權力清單，什麼權能用，什麼權不能用，什麼是公權，什麼是私權，要分開，不能公權私用。」「實行權責對應，堅決反對特權，防止濫用職權。」

　　文章還摘錄了習近平 2015 年 1 月 13 日在第十八屆中紀委第五次全會上的講話內容：「產生腐敗問題的一個重要原因，是一些體制機制存在漏洞。」「制度的籠子越紮越緊，針對幹部工作

生活的監督制度已基本建立健全，下一步就是要嚴格執行。」

這裡的權力清單不是強調執政黨有多少權力，而是沒有做什麼的權力，列出一個清單，等於是劃出一個不能逾越的邊框，目的是為了強調哪些事是執政黨不能管、不該管的。

權力對一個極權制度的最高掌權人來說，一般都想「多多益善、越多越好」，然而習近平卻在 2014 年 5 月 9 日提出要為執政者設定權力邊界，要把「權力關進籠子裡」，與中共歷任最高領導人都不同。

猶如前幾年汪洋擔任廣東省委書記時提出的要搞「小政府、大社會」那樣，壓縮執政黨的權力，放權還權給民間社會。有評論說，習近平的權力清單是一個很有民主意識的提法。

習批中共體制 習陣營密集呼應

值得注意的是，習近平的「體制改革」與「制度創新」是在 2015 年 1 月 13 日十八屆中紀委五次會議上的講話中提出的，一年後在習完成對軍隊的改革第一步、牢牢掌握軍權之後的 2016 年 1 月 22 日，中紀委重炒舊聞，在這個時間點公布這些敏感言論，讓人覺得這是習近平當局為反腐打虎進入實質性的階段、也就是為「體制改革」鋪路。

與此同時，大陸社交媒體也開始廣泛流傳英國學者洛克的名言：「財產不能共有，權力不能私有」。洛克認為，權力一旦私有，官員一定會魚肉人民、腐敗淫亂、為非作歹，民眾必將陷入痛苦之中。與之相呼應的是，習陣營也密集發出批判中共體制的言論。

　　如 1 月 19 日，親習近平陣營的「財新網」刊登中國政法大學終身教授陳光中的敏感言論稱，應反思周永康等高官何以一手遮天、為所欲為，是因為中國的政治體制存在缺陷，需要按照民主、法治的原則進行改革。

　　2015 年 12 月 31 日，「財新網」發表復旦大學經濟學院教授王永欽的文章，標題及內容談及「制度之制度層面的變革」、「憲政制度」等敏感話題，觸及中共獨裁體制。

　　2015 年 12 月 7 日，「財新網」報導胡錦濤智囊俞可平在北京大學的公開演講內容。俞可平結合中共官場亂象，批判中共政治體制違背了六條政治學公理；並表示「如果違背了這些公理，無論是誰都會受到懲罰」。

　　2015 年 11 月 25 日，「財新網」刊登美國學者福山關於中國民主轉型的敏感言論稱，「共產黨制定法律卻不完全受法律的約束」，「正式的民主責任制在中國還不能算有」。福山表示，中國可以仿效歐洲國家，從建立法治社會開始，然後再過渡到民主制度。

孫立平解析權力 推薦首長制

　　2016 年 1 月 19 日，清華大學教授孫立平發表了《從集體領導到雙首長制》的文章。由於大陸沒有言論自由，他說的很多話都是用暗示比喻的方式。

　　一般權力統治有兩種模式，一個是中共政治局常委九人或七人的「集體領導」，還有就是目前推行的黨務與政府的兩個首長

負責制，如省委書記與省長、市委書記與市長等「雙首長制」。文章說，集體領導這種體制從防止權力過分集中的角度說，當然有道理，「但其實仍然是一種很蹩腳的體制。集體領導，說穿了，就是在缺乏權力外部制衡的情況下，用權力內部分散來實現權力制衡的一種安排。」

他認為，「一把手專權的體制有利於提高效率，但弊端更為明顯。因為這種一把手專權的體制是在缺乏其他權力制約的情況下發生的，於是各個地方的一把手就越來越像一個地方的土皇帝。所謂縣委書記現象（成為腐敗重災區）就是這樣形成的。」

但他強調，「在現代社會中，最有效率的體制是委託——代理關係明確前提下的首長負責制。」

首長制是指行政組織的法定最高決策權由行政首長一人執掌的行政組織體制。其他領導成員均為行政首長的幕僚，只有建議權，而無決定權。

「但首長制的前提是，必須要有明確的委託代理關係。比如，美國的總統，是選民選出來的，要對選民負責，你可以自己組閣，但你得對你自己組的這個閣負責任。如果你組的閣不稱職，你要做好下台的準備。

「同時，為了防止行政首長專權，還要設立各種制約的措施，比如外部權力的制衡，輿論的監督等。但很明顯，在這種制度安排之下，最高行政首長的決策一旦做出，執行起來是高效率的。」

文章最後說：「明確的委託代理關係和制衡機制這兩個前提非常重要。反觀我們的體制，首先是缺乏這些前提。由於委託代理關係不明確，同時也由於缺乏有效的制衡機制，就無法名正言順地實行真正的首長負責制。」

習近平上任以來，在反腐查辦眾多江派高官的同時，成立了十多個領導小組，自己親任組長，架空江派三個常委（劉雲山、張德江、張高麗）的權力。從這一側面來看，文章暗示了習近平實行的就是首長負責制。

鄭永年：習的集權政改路線圖

關於習近平不得不集權，不但大陸學者有很多論述，國外學者也多有分析。比如據鳳凰網大學問報導，2014 年 10 月 4 日，著名中國問題專家鄭永年曾預判中國未來發展路徑，提出了「習近平時代」的概念，並就反腐、政治改革、習近平的個人魅力等談了個人看法。

他表示，雖然中國的憲法規定國家主席任期十年，但習近平考慮的「並不是他要做的兩個任期的事情。我個人感覺到他現在要做的就是考慮他後面三十年的事情。這一點跟以前的江澤民、胡錦濤不一樣。」

他還說，「習近平結束分權狀態，走向集權，我覺得這是非常重要的。」「任何一個政治制度最重要的一個環節就是誰負政治責任……為什麼會出現周永康這樣的例子？是頂層設計出問題了，頂層設計就是九個常委分工負責，你管這一塊，他管那一塊……當時的領導層做不成……所以現在要集權。我覺得習近平的判斷很準。」

「我覺得他這個人是有領導魄力的。習近平能超越他個人的利益，他是有大局觀念的領導人。這就是中國幾千年說的『德』。

你要有德，沒有『德』的話，怎麼能管理這樣一個國家。」在演講的最後，鄭永年預測，「中國三步走：先經濟改革，然後社會改革，再政治改革。習近平時代，中國會實現中興。」

汪玉凱：中國也可以搞總統制

未來習陣營會如何走，大陸體制內的學者也有不少敏感新穎的說法。2015 年中國國家行政學院教授汪玉凱在接受外媒採訪時表示，只要權力能相互制約，中國也可採總統制。

汪玉凱認為政治體制形式並不是最主要的問題，關鍵是制度設計的科學性和合理性。即使中國的政治體制變為總統制，從目前中國的政治生態看，絕不能只更改一個領導人的職位，而必須是「系統性改革」。也就是在一黨執政的環境下，如何加強人大的立法權、監督權以及政協的參政議政權，使其各司其職，在最高層的權力結構中發揮實質性作用。

汪玉凱指出，知識界最大的擔憂是中國千萬不能再走回頭路。他說：「如果再回到「文革」的價值形態上，中國肯定沒有前途。歷史潮流肯定是向著民主和法治方向演進，這個潮流不會改變。」

夏明：習正走向總統制

美國紐約城市大學政治學教授夏明介紹說，世界現代政治制度有總統制和議會制兩種，前者是總統統管國家所有的行政大

權，總統由選民選舉產生，行政權力受立法機關國會的制約，但總統權力不是由國會授權的，代表國家為美國和法國。

議會制也被稱為內閣制，行政首長由國會的多數派掌握，行政機構由國會授權，代表國家如英國、德國和日本。

夏教授認為，「習近平正在向接近總統制的方向，對中國政體作出較大改變。」

2014 年 1 月 24 日，中共中央「國家安全委員會」成立時，《新紀元》周刊就分析說，面對江派的各種阻力和挑釁，習近平為了實現自己的「施政綱領」，就必須得學美國的總統制，讓自己具有一票否決的權威性，假如像歐洲那種內閣議會制，或中共所謂的集體領導，九龍治水等，江派的幾個常委就會趁機暗中作梗。看來，習近平要走總統制的趨勢被越來越多的人看到。

第二節

西山密會 研討民主體制改革

黨員幹部參加宗教祈福活動表明，中共的政治控制政策失敗，或面臨政治信仰崩潰危局。（Getty Images）

高層智囊研討民主制度和體制改革

香港《爭鳴》雜誌 4 月號披露，2016 年 3 月初至 3 月 13 日，中共政治局委員王滬寧在北京西山戰略研究室主持召集了 40 餘名政策研究室的負責人開會。

與會人員據稱涵蓋中央政策研究室、國務院政策研究室、中央黨校、社科院及各部委、省委政策研究室負責人。

報導說，此次會議是王滬寧受中共中央政治局委託召集，會議名稱定為「社會主義社會民主制度和機制改革、發展的反思研討會」。

據稱，會議反思、總結了自上世紀 90 年代初至今，歷屆中共中央委員會和中央政治局在履行憲制、行使決策權利和運作上

的狀況。

消息還指，會議期間，中共政治局七常委及部分委員如趙樂際、栗戰書、李源潮、胡春華等人均有赴會，習近平更是三次到場並發表講話。

據知，習近平提到：「本著對歷史承擔，對事業忠誠，對實事求是科學尊重，要解放思想，解除舊意識束縛，提出符合國情，符合時代發展、進步的意見和建議。」

習近平還表示，此次專題會議是獲得政治局常委會通過後才舉行，是「時代賦予責任和使命」，並強調「不能再等待了，我們這一代人不能辜負人民的期待、呼籲。」

報導並指，王滬寧在會上提出，中委和政治局在現行憲制上的地位和運行，存在「較大缺陷和阻礙」，其中較為突出的是，中央下達的政策措施受到人為嚴重「干擾、折騰和陽奉陰違」；內部長期意見分歧，現行機制存在大問題；長期無法「貫徹」高層幹部在「能上能下」、「政治問責」及「職務責任承擔」等方面的原則等等。

政情觀察人士指出，該會議研討的主題，實際涉及到憲法制度的履行、中共高層的分裂以及高層政治追責等極為敏感的話題，其中的每個方面，都與當前時局有密切關係。

陸媒高調宣傳蔣經國 釋變局信號

2016 年 1 月 13 日，中國大陸新興官媒澎湃新聞重磅報導，美國學者、美國國務院中國事務外交官員陶涵（Jay Taylor）的著

作《蔣經國傳》（15 周年新版），再度由華文出版社出版。此次再版的《蔣經國傳》，悉數恢復了江澤民時代被大幅刪減的內容，並將此前同樣被刪除的「台灣民主與現代化的推手」字樣，放置在書籍封面，異常醒目。

澎湃新聞的報導很快引起媒體和網友的關注，並引發對習近平是否會效仿蔣經國推動大陸民主憲政轉型的猜測。不少讀者在澎湃新聞網跟帖說，「信號？」「澎湃居然刊載這樣的文章？」「這是什麼風向？」

時評人士劍平指出，中國大陸異乎尋常看重這部傳記的出版，顯然源於中國大陸正處在大變局前夜，正處在轉型的關鍵節點和微妙時刻，高層頻頻釋放民主憲政轉型的含蓄信息和微妙信號，出版商、媒體敏銳的捕捉到了高層政治氛圍和民間政治期待。

廢除隔代接班名單 效法蔣經國？

1985 年 8 月，蔣經國在接受《時代周刊》專訪時曾經表示，他「從來沒有考量過」由蔣家成員接班。當蔣經國獲悉孝武、孝勇兄弟有意競選國民黨「中央委員」時，就交代祕書長馬樹禮制止。

此外，他還針對在他身後是否有蔣家人或軍人出現主政的問題做出答覆，他說：「既不能，也不會。」

耐人尋味的是，之後有港媒亦披露，習近平廢除了中共隔代指定的接班人名單。據《爭鳴》雜誌報導，2016 年 3 月 2 日，中共中央政治局審議通過決議，撤銷 2012 年 10 月初中央政治局常委會擴大會議定下的草案，包括撤銷「隔代任命」的相關規定。

　　曾任職中共總參謀部的中共大將羅瑞卿之子羅宇，此前接受《看中國》採訪時表示：「我覺得他會『顛覆』所謂的傳統布局，在十九大及二十大上，習近平肯定要『顛覆』點什麼事，大家認為十九大怎麼選人啊，二十大怎麼接班啊，但是他可能並不順著這個思路，他要『顛覆』這個思路。」

　　至於怎麼「顛覆」，他表示自己還在觀察，但有可能會像台灣一樣選總統：「比如說選總統，如果他能夠按照選總統這個思維來想的話，就是不搞什麼十九大、二十大，也不搞什麼黨主席，什麼軍委主席，也不搞這個，就是選總統，誰選上誰來當。」

　　前北大新聞系副教授焦國標在接受《大紀元》採訪時亦表示，習近平不指定接班人的做法合乎習做事的邏輯，習近平目前做事的方向，就是走向民主制度的方向。

　　他分析說，習近平還有其他一些突破性的事情，比如習馬會等，這些說明民意其實已經很成熟了。只要高層沒有人威脅到他的地位，習近平敢做是沒有任何問題的。

民眾唾棄中共成大勢

　　據港媒《爭鳴》2016 年 4 月初報導，中共中央政法委、公安部內部通報，香港、美國、加拿大、澳洲、德國等地的「紅二代」、「紅三代」成立政黨展開活動。他們稱要搞再次革命，推翻中共。

　　2016 年 2 月，大陸知名地產商、華遠地產前董事長任志強公開質疑中共「官媒必須姓黨」。3 月，北京大學法學教授賀衛方在微博中向中共共青團發出詰問，呼籲取消團中央及類似團體的

行政級別，停止由政府預算供養等。之後，《南方都市報》資深編輯余少鐳公開辭職。他在辭職信中的辭職原因一欄裡明確表示「無法跟你們姓」，其矛頭直指中共中宣部。

目前中國精英們私底下對中共的怨言早已不是什麼祕密，而且在各界產生了共鳴，這些怨言正在變成迸發的火山。如今大陸民眾罵中共已成普遍現象。羅宇曾公開表示，現在不罵共產黨，都不好意思上這個網。

2015 年 4 月 6 日，中共央視知名主持人畢福劍在酒桌上嘲諷中共及毛澤東的視頻掀起軒然大波。網民們紛紛表示，畢福劍說出了大家的心裡話。2013 年，《學習時報》發表文章稱，現在已經有不少身份是「共產黨員」但不信仰「共產主義」的人，這些人「在組織上入黨了但在思想上沒有，甚至也不準備入黨」。

此前，中共黨媒《紅旗文稿》刊發文章，自曝非公有制經濟領域有人組建社團祕密聚會，並抨擊毛澤東、周恩來與中共等。

官員公開表示對中共沒信心

時政評論員鄭浩昌對《看中國》表示，「六四」事件後，共產主義意識形態在中國已基本破產。傳統儒釋道的信仰在文革後幾乎被中共連根拔，取而代之的是中共的黨文化及中共把控之下的假信神的官方宗教。

他還說：「在中共的大棒底下，中共黨員其實已多年無『仰』可信。所謂的『第二信仰』，只不過是在社會道德急速下滑的情況下，人心底僅有的善念在利用民間『燒香拜神』的殘存形式為

自己尋找一點心靈的安慰而已。」

不管這個第二信仰指的是什麼，這句話的核心信息是，目前中共絕大多數黨員似乎都處於「身在曹營心在漢」的遊離狀態，對本該持有的「共產主義」信仰開始從根本上產生懷疑。「中共體制內人士、民眾其實早就唾棄中共多時」。

2015 年 7 月 23 日，自由亞洲廣播電台發表題為特約評論員的文章《萬里生前一直都在疑慮：共產黨還有沒有希望？》稱，早在 20 世紀 80 年代中期，萬里在同黨內青年官員聊天時多次問他們：「你們覺得共產黨到底還有沒有希望？」1989 年鄧小平下令槍殺學生時，也只敢說：「殺二十萬人，保二十年平安」，如今距離「六四」已經 25 年，連中共高官也不時高呼眼看就要「亡黨亡國」了。

2015 年 9 月，著名歷史學家辛灝年在澳洲演講時披露，中共前總書記胡耀邦 1979 年 2 月在做報告時公開說，要是讓人民知道了中共的歷史，人民就要起來推翻它。不久後的 10 月 10 日，大陸財新網發表題為《杜潤生談政治體制改革》的文章稱，杜潤生晚年頻繁呼籲政治改革，對民主、自由、法治以及反腐等，多有論述。

被中共欺騙的人們開始覺醒

從信共產黨到拋棄共產黨，這種轉變顯然不是一天就能促成。《大紀元》評論員顏丹表示，在被中共統治的近 70 年時間裡，這個組織中一個個鮮活的個體成員完全有充分的時機進行深思熟

慮的判斷與選擇。起初，與任何一個擁有遠大理想的普通人一樣，他們自以為加入中共，就能獲得為了一個光榮、偉大、正確的目標而「奮鬥終身」的機會。然而隨著歲月的推移，他們最終發現，一直在體驗與經歷的卻只是無休止的「人鬥人」的所謂革命運動。這些充斥著血腥與暴力的運動所造成的最為直觀的後果，就是屍橫遍野、血流成河。

為崇高的理想而來，行的卻是直接或間接殺人的惡業，這或許是他們心中理想與現實所遭遇的第一次碰撞。於是多年後，有成員不禁放聲疾呼，「我們被欺騙了十幾年，文革讓我知道只有無產階級專政下的階級鬥爭再革命」。背負著「八千萬冤魂」的「巨債」，無限忠誠被惡意利用的中共成員們或已是心生迷茫、不知如何前行。一旦陷入理性的思考與反省，他們必將認識到自己已是誤入歧途。

就在這徘徊猶疑的當口上，一句「以經濟發展為中心」的政治口號傳來，黨員們心繫國家的熱忱再次遭到利用，他們來不及多想，自我感覺良好的肩負起「富國強民」的歷史重任，致力於實現「讓一部分人先富起來」的政治理想。

顯然，這個理想是中共撒下的另一個彌天大謊。而根本的漏洞就在於先富的不是人民，而是中共的家族成員自己。從改革開放 30 年後，「0.4％的人掌握了 70％的財富」這一結果來看，中共所宣稱的「先富」並不是以「帶動後富、最終實現共產主義」為目標，恰恰相反，是要靠盤剝、掠奪民資才可實現的。他們所倡導的發展並非「為公」，而是「為私」。既然來路不正，且只為富足自己；可想而知，這些巨額財富所花費的去向也定然正當不起來。在紙醉金迷、唯我獨尊的世界裡，中共的各級貪官們無

不盡情享受著吃、喝、嫖、賭的奢靡人生，被金錢腐蝕的靈魂恐怕早已背棄了當初的理想。

時至今日，理想與現實的碰撞，再也無法在其內心泛起任何漣漪。取而代之的，卻是將個人利益與那句所謂「實現共產主義」的政治任務緊密的捆綁在一起。對中共黨內的成員而言，這是對自身無法實現崇高理想的無奈之選，也是在遭遇人性無數次被黨性強暴、貪慾無數次擊敗良知之後所面臨的必然結局。

正是因為這是一條會在人性深處痛悔不已的不歸路，那些不願自暴自棄、渴望實現自我救贖的成員們便開始認識到，自己真正想要堅守的信仰其實是不再作惡。從他們有過掙扎的心路歷程中，我們顯然可見，90％的黨員之所以不再相信鼓吹「共產主義」的中共，不過是對其背後的「假、惡、鬥」內涵感到極大的厭惡所致。因此，他們一旦開始擁有「第二信仰」，則極有可能是要踏上一條重拾良善的自救之路。

從 67％的黨員幹部熱中「含有宗教信仰內容」活動的描述來看，認清了中共黨性偽善面目的他們，正試圖從對天地、神佛的信仰中找尋真理和真善。從 3 億多中國人紛紛聲明退出曾加入的黨、團、隊組織的大潮中，我們更會發現，拋棄中共，正是一個人內心由善而發的本能選擇。我們或可說，中國人一旦獲得了明辨善惡、正邪的能力，中共離解體也就為期不遠了。

第三節

傳統文化是
習近平的「戰略資源」

中華傳統文化是煥發強大能量、推動
民族復興的獨特「戰略資源」。圖為
中國元宵燈會。（Getty Images）

　　2016 年 6 月 16 日，中共中央黨校《學習時報》發表了美國學者熊玠的文章《傳統文化是獨特戰略資源——《習近平時代》選載》，文章用 5000 多字介紹了習近平對中華傳統文化的認識。

　　1935 年出生在河南開封的熊玠，1949 年隨家前往台灣，1958 年移居美國，後任紐約大學政治學教授兼該校政治研究所主任、美國當代美亞研究中心主任等職，與美台上層關係頗深，1979 年曾參加起草美國《與台灣關係法》。

　　文章稱習近平是儒生，介紹了習對中華傳統文化的認識和展望，並分析了習在推廣傳統文化上面臨的困難。

當代中國面臨的文化沙漠

　　文章稱習近平是 1949 年以來少見的中國政治家，「習近平這樣將中華優秀傳統文化置於人類共有精神財富的座標系中」，指出其具有世界普遍文化意義。更重要的是，他並未止步於文化態度上的致敬，在其執政實踐中更是自覺地把中華歷史文化精華與中國特色社會主義緊密對接，在中國夢以及內政外交各個方面，都將中華優秀傳統文化當作「根」與「魂」。他分析說，「儒家文化，對於他（習）而言，並不是散發著陳腐氣息的沉重包袱，而是可以通過現代化創造、煥發強大能量、推動民族復興的獨特『戰略資源』。」

　　熊玠分析了當今大陸面臨的危機：「一個日益強烈的共識是，中國社會正面臨文化危機，文化內涵的空洞化，讓迅速積累的物質財富猶如沙上之塔，越高越重，越容易崩塌。中華民族正在不知不覺中喪失自己的民族文化身份。

　　「20 世紀 90 年代興起的『國學熱』，似乎讓人們抓住了一根救命稻草，各種『文化明星』名利雙收……當代中國人對自己民族文化的理解，大多局限於『中國結』『功夫』『舌尖』等符號化的平面維度上，在信仰的高度上，在求善求美的高度上，卻少有耐得住寂寞的關注與追求。

　　「政治學者鄭永年曾評論說，今天的中國，很多人『既不了解西方，更不了解中國，就是拿著一些工具性的東西在那叫嚷』。還有學者舉出土耳其捨棄伊斯蘭文明卻又難以被西方文明認可的文化困境，援引亨廷頓的觀點警示人們：這種不願意認同自己原有文明屬性，又無法被它想加入的另一文明所接受的自取其辱狀態，

必然會在全民族形成一種文明上、精神上無所歸宿的極端沮喪感。

「這就是習近平這一代中國領導者面臨的嚴峻現實。特別是在新世紀之後,面向『民族復興』的目標,文化重建的呼聲更為強烈。」

不能把中國的落後歸咎於傳統文化

有人說,中國傳統文化的圓融、自足,是一個「超循環」機制。資本主義經濟全球化的蔓延打破了這種「超循環」,進而使中國傳統文化無法抵禦帝國主義挾持著達爾文主義和叢林規則的侵略。在這種境況下,傳統文化被救亡圖存時期的主流知識分子拋棄,而其後的文化封閉又讓斷裂的傳統文化缺乏更新的機會。

著名學者杜維明曾撰文說:「過去我們打倒孔家店、批判孔老二,人們把官員貪污腐敗、民眾貧窮愚鈍、新舊極權主義、錯過了工業革命、沒能建立民主人權法治社會、不完善的市場經濟等等,都歸結於傳統之惡劣。我們拿幾千年積累下的文化污垢同歐美文化中的優質部分作比較,把責任歸結到傳統文化,尤其是儒家思想與倫理身上,這顯然有失公允。」

不少人將中國落後挨打的原因歸結為傳統文化的腐朽,強化和放大了人們對傳統文化負面影響的認識。於是在 20 世紀的一個時期內,中國形成了一個「反傳統的傳統」,似乎中華民族要擺脫苦難就必須摒棄傳統文化。熊玠認為,習近平面對的難題是,不能使中國成為文化的流浪兒、精神的乞食者,因此必須喚醒中國文化中的優秀傳統文化基因,同時又賦予其現代化的靈魂。

習引用的 15 種中華傳統理念

2014 年 9 月 24 日，習近平在紀念孔子誕辰 2565 周年國際學術研討會上說，「優秀傳統文化是一個國家、一個民族傳承和發展的根本，如果丟掉了，就割斷了精神命脈」。同時他也強調，要努力實現傳統文化的創造性轉化、創新性發展，使之與現實文化相融相通。

他舉出了可以古為今用的 15 種優秀古代思想：道法自然、天人合一；天下為公、大同世界；自強不息、厚德載物；以民為本、安民富民樂民；為政以德、政者正也；苟日新日日新又日新、革故鼎新、與時俱進；腳踏實地、實事求是；經世致用、知行合一、躬行實踐；集思廣益、博施眾利、群策群力；仁者愛人、以德立人；以誠待人、講信修睦；清廉從政、勤勉奉公；儉約自守、力戒奢華；中和、泰和、求同存異、和而不同、和諧相處；安不忘危、存不忘亡、治不忘亂、居安思危。

杜維明認為，21 世紀的中國更需要「自我更新的儒學」。他的期待是，儒學要面向整個世界，也是中國成為大國的文化使命與必然路徑。

中國夢不是空想 「其夢有根」

習近平善於援引中國傳統經典的表達特點廣為人知，人民日報社專門編寫了 26 萬字的《習近平用典》一書，搜集了過去 27 年間習近平所有著述及重要講話中使用頻率高、能體現其治

國理政理念的 135 則典故，每一則都以「三條微博」的文字量詳細解讀。

作者認為，習近平提出的「中國夢」概念，正是以豐富的中華歷史文化精華為基礎的。有學者將中國夢與「美國夢」「歐洲夢」相比較，視之為一種「後發的、復興的、彰顯包容精神的新文明模式」。更有研究者認為，中國夢將不僅使占整個世界人口五分之一的中國人安居樂業、富裕幸福，更重要的是在於它將為人類文明走出困境開闢出一條新路，創造一種新的人類文明形態。

習近平希望中國乃至全球都能以中華傳統文化為指導，「讓收藏在禁宮裡的文物、陳列在廣闊大地上的遺產、書寫在古籍裡的文字都活起來」。

現代治國理念可上溯至中華文化

習近平對於傳統文化資源的重視與汲取，成為很多學者的研究對象。人們發現，他強調的生態文明、以民為本、依法治國、解放思想、重整政府與市場關係等治國理念，都可以上溯至中華傳統文化思想。如生態文明建設，人與自然和諧相處，可與老子「道法自然」思想相接。老子思想是人類社會最早的可持續發展觀，同時也倡導個人生活要自然而然，以樸素為美，以簡約為美。

比如以民為本。習近平曾在「之江新語」專欄連寫三篇文章談「為民辦實事」，並援引《孟子》中的「樂民之樂者，民亦樂其樂；憂民之憂者，民亦憂其憂」。中共十八大後，部署中以民

為本的基調更為突出。而這些都可以在道家和儒家的民本思想中找到豐富的資源。

比如政府與市場的關係，「有限政府」的思想，習近平在擔任福建省長時就已提出。任浙江省委書記後，他又多次引用老子的思想，如「為之於未有，治之於未亂」，還曾向浙江的專家學者請教如何理解道家提出的「治大國，若烹小鮮」。《老子》一書據稱是世界上被翻譯成外國文本最多的著作，其「我無為而民自化，我好靜而民自正，我無事而民自富，我無欲而民自樸」的思想，被一些西方思想家認為是小政府大社會的思想之源。

2015 年 6 月，國家行政學院編輯出版了首套共 11 冊的領導幹部國學教材，包含修身之道、處世之道、用人之道、治兵之道、廉政之道、執法之道、天人之道等，計畫在全國行政學院系統對現任各級行政幹部進行傳統文化輪訓。

余英時：真儒家怎會敵視普世價值

也許《學習時報》這篇文章太吹捧習近平了，四天後的 6 月 20 日，與熊玠有類似經歷的美國著名學者余英時發表了題為「真有儒家背景的人怎麼會敵視西方普世價值」，不點名的批評了大陸對普世價值的粗暴態度，算不上真正的儒家。

不過也許很多人還沒有看清中共內部存在的嚴重分裂，劉雲山利用掌控的文宣系統，不斷抹黑習近平，用「高級黑」的手法把一些極左的私貨強塞給習，讓習背黑鍋。

余英時 1930 年生於天津，是中華民國中央研究院院士、美國

哲學會院士,引領中華民國思想史研究數十年,他的大部分職業
生涯都在台灣,他是克魯格人文與社會科學終身成就獎、首屆唐
獎「漢學獎」得主。他認為中國共產黨將「很快」垮台。

余英時認為,「儒家是可以被利用的。傳統的儒家,就是皇
帝所尊崇的儒家,三綱五常的儒家,不許犯上作亂的儒家,這是
傳統的王權皇朝所推崇的東西,這跟真正的儒家——有高度批判
精神的儒家是不相同的。中國歷史上向來就有兩個『儒家』,一
個是被迫害的儒家,一個是迫害人的『儒家』。」

他研究發現,西方的自由、民主、人權、平等種種普世價值,
是 19 世紀中葉以後,中國儒家自己搬來的。當初最佩服這些西
方理念的其實是儒家。比如說薛福成,他就認為英美是中國堯舜
禹三代以上才有的這個社會,那時不是靠世襲的,是傳賢人的,
誰做的最好,我們就選哪個人做領袖。

余英時還說,「儒家是寬恕的,道是忠恕,忠恕兩個字,忠
是盡自己所能,恕就是對別人採取寬恕的態度(己所不欲勿施於
人),這是儒家的基本精神。如果一個黨一個政府對一個給自己
政策稍微有點批評的人,都要送到監牢裡頭去,那個還可能是儒
家嗎?」

第四節

非黨員可掌軍權
習近平悄然改變中共

仔細分析十九大籌備組的建議徵求意見稿，可發現習陣營在悄然對中共體制進行政治改革。（AFP）

　　2016 年 11 月中旬，中共在十九大籌備組的徵求意見稿中，除了談到十九大中國最高權力機構將發生變化外，還提到國家政府系統、軍隊和司法系統的部分高級職務可由中共黨外人士擔任，此舉無異於在削弱黨的領導權力。

　　《爭鳴》雜誌在報導 2016 年 11 月中旬中共中央政治局和十九大籌備組下發的「關於黨的工作和黨政國家機關部門改革發展的若干建議徵求意見稿」時，除了談到十九大中國最高權力機構將發生變化外，還談到非黨員能進入軍政司法等部門擔任副職。這等於是稀釋和削弱了「黨的領導」。

　　十九大籌備組的徵求意見稿涉及六個方面的意見和建議，該報導只涉及了初稿第一、第二部分中的主要意見和建議。

機構變革很大 黨外人士可任高職

報導稱，十九大將設立中央委員會主席和兩名副主席；設立中央書記處總書記；設中央軍事委員會副主席四名；還要差額選舉產生政治局常委、中央領導等；增加省級地區政治局委員人選名額比例等。

其中，關於國家、政府、人大、政協、軍事等組織架構、人事編製方面的修訂，改革初稿顯示，國家政府系統、軍隊和司法系統的部分高級職務，可由中共黨外人士擔任。

黨外人士可擔任的高職包括：一、設立兩名國家副主席的人事架構，一名由非共產黨員擔任；二、國務院副總理、國務委員留有名額，由黨內外人士推薦，經審核列作候選人；三、全國政協副主席名額，向社會各界、各民主黨派團體開放，通過公開合法的選舉產生；四、符合資格、條件的黨外人士經審核，可任命擔任最高法院院長、最高檢察院檢察長職務；五、黨外人士經審核後，按組織程序推薦提名、競選地方省級政府省長、地方級政府市長職務；六、符合資格、條件的黨外專業人士經審核、任命，可擔任軍事、國防系統副軍級及以上職務，享有同等權力；七、符合資格、條件的黨外專業人士經審核、任命，可擔任中央一級科學院院長、社會科學院院長、省級科學院院長、省級社科院院長。

此外，還規定共產黨員不宜加入各民主黨派持雙重黨籍，更不宜擔任民主黨派的領導職務。

習式政改在悄然削弱黨的領導

《法廣》引述港媒分析稱，這篇看似不起眼的文章暗藏玄機，或許預示十九大上可能會對領導機構進行大幅度改革。

2017 年 6 月 16 日，中共黨媒《人民日報》刊登題為《中央主要領導機構歷史演進》的文章，回顧政治局常委會、中央書記處、中央軍委等機構的歷史發展過程，指中央主要領導機構並非一成不變，而是隨著形勢發展而改革完善。

《新紀元》在 2013 年中共十八屆三中全會時就曾分析，習當局現在做的很多事是「打左燈、向右轉」，雖然他們經常高喊「堅持黨的領導」，但在具體措施上卻在不斷的改革中共體制。仔細分析這個十九大籌備組的建議徵求意見稿，可發現很多習陣營在悄然對中共體制進行政治改革的端倪。

比如非黨員能擔任軍隊、政府和司法、科研等領域的部門副職，這不就是在稀釋和削弱「黨的領導」嗎？繼續發展下去，這些部門的正職也會逐漸取消對黨員資格的要求。

建議書中多次提到全國政協副主席、各省市的副省長、副市長可通過「選舉」或「競選」產生，如何競選，這讓人想到 1980 年代初的全國基層人大代表公開選舉，當時全國的民主氣氛可謂最濃。十九大後莫非這樣的民主選舉會重新回來？

再比如設立中央委員會，習近平擔任主席，而人大委員長和國家總理擔任副主席，趙紫陽時期搞政改，提出要「黨政分開」，減少黨務對政府工作的干擾，如今習陣營搞的這個政改，表面上是走了相反的道路，讓政府和人大這兩個非黨務機構參與到黨主席的決策中，「黨政融合」，政府加入到黨務中，假如人大、政

府真的能影響黨務的決策，那不同樣減少了黨務的負面干擾嗎？

再加上政府、軍隊、司法等重要部門的主要領導人越來越多的是非黨員，發展下去，也就順理成章逐步削弱、取締黨的領導了。共產黨是西來幽靈，是殘害了 8000 萬中國同胞的邪惡政黨，全中國幾乎一半的人口都直接或間接遭受過中共的迫害，假如習當局能拋棄中共，必將給全中國帶來新生。

習王體制部署 習要掌權二十年

第七章

習近平踏平政治勢力

十八大以後，習近平緊鑼密鼓的收拾了江澤民安插在中共黨政軍高層的貪腐、政變勢力，快速實行了軍改，並持續清洗江系、團派、太子黨為主的三派人馬。十九大前夕，習近平開始為修改黨章，改變任期限制造勢。

十九大前夕，習近平已踏平中共黨內三大對手，大權在握。（AFP）

第一節

四十年模式崩潰
習近平十九大要破局

中共「八大元老」集體領導模式沿用
四十年後，習近平對十九大所做的安
排打破了以往中共高層的潛規則。
（Getty Images）

　　自從 1976 年毛澤東死後，吃盡苦頭的中國人都對個人獨裁心
有餘悸，從鄧小平開始就有所謂「八大元老」主政的集體領導模
式，檯面上的最高權力者也從「黨主席」變成了「總書記」，總
書記只是負責召集中央政治局和政治局常委會會議，以及主持中
央書記處工作，無權做主。

　　然而四十年後，習近平開始第二屆任期的前夕，對十九大所
做的種種安排，完全打破了以往中共高層的潛規則，十九大破局
的勢態非常明顯。

自主破格調換海陸空三軍司令

十九大在即，習近平繼 7 月 24 日拿下前朝給他準備的隔代接班人孫政才之後，最明顯的動作就是 9 月初中共軍方出現的人事大變動，其中最惹人曯目的是陸海空三軍司令，統統破格換人。

2017 年 9 月 6 日，自由亞洲電台發表未普的一篇評論文章《三軍易帥 習近平急於掌控全域》。文章表示，7 月 28 日，習近平提拔了五位中將為上將，其中最有看頭的是韓衛國。韓衛國兩年前，也就是 2015 年 7 月，剛由少將軍銜晉升為中將軍銜，至今剛滿兩年就晉升為上將，這一速度在現役上將中絕無僅有。習近平自十八大以來晉升的 28 名上將中，絕大多數是在晉升中將四至六年後晉升上將的。

就是這位韓衛國在晉升為上將後一個月，被任命為陸軍總司令。跟韓衛國相比，被任命為海軍司令的沈金龍和空軍司令的丁來杭，上升速度更快，甚至連常規的表面文章都不做了。沈金龍和丁來杭都是中將，被習近平直接拔擢到通常只有上將才能做的三軍統帥的位置上。

除陸海空三軍司令外，接替房峰輝出任參謀長的前陸軍司令李作成更是破格提拔。中共官媒《北京日報》官方微信「長安街知事」9 月 1 日報導，李作成為「雙非」將領，即既非中央委員，也非中央候補委員，這表示他是在十八大後獲得提拔的高級將官。

三大軍種新成立之時，六位軍政主官中便有一半是「雙非」，分別為陸軍司令員李作成、陸軍政委劉雷以及火箭軍政委王家勝。

8 月 30 日由新華社和《解放軍報》記者推出的長篇特稿《以習近平同志為核心的黨中央領導和推進強軍興軍紀實》，強調「做

到一切重大事項由習主席決定、一切工作對習主席負責、一切行動聽習主席指揮。」

未普的評論文章認為，軍隊人事安排上習近平破除常規，按照自己意志部署，反應習近平掌控軍隊的緊迫性。

9月6日自由亞洲電台還報導了香港時事評論員劉銳紹的觀點。他認為，現在作出最終決定的還是習近平，他一個人可以頂著多方面的反對聲音。現在中國沒有第二個人或力量跟習近平對抗，他也可以作最後的改動。所以到十九大之前的最後一次中央委員會議裡面，那個時候怎麼決定才最重要。

港媒建議當局改用西方元首制

認為習近平應該採取總統制的人還很多。9月3日，港媒發表署名羅依北的文章指，自1980年代以來，中共最重要的治理機構是集體領導，以規避「文革」中毛澤東個人領導所造成的傷害。文章質疑，隨著大陸內外環境改變之後，這種治理架構與機制已不能有效應對當下的政治環境。

文章表示，中共的集體領導缺少最後的裁決者，隨著各種利益集團的形成，這些年出現新挑戰，民間將集體領導稱為「九龍治水、集體不負責」。

文章指，全世界各個國家都推行元首制或總統負責制、總理負責制，很少像中共這樣，由幾個政治局常委共同進行最高決策。

文章建議，在中共十九大或者之後，試用元首制來取代集體領導，再接著試行內閣制。同時建議取消對集體領導所要求的年

齡劃線機制，就是取消要求政治局常委在68歲就放棄連任的規定。

2016 年 12 月，新紀元出版的暢銷書 No.48《習近平的總統制》，詳細介紹了習陣營在這方面釋放的信號。比如清華大學社會學系教授、博士生導師孫立平曾刊文稱，中共的「集體領導制」導致內鬥不止，並提出最有效的體制是代理關係明確前提下的首長負責制。

2016 年 4 月，中共國家行政學院教授汪玉凱接受外媒採訪時提到，中國未來可以由國家主席制變為總統制。如果中國的政治體制變為總統制，從目前中國的政治生態看，必須是「系統性改革」。

王岐山找曾慶紅談話 曾不敢反擊

體制內專家辛子陵十九大前表示，江派在海外爆料，把王岐山弄成全世界關注的焦點了。「一些不明真相的群眾支持他、起鬨，好像王岐山馬上就要倒了一樣，而且好像很有把握要把王岐山從十九大上拉下來，這是江派搞的清君側，習近平是不會上當的。他們都是成熟的政治家，這些小伎倆是改變不了中國大局的。」

他很肯定地表示：「王岐山最近的地位看起來很吃重，近日習近平、李克強不在北京時，實際上是王岐山在坐鎮。而且他坐鎮時也沒有閒著，找了曾慶紅、賈慶林、劉淇等五人，讓他們交代問題。」

「曾慶紅貪腐估算 480 億，如果王岐山真貪腐 20 萬億，那曾慶紅就會跟王岐山說，你貪了 20 萬億，你抓我幹什麼！曾慶紅

掌握的軍隊、地方的情報部門消息靈通，如果王岐山貪了那麼多，別人不知道，曾慶紅肯定會知道，現在連曾慶紅都不敢反擊王岐山，所以這 20 萬億是胡說八道。」

辛子陵強調，總而言之，王岐山在中共黨內的地位沒有變化。「習近平、李克強、王岐山的鐵三角，沒有分裂，也沒有人能分裂得了。十九大會按照習近平的意思、習近平的部署開好。」

十九大後，辛子陵認為，不僅是中央班子調整、省級班子調整，就是下邊的也要調整。「不光是貪官要驅除、要拿掉，就是一些不作為的庸官也要拿掉。現在好多地方，除了反作為之外，就是不作為。政府機關不作為很厲害。十九大之後，組織上要進行一個大清理、大調整。」

談到十九大的破局，除了上述不同點之外，很多人認為，關鍵是能否真正開啟改革之路。「709」維權律師謝燕益發表的萬言公開信，希望新的政府能釋放所有政治犯，開啟和平民主之路，若習近平團隊真能做到這點，那才是真正的破局。

第二節

內定不搞主席制
十九大頂層設計

習近平在多個場合談到中華傳統文
化,從中或透露十九大頂層設計中
有關恢復傳統、重振道德的線索。
(AFP)

北京立「軍令狀」的「爬樹效應」

2017 年 9 月 11 日,北京市召開中共十九大「維穩安保動員
大會」,蔡奇在會上稱,中共十九大維穩安保工作是「重大政治
任務」,並稱該動員大會就是北京市下達的「軍令狀」,要求北
京市官員「站好政治站隊」。8 月 3 日,重慶市委也召開「確保
中共十九大安全穩定工作會議」。陳敏爾說,確保中共十九大順
利召開是「當前重大的政治責任」,要求重慶官員與「習近平核
心」保持高度一致。

看來,還有人沒做到與習核心保持一致,還有人沒有站好政
治隊伍。《新紀元》此前報導,10 月 18 日即將召開的中共十九大,
不但是習近平為了更好的集中權力重新部署人馬、以便自己的想

法能夠被執行的機會，也是反對習的人、尤其是這五年被他圍剿的江派貪腐集團，最後的攪局機會，一旦十九大塵埃落定，江派再想興風作浪的難度就很大了。

在這樣的背景下，9月13日，習近平在人民大會堂東門外廣場舉行儀式，歡迎文萊達魯薩蘭國蘇丹對中國進行國事訪問。據路透社報導稱，在歡迎儀式開始前，天安門廣場地面上出現一把 AK-47 突擊步槍。而解放軍 56 式衝鋒鎗是前蘇聯 7.62 毫米卡拉什尼科夫 AK-47 突擊步槍的仿製品。

路透社還發布了數張現場圖片，包括儀仗兵撿起地上的突擊步槍的畫面。不過媒體沒有報導到底誰把這支步槍發放在了天安門廣場，目的是啥，然而，為迎接十九大，中共各地安保工作都高度緊張。華府中國問題專家石藏山表示，這就好比爬樹，當腳跟沒站穩時，手才抓得越緊。目前當權者越是抓權，說明其根基越是不穩。

大陸學者談中國社會四大「症狀」

這種不穩反映在方方面面。9月14日，大陸學者葛天任在英國《金融時報》上發文稱，經濟與社會發展的不平衡導致中國社會出現很多問題，總體上講，當前的中國社會出現了四個非常鮮明的「症狀」：社會高度分化和固化；社會極端思潮泛起；社會組織體系不健全；社會創新活力不足。

這「四大頑症」都是習近平在未來五年必須面對和處理的大問題。作者寫道，社會學有一個核心的分析概念，就是社會分層。

從分層的角度看社會結構就會發現，當前的中國社會是高度分化的。

首先是中國貧富分化十分嚴重。目前雖然學術界比較公認的中國家庭收入基尼係數估計在 0.5 至 0.55 之間。但如果以財產為標準估計，其基尼係數則可能高達 0.7 左右。

此外，社會空間分割，不僅體現在城鄉之間，也體現在城市內部之間，社會空間的分割有財富分化的因素，也有民族宗教的因素。這些分化又疊加在一起，導致中國社會出現了特有的高度分化狀況。

另外，社會學家公認的社會結構固化的趨勢則體現在，社會下層精英無法通過常規方式獲得上升途徑，在多種資源的獲取途徑上，出現了所謂「精英通吃」或「精英壟斷」的現象，優質資源越來越難以被分配到社會中、下階層群體裡。

另一個症狀是社會極端思潮泛起，主要表現是關於中國社會的未來改革方向，出現了兩種截然不同的、具有代表性的思想觀點，簡單講就是「左」與「右」的分裂。

這也體現在，社會的中、下階層群體將改變不公平社會現狀的希望訴諸於一個強有力的政治權威。而中、上層群體則出現了更明顯的權利意識和參政、議政訴求，他們有的要參與政治保障財富，有的則十分擔心財富的繼承，其選擇要麼是「用腳投票」移民海外，要麼是保守沉默，但很少成規模和系統地承擔起應有的社會責任。

第三個症狀則是，社會組織體系處在一個尚需發展的初級階段，如社會信任體系不完善，表現為社會信任的缺失。食品安全問題就是一個明顯的例子。醫療、教育等同樣面臨缺乏社會信任，

由此導致這些社會關係出現了某種扭曲。

文章最後指，體制、機制的束縛仍然是限制社會創新的一個重要因素。具體如戶籍制度、金融信用體系、財稅體制、基礎性資源行業的壟斷等問題都反應出舊有體制機制的束縛。

十九大前最大風險：政變及暗殺

十九大前北京面臨的，不光是這四大頑症帶來的長期苦惱，更面臨諸如政變和暗殺這樣的短期威脅。

會前一個月，中共官場是否再出現戲劇性的變化，如同之前重慶前市委書記孫政才突然落馬這類震撼彈？中國時政評論家文昭當時表示，北京至少在三方面力圖「維穩」。

首先是輿論「維穩」，中共互聯網信息辦公室 8 月 25 日宣布，從 10 月 1 日起，所有網站上的跟帖、評論都要「後台實名、前台自願」，民眾要上網發表意見，必須向政府提交個人真實信息，代表任何人發表出格的言論，政府隨時都能找到人。

其次是外交「維穩」，8 月 28 日中共外交部宣布，中印兩國在洞朗地區的對峙結束。第三是官場維穩。8 月 30 日中紀委宣布第 12 輪政改情況，代表這一屆中紀委的巡視工作收官，主體工作完成，由此往後到十九大之前，邁入官場「維穩」的階段。

除此之外，北京對金正恩的「維穩」難度也很高。朝鮮揚言在 10 月再次發射導彈，很可能就在十九大召開的日子給習難堪「送禮」。

除了檯面上可見的風險之外，另有一個風險永遠不可忽略，

就是突發的政變和暗殺。文昭表示，要搞軍事政變或在十九大會議上拉幫結夥、搞突襲，這些基本上都沒有可能，因習近平的政敵都不掌握這些條件了，剩下的手段不多，但暗殺突襲是永恆的政變模式。

他舉例，前重慶市委書記薄熙來剛落馬時，有媒體報導指他私藏很多武器，當時有人說這太落伍，都 21 世紀了，難道薄熙來能武裝私人軍隊嗎？能裝備戰鬥機、坦克車嗎？

他強調，不要以為 21 世紀這些人就文明開化了，穿上西裝行為就改變了，「真到危急時刻，糾集一批死黨門客抄起傢夥夜襲宮門，這一套其實是他們的本行」。也就是說，接下來數星期對許多人而言都是關鍵時刻，是否發生戲劇性的變化，備受關注。

黨校觀《大清相國》 王岐山推崇陳廷敬

2017 年 9 月 12 日，官媒報導了 9 月 1 日中共中央黨校秋季班開學，第四天黨校為全體在校生、上千名縣委書記和省部級高官安排觀看作家王躍文同名作品改編的話劇《大清相國》。

據大陸微信公眾號《長安街知事》披露，王岐山曾經向同事推薦過《大清相國》這本書中的主人公陳廷敬。2017 年初中紀委網路中心還組織編寫了《中國家規》，其中特別提到其人的家風。

康熙對陳廷敬的評價是「可稱全人」，不僅擅長學問，而且在反腐治貪領域有所作為。據小說《大清相國》描述，陳廷敬兩次擔任吏部尚書，也在主管監察、彈劾及建議的都察院做過兩次左都御史；書中兩次寫道陳廷敬前往外省巡視，與當地有問題的

官員鬥智鬥勇的故事。有人戲稱,莫非王岐山要學陳廷敬,也要成為學問和反腐的「全人」?

原北京首都師範大學從事歷史教育的副教授李元華向《大紀元》表示,中央黨校的做法對中共官員沒有什麼教育意義。如果不改變中共體制,任何人有好的願望都實現不了。他以當年朱鎔基立下的反腐誓言為例:「準備一百口棺材,九十九口留給貪官,一口留給自己」,但實際上在朱鎔基的任期內,正好是江澤民倡導的腐敗全面發展時期,就是朱鎔基看中的人也因腐敗而被拉下馬。

悉尼科技大學教授馮崇義表示,「中共讓黨員幹部來觀看清代反腐劇很有諷刺意義。西方的現代社會反腐是靠三權分立、互相制衡,通過民主法制促使政府官員廉潔奉公」,而不是靠某個大清相國、某個包公就能反腐的。

他強調:中共專制是早就應該被淘汰的體制,「古代官員有儒家修養,有道德的修養,他們還飽讀詩書;現在中共官員一大批都很無知只會讀黨的文件做官。從家天下到黨天下,整個制度早就應該被歷史淘汰的,但他們現在還霸占政權,搞得整個社會烏煙瘴氣。」

他說:「中共談儒家、談傳統文化,不是真的,而是為了用來抵制西方文明,抵制自由民主和法制。」

頂層設計:恢復傳統 重振道德

習陣營對未來的頂層設計,如今外界知曉甚少。如何解決中國經濟面臨的巨大危機?如何處理中國社會出現的頑症?中共十

八屆三中全會提出的 60 多條改革幾乎都沒有實現，十九大是否會力爭完成？習近平 2014 年在建政 65 周年大會時大談民主，在頂層設計安排中，是否有民主議題上的安排？這些都還是謎。

不過有一點是比較特殊也比較突出的。相比於中共其他黨魁，習近平對中華傳統文化情有獨鍾，多次倡導要用傳統道德來治理國家，強調要有民族自信，要實現中國夢等。從官方披露習對中國五千年文明的態度中，也許能看到一點十九大頂層設計中有關恢復傳統、重振道德的線索。

8 月 28 日，北京大型政論專題片播出。片中披露了習近平上任以來外訪的一些過程，其中提到習近平訪問德國時，對外談到其對中國五千年文明的態度。一些習近平的講話是首次公布。

2014 年 3 月 29 日習近平訪問德國時，在柏林同德國漢學家、孔子學院師生代表座談時的講話，政論片首次播出一段原聲。習近平說：「有一些老前輩就跟我講，作為中國的領導人要幹什麼呢，就是不要把中國五千年的文明文化搞丟了，還應該在你們手裡傳承下去。」他說，由於難以簡單地概括中國，這也正是中國文化的魅力所在。

習近平上台以來，在多個場合談到中華傳統文化。

2016 年 11 月底，超過三千人參加了中國文學藝術界聯合會與作家協會全國代表大會。習近平發表近萬字講話，他表示，中華民族生生不息綿延發展、飽受挫折又不斷浴火重生，都離不開中華文化的有力支撐。中華文化獨一無二的理念、智慧、氣度、神韻，增添了中國人民和中華民族內心深處的自信和自豪。

同年 6 月 10 日，官媒發表以「解碼習近平的傳統文化情結」為題的文章，強調習近平重視中國傳統文化。

2017 年 5 月 31 日，大陸官方媒體發表署名文章稱，十八大以來，無論在國內考察還是國外出訪，習近平多次強調中華傳統文化的歷史影響和重要意義，並在演講中放了很多古今中外的文化元素。「中華優秀傳統文化中很多思想理念和道德規範，不論過去還是現在，都有其永不褪色的價值。」

大陸資深媒體人黃金秋曾表示，官媒通過習近平個人來推傳統文化，說明兩個問題，首先習提倡傳統文化肯定對共產黨的意識形態是一個突破；其次說明共產黨馬列邪教學說已破產了，包括執政黨內都知道它是一條死路走不下去了。

中共行政體制改革研究會副會長汪玉凱曾說，習不斷在中國的傳統文化中，特別是儒家思想中找到仁、義、禮、智、信這樣的元素，增加對中國治理的能力。

2017 年 7 月 20 日，大陸政論系列片首次披露了習近平在中共政法工作會議上的講話，習在講話中提到：「別看你今天鬧得歡，小心今後拉清單。」「頭上三尺有神明，一定要有敬畏之心。」

前台灣國防部副部長林中斌曾表示，習近平目前做的最大改革，就是放寬宗教自由、鼓勵傳統文化，若中國社會真能找回中華傳統文化，可以起到穩定社會與道德回升的力量。

紐約時事評論員朱明說：「共產黨的宗旨就是破壞傳統文化的，二者水火不容。如果習近平真能恢復中國傳統文化，那是功德無量。如果只是借用傳統文化維持中共的統治，那將是竹籃打水一場空。」

十九大的頂層設計到底是什麼，習近平的未來計畫如何，大家只有靜靜的觀望了。

第三節

踏平三大政治勢力
習近平獨上高樓

中共十九大突出「習思想」也是去江化的過程之一。圖為河北一書店展售習近平傳記新書。（AFP）

　　十八大前夕習近平準備上位時，中國政壇上主要有三大政治勢力：江派、團派、太子黨。然而在經歷五年的風風雨雨之後，人們驀然發現，昔日那個被各派都能接受的習近平，雖有「老實憨厚」的形象，實則穩健幹練，與「鐵腕武松」王岐山聯手，高舉反腐大旗，掃蕩了中共三大派系。

　　十九大前夕，習已經踏平了三大對手，掌握大權，放眼望去，天下基本上都歸了習。此時的十九大人事安排，早已在習的安排之中。

　　然而習獨上高樓，能否望盡天涯路，能否給自己未來五年、十年或二十年找到出路，能否真正實現中國夢，外界都非常關注。也許從一中全會能看出點門道，但更多的則要等到 2018 年的二中

全會或 2019 年的三中全會。

團派遭習嚴厲批評 不再是接班人

　　十八大前胡錦濤退位時，團派勢力非常強勢。不過習近平上台前，還沒等十八大召開，就把中央辦公廳主任從令計劃換成了栗戰書，並在兩年後拿下了令計劃這個團派的大內主管，隨後開展了對團派的清洗。

　　早在 2015 年 7 月，習近平在中央召開的「黨的群團工作會議」上發表講話，對共青團作出嚴厲指責，批其處於「高位截癱」狀態。而劉雲山是中共常委中的「群團工作」大總管。

　　2016 年 2 月，中紀委第二巡視組向中共團中央反饋巡視意見指，團中央涉及「機關化、行政化、貴族化、娛樂化」等嚴重問題。習近平曾警告共青團官員：「不要老想著升官，也不要幻想做接班人。」

　　十八大後，諸多團中央出身的官員被貶到地方任虛職，2016年團中央書記處幾名書記都改任他職，如周長奎任國家外國專家局副局長；下放地方擔任二線職務，如盧雍政轉任貴州副省長，未有晉身省委領導層；羅梅則改任西藏自治區政府主席助理。

　　當然，最能說明團派不再是接班人的案例就是 2017 年 5 月孫政才落馬。他一度與胡春華一起被內定為第五代接班人。據說胡春華隨後主動上書習中央，不再當接班人。

　　2017 年 9 月初，《習近平關於青少年和共青團工作論述摘編》一書出版。該書首次公布的部分內容顯示，習近平對共青團極為

不滿，批評共青團「空喊口號」、「形同虛設」、「四肢麻痺」，措辭罕見嚴厲。

習還批評共青團「說科技說不上、說文藝說不通、說工作說不來、說生活說不對路。說來說去就是那幾句官話、老話、套話，同廣大青年沒有共同語言、沒有共同愛好，那當然就會話不投機半句多。」

面對此前令計劃掌控的中辦，8月13日習近平在參加中辦機關黨委生活會時，再次放重話：在這裡工作，「升官發財請走別路，貪生怕死莫入此門」。據官媒9月19日披露，習說，當前重要任務就是確保中共十九大「勝利召開」，希望與會人員在這個關鍵時期，嚴格要求自己，工作上不要有失誤。並希望他們「遠離危險，嚴守紀律和規矩」。

在2015年8月14日召開的生活會上，習近平也曾放重話，要求與會人員「一定要忠誠，一定要守紀律、講規矩」，時刻警惕成為「被圍獵的對象」。

共青團第一書記調閒職

2017年9月14至15日，中共共青團中央在北京舉辦有關「改革攻堅專題研討班」，學習習近平的有關講話等，並再次提及共青團組織的機關化、行政化、貴族化、娛樂化的「四化」問題，以及產生「四化」的根源是官員的「官本位」思想等。

會上，共青團中央書記處常務書記賀軍科作主題報告，但團中央第一書記秦宜智再次缺席這一重要會議。12月才滿52歲的

秦宜智，早前「落選」中共十九大代表，已被認為其「仕途不妙」。自 8 月 26 日最後一次露面後，再沒有露面，並且缺席多次重要會議。

9 月 20 日，中共國務院任免一批工作人員，其中秦宜智被任命為國家質量監督檢驗檢疫總局副局長（正部長級）；任命尚勇為國家食品藥品監督管理總局副局長（正部長級）等。這兩人此前都落選了十九大代表。

秦宜智此次雖為平調，但實權已不如從前，有變相被貶的意味。秦宜智雖然十八大後出掌團中央，但其被認為是中共江派周永康的舊部，是在周永康主政四川時從企業轉調政界的，並出任四川省攀枝花市委副書記、代市長、市長。港媒報導說，其「周永康的烙印明顯」。

除秦宜智外，出身共青團的另一重量級人物，中共江蘇省委常委、副省長楊嶽也未出現在十九大代表名單中。另外，團派高官、中共最高法院院長周強，據說落選十九大代表，還傳出被調查的信息。

藉機攪局？推特發敏感調查

就在共青團面臨四面楚歌的情況下，卻發生了推特事件。

2017 年 9 月 14 日，一個帳號為 @ccylchina 的「共青團中央」，悄然進駐了美國的社交平台——推特（Twitter），其圖片用了幾隻頭戴紅五星軍帽的兔子，其目的是關注「共青團工作、活動信息和青年關注的熱點信息」。

該帳號未獲得認證，發布的推文是從其共青團官方微博中選取的重點內容。該賬號的跟隨者名單中，大部分是中共黨媒賬號，包括已經認證的新華社、人民日報、央視等。

該帳戶從 9 月 14 日建立後，發了十幾個推文，內容包括煽動愛國主義和中共官媒的文章鏈接。但是到了 9 月 18 日下午，很多推文被刪除，只剩了三個。

BBC 報導，共青團的這些帖子遭到了網民「如潮水般」的嘲弄、調侃、譏諷和質疑，比如有網民問，共青團的賬戶是如何設法繞過中共互聯網的「防火牆」的？有的斥責共青團是「虛偽（的中共）的下一代」。還有網民向推特管理團隊舉報，說共青團中央發布「有害」信息。

面對民眾的大量罵聲，共青團中央否認這是他們的推特。然而 9 月 20 日，這個賬號推出一項「你支持香港獨立嗎？」的調查，引起關注。

時政評論員李林一表示，近年來，江派一直利用香港問題阻擊習當局反腐。梁振英被指是「港獨」的培養者，其上任後，積極配合江派高調批評所謂「港獨」。十九大前「共青團中央」推出這個敏感調查，很有可能是江派藉機攪局。

習大力整頓軍隊高層 兩軍委委員落選

在處理團派的同時，習近平還在十九大召開前一個月，集中將軍中太子黨從十九大代表名單中去除，前後兩個星期就大規模地調換了軍隊四大軍種的主帥。至此，陸、海、空、火箭軍司令

員都換成了新人：韓衛國、丁來杭、沈金龍、周亞寧，他們都是習近平信任的人。

令人吃驚的是，兩名時任軍委委員雙雙落選十九大代表，他們是聯合參謀部參謀長房峰輝及中央軍委政治工作部主任張陽，兩人還被撤職，分別由前陸軍司令員李作成和前海軍政委苗華接替。

《星島日報》引述北京消息稱，房、張二人因為涉嫌嚴重違紀，在接受軍紀委調查。房峰輝是郭伯雄的老鄉與舊部，被廣泛認為是郭的「頭馬」。也有網路文章說，房峰輝一度稱郭伯雄為姐夫。張陽則被認為是徐才厚的嫡系。

被排除在十九大代表名單之外的還有前中共黨魁江澤民的大祕、軍方總政治部副主任賈廷安。賈是江澤民安插在軍隊內的「監軍」。在百度檢索，與賈廷安有關的消息僅有兩頁，最新消息還停留在「2016 年 2 月」之前。

此外，落選十九大代表的還有中共前總政治部兩名副主任杜恆岩和吳昌德。

過去幾十年，中共軍隊一直被江澤民把持，江於 2004 年被迫讓出軍委主席時，先後提拔了兩名心腹郭伯雄、徐才厚任軍委副主席，郭、徐架空了胡錦濤的軍權。郭伯雄把持了總參謀部，徐才厚則掌控了總政治部。習近平上任後，在中共黨政軍中展開了史無前例的反腐、「打虎」運動，拿下了包括郭伯雄、徐才厚在內的 60 多名將軍，其中大部分都是江派將領。同時，外界多次傳出江的「大祕」賈廷安在被調查。2017 年 1 月就有報導說，賈廷安被去職。

多名軍方太子黨落選

　　中共官方 2017 年 9 月 6 日公布了軍隊和武警代表團 303 人名單，多名太子黨沒有出現在名單上，包括劉少奇之子、全國人大財經委副主任劉源，朱德之孫、空軍指揮學院副院長朱和平，李先念女婿、國防大學前政委劉亞洲，前共產黨總書記胡耀邦的女婿劉曉江等人。但最吸引外界眼球的是前中共黨魁毛澤東的嫡孫毛新宇意外落選。

　　年僅 47 歲的毛新宇曾當選十八大代表，但這次被排除在十九大名單外。港媒援引評論說，以往毛孫有軍頭扶助，但現時軍隊已改朝換代，加上毛孫過往笑料百出影響軍隊形象，相信此次北京在選前踢走毛新宇，不再照顧他了。

　　對於毛新宇的「出局」，德國之聲引述時事評論人長平的話說，在江澤民和胡錦濤時代，軍隊非常腐敗，無戰鬥力。讓毛新宇年年參加會議，其實也是權力腐敗的一個象徵。照顧關係，照顧紅二代。

　　其實毛新宇出局十九大早見端倪。央視 8 月 1 日播出習近平出席建軍節酒會新聞，片中習拿著酒杯走過毛新宇桌時，習只和旁邊一名女軍人碰杯，對毛新宇視若無睹，背著毛擦身而過。

　　十八大代表中，也有一些「太子黨」是因退休或退役而不再連任十九大代表。比如，劉源被指是習近平軍中打虎先鋒，於 2015 年底退役，轉任人大。劉亞洲也是軍中反腐支持者，2017 年初退休。有媒體稱，這些太子黨此次落選十九大，代表著一個時代落幕的開始。

軍委四大巡視組查軍級以上將領

為何這時房峰輝、張陽落馬？《新紀元》此前獨家報導說，按照以前編制他們兩人代表了總參和總政，他們對習近平的軍改頗有微詞，他們認為習不懂軍事，因此經常大發牢騷，暗中抵制。這次習拿掉兩人，其實不止這兩人有問題，而是一大批將領都有問題，習會趁機掃一遍，徹底清除江澤民藉徐才厚、郭伯雄在軍中安插的人。

果然不出所料。習很快顯示要開始進一步清洗江派軍中勢力。據《星島日報》報導，中共中央軍委 2017 年 9 月 15 日起派出四大巡視組，對軍委機關、軍兵種部隊和軍事院校等十多個大單位進行「全面肅清郭、徐餘毒」的專項巡視，直到十九大召開前三天結束（中共十九大於 10 月 18 日召開）。

報導表示，此次巡視要求全軍系統人人皆知，此次重點巡視對象是中共軍級以上黨委領導機關和副軍職以上的高級將領們，重點抽查軍委聯合參謀部、軍委政治工作部、軍委後勤保障部和軍委裝備發展部。部隊大單位有海軍、空軍、火箭軍、武警部隊和軍事科學院、國防大學等。

報導稱，此次巡視將對過去的老線索重新深入梳理，對新發現的線索及時調查，重大線索迅速查處，「除惡務盡，絕不讓有問題的官員『背著包袱』參加十九大。」

軍中「郭、徐餘毒」到底有多少，媒體披露的三個說法令人怵目驚心。一是郭伯雄的兒子郭正鋼說過的：「全軍幹部一半以上是我家提拔的」。此前外媒據中共總政治部「深喉」爆料披露：百萬買師級官位，千萬買軍級官位，郭、徐二人買官賣官，把軍

隊搞爛了。二是郭伯雄說過的:「即使把我們換下,上來的還是我們的人」。三是劉源上將說過的,那些年晉升上將者,除他和少數幾個外,其他人都給郭伯雄、徐才厚送過禮。

江派被打得七零八落 反江的遲浩田露面

習近平對江派的清洗是最明顯的。過去五年落馬的 200 多名副部級以上官員,絕大多數都是江澤民、曾慶紅提拔重用的人。目前除了江澤民、曾慶紅這兩個江派大佬、以及少數幾人還沒有被揪出來之外,其他江派人馬大多被習打得七零八落,紛紛轉向,投靠了習陣營。

中共十八大後至今,習近平已拿下包括現任政治局委員孫政才、中共前政治局常委周永康、前軍委副主席郭伯雄、徐才厚、前中辦主任令計劃、中共政協副主席蘇榮等近 200 名江派「老虎」。習江鬥已到了你死我活的地步,習當局曾多次說反腐「打虎」是「開弓沒有回頭箭」,中共十九大後,將繼續反腐「打虎」態勢。

江派除了貪腐和淫亂外,最大的罪行就是反人類罪。他們積極參與迫害修煉真善忍的法輪功學員,導致數百萬人因迫害死亡,其中很多人在活著時就被強摘器官。如今全世界都在強烈譴責江派所犯下的「這個星球前所未有的罪惡」,包括歐盟、美國國會等都通過官方決議,要求中共政府立刻停止迫害,嚴懲江派這些人權惡棍。

有趣的是,十九大前夕,不少與江澤民有過節的中共大老不

斷露面，其中包括中共前軍頭、前軍委副主席遲浩田。

據《北京日報》微信公眾號「長安街知事」2017 年 9 月 15 日消息，中共前軍委副主席遲浩田 9 月 12 日到中國攝影展覽館參觀。這也是又一中共大老在十九大即將召開前露面。

之前，包括中共元老宋平、李鵬、朱鎔基、胡錦濤、溫家寶等，都以不同方式「露面」，甚至多次「露面」，但中共前黨魁江澤民一直銷聲匿跡。而在這些「露面」的人中，宋平、朱鎔基、胡錦濤、溫家寶等中共元老，都力挺習近平當局反腐「打虎」。

現年 88 歲的老軍頭遲浩田也曾多次打擊江澤民。早在江澤民還未上台前，遲浩田就已經任中共中央軍委委員、總參謀長。江澤民當政時期，遲浩田一直任軍委副主席兼國防部長，直到 2003 年退休。遲浩田被指是鄧小平在軍中制約江澤民的主要人物之一。

據早前網上一篇《江澤民遲浩田交手——江綿康進不去總參》的文章披露，就在江澤民交權前的中共十六大，江曾企圖把二兒子江綿康塞進總參去掌握情報大權，但總參高層不想讓江家父子的權力太大。後來在遲浩田的支持下，總參黨委很快出台了一個有關「嚴格機關人事管理制度」的新規定。江澤民的企圖沒有得逞。

據香港媒體 2016 年報導，北戴河會議期間，退休將領遲浩田等率先抨擊軍隊近二十年來的種種腐敗現象，直指前中共中央領導要負「政治責任」。

國安情報系統及後台將被收拾

外界分析指，江澤民、曾慶紅在喪失中共黨政軍大權之後，其所操控的國安特務系統成為反撲、攪局、發起另類政變的最後勢力。有消息說，習近平對江派長期掌控的國安情報系統的所作所為極為不滿，十九大後，違紀的國安系統人員及其後台，將被中紀委處理。

中共現行國安系統是在江澤民時代形成的，包括國安部、各種對外特務間諜機構及對內的政法系統機構。該系統曾由江派長期掌控，並廣植黨羽，滲透政治、經濟、軍隊、外交和宣傳等領域，一度形成架空胡溫的「第二權力中央」。

中共國安系統還有另一項隱密的工作，即參與迫害法輪功，如在海外實施迫害、迫害回國的海外法輪功學員等。中共大部分派遣至海外的間諜都屬於這個系統。

香港《明報》2017 年 9 月 18 日的報導引述一名北京消息人士的話稱，中紀委系統與前國安情報系統的矛盾或將在十九大後爆發，是中共高層鬥爭的看點之一。

自 2012 年王立軍案發，薄周政變計畫被曝光，習近平從被確定接替胡錦濤的位置後，電話就一直被周永康的馬仔、國安系統的特工監聽，行蹤也被監視。習早就想整頓國安部。

習上任後的第一個動作，就是將政法委踢出政治局常委；2013 年底又對國安系統動手，打掉「黑老大」周永康以及與周有密切關係的國安部高層馬建、邱進、梁克等人。此外，前中共國安部長耿惠昌和許永躍也傳出負面消息。

2015 年 1 月，曾慶紅、周永康的心腹馬建落馬。據港媒透露，

周永康指令國安部祕密構建了一個全國廳局級以上領導幹部的個人資料和言行信息的情報庫，收集了數以萬計黨政高官的個人情報。

更嚴重的是，在周永康與令計劃等人結成同盟後，該庫被周永康和令計劃所利用，為上千名他們認為是「異己勢力」的官員做了標籤，收集這些人的不利材料，其中包括胡、溫、習、李，必要時即可放出，致這些政壇對手於「死地」。

針對情報系統的「大叛變」，北京開始進行整頓。流亡海外的中國學者何清漣在美國之音撰文表示，北京雖然不願意挑明國安系統這場人數不少的集體「叛變」，但受傷頗深。因此，北京不得不在明暗兩條戰線上應付對手。

文章說，習近平將政法系和情治系徹底打散重組，從機構到人事都進行改組，中共情治系統歸國家安全委員會管理，習親任國安委主席。6 月 27 日，中共通過了首部《國家情報法》，被解讀為中共情報機構歷史性擴權。同時，大幅裁撤國安系統人員，將其併入公安國保系統等。未來大陸的國安體系中，國安委將位於「金字塔尖」，其下的各類安全部門各行其是。

媒體談十九大修改黨章和習思想

習近平在清理了團派、太子黨和江派三大政治勢力後，自己一人獨大，接下來他會做什麼呢？

新華網 9 月 18 日明確表示欲在十九大會議上修改黨章，要把十九大報告的「理論和戰略思想」寫入黨章，同一天，《人民日報》也在頭版大篇幅宣傳詳細闡述「習思想」的《習近平談治

國理政》，外界認為這是為「習近平思想」造勢。如果確立「習近平思想」，習將跨越鄧小平、江澤民和胡錦濤，而同中共前黨魁毛澤東「並駕齊驅」，因此備受關注。

香港《經濟日報》報導稱，目前尚不明確是否會把「習思想」寫入黨章，以及具體寫入方式和字眼，但從中共政壇關於習近平「治國理政」思想的理論造勢，或可看出端倪。

2017年2月，中共機關刊物《求是》雜誌屬下的《紅旗文稿》曾發表署名文章，提到「習的治國理政思想」；7月15日，隸屬中組部的「黨建研究編輯部」在中共官媒發文，裡面首次出現「習近平思想」的表述；7月17日，北京市委書記蔡奇在市委會議上發表講話稱：「以習近平總書記重要思想為根本遵循」。這是中共黨內要員首次出現「習近平總書記重要思想」的說法。

8月，中宣部副部長蔣建國在一場外媒見面會上，被問到「習近平思想」是否即將問世，蔣建國提出三個「新」，即習近平治國理政「新理念、新思想、新戰略」。香港亞太研究中心祕書長李風8月底向中央社表示，中共十九大是總結習近平過去五年的治國經驗，預料將會確立「習近平思想」或「習近平重要思想」。

去江化 習更改舊指導思想

中共為了生存曾在歷史上多次修改黨章。十九大第十九次修改黨章，是中共慣例和例行程式。分析認為，中共十九大突出「習思想」也是去江化的過程之一。

習近平上台後，不斷清洗江派勢力，力排老人干政，江澤民

被限制在網路和各種場合公開露面，江在中央黨校門前的題詞巨石也被移走。

早前媒體曾報導，中辦主任栗戰書罕見圈掉有關省報告中「三個代表」的提法；「中南海首席幕僚」王滬寧也傳曾在講話中否定「江核心」；在中共中央黨校舉辦理論學習會上，也曾罕見出現點名批判「三個代表思想是空泛、形而上學」等。

有分析認為，江澤民的「三個代表」被從黨章中剔除，也存在可能性。江和「三個代表」遭到的冷遇中共黨內外早已看在眼中，「去江化」已是不爭的事實。

曾任軍事學院出版社社長的辛子陵向《大紀元》記者介紹：「現在習近平的擁護者繼續主張將習近平的思想和重要理論列入黨章，是真心擁護習近平，但習本人不一定同意這樣做，他有更深遠的考慮。」

《新紀元》此前認為，十九大可能不會提出「習近平思想」，因為黨內反對聲音不少。這次會在黨章修正案中加入「習近平治國理政思想」，作為接下來黨內重要戰略思想。

辛子陵表示，十九大修改黨章，有人說會拿掉三個代表，據他觀察也有可能將黨章中的這一大套「馬列毛鄧三科」的指導思想都拿掉。

他舉例說明：「中共建軍90年大會上習近平的講話已經有點苗頭了。在那種場合的講話一般都會說高舉『馬列毛鄧三科』之類的套話，但是習近平沒有說。這次政治局會議新聞通稿中沒有講『不走老路、不走邪路、三個自信、四個自信』之類的，也沒有提『馬列毛鄧三科』。」

他還表示，習近平這五年總結的理論上的東西，不一定會打

出習近平思想來取消中共原有的這些指導思想，因為會有人說閒話。而用「21世界馬克思主義」「民主社會主義」提法，完全能壓住黨章中原有的東西。

紅二代羅宇多次向習近平寫公開信，呼籲習近平拋棄中共一黨專制，走有序的民主化道路，至少五步：「解除報禁、解除黨禁、司法獨立、選舉、軍隊國家化」。

羅宇在給習近平第22封公開信中表示，馬列解決不了中國問題。毛、鄧的思想、理論也沒用。「六四」是反人類罪，必須向受害者道歉賠償。江澤民鎮壓「真、善、忍」，活摘人體器官，是反人類罪，必須法辦。你只有幹了這四件事，你才可能成為領袖。其他事都沒用。

習或修訂憲法 謀求三連任

有分析稱，在修改黨章的同時，習近平接下來可能在明年修訂中共憲法，為其三連任做準備。

香媒《明報》2017年3月曾援引北京消息人士的話披露，料在明年的中共人大會議啟動修憲動員；如果順利，最遲在2019年的中共十三屆全國人大二次會議審議憲法修正案。修憲涉及兩大內容：寫入「習近平思想」；在中共國家機構中，增設國家監察委員會。

消息指，目前中辦已著手推動修憲工作，其中關於中共國家主席的任期或將有重大修訂。不排除在修憲時，刪除國家主席任期不得超過兩屆的措辭等。

中共憲法規定國家主席任期為每屆五年，連續任期「不得超過兩屆」，但中共黨章對總書記任期沒有明確規定。外界認為，為了維護權力架構的平衡，不排除在修憲時，刪除中共國家主席任期不得超過兩屆的措辭，僅保留「每屆任期五年」的表述。

外界普遍認為，習近平上任後，他的反腐「打虎」取得一定成果，但還沒有拿下「中共貪腐總教練江澤民」及江派二號人物曾慶紅等核心人物，如果他連任兩屆，退休後可能會對他本人不利，所以他將謀求在 2022 年的中共二十大後繼續連任。

2016 年就有消息預計習近平將分三步走，實現他主宰政壇 30 年的夢想。其一，廢除「七上八下」規則；二，中共十九大上不培養「接班人」，造成非他莫屬的勢態；三，製造輿論，造成留任的共識。

習獨上高樓 能否望盡天涯路

在採取高壓措施踏平團派、江派和太子黨這三大勢力的同時，習近平對現有官僚體制也嚴加管束。一位廳級幹部抱怨說，原來他每月收入在 1.8 萬人民幣，現在只有 8000，少了一半多。他周圍的人也對習的高壓政策很是不滿，說他左手打一幫，右手打一幫，腳下還踩了一幫。現在當官一點好處都沒有了，很多人磨洋工，不願幹了。

外界也很關注，等到十九大順利召開、各方大員都是自己人之後，習會做什麼呢？十九大之後會出現什麼事呢？也有的說，要等到十九大二中全會或三中全會召開後，才能看清習近平到底

要做什麼，他一人唱戲時，會唱哪齣戲。

王國維《人間詞話》說：「古今之成大事業、大學問者，必經過三種之境界：『昨夜西風凋碧樹。獨上高樓，望盡天涯路』此第一境也。『衣帶漸寬終不悔，為伊消得人憔悴』此第二境也。『眾裡尋他千百度，驀然回首，那人卻在燈火闌珊處』此第三境也。」

如今習近平已經登上高樓，能否望盡天涯路？能否看到大勢所趨、抓捕犯下反人類罪行的江澤民？能否看到未來的出路在哪裡？在未來五年實現中國夢的「衣帶漸寬」和「人憔悴」之後，他能否「驀然回首」，在「燈火闌珊處」找到答案呢？

畢竟從 2004 年開始，人們就在傳播《九評共產黨》，如今人們一直在呼籲習近平拋棄中共，走回中華民族的傳統正路，爭做中國大陸的民選總統，十多年的燈火闌珊，三億人公開聲明退出中共黨、團、隊，這浩瀚的三退大潮已匯成金光，照亮每個中國人的前行之路。

何去何從，每個人都在做選擇。

習王體制部署 習要掌權二十年

第八章

十九大內鬥激烈
官方吹捧習

對十九大習近平思想是否寫入黨章，中共黨內外展開了激烈博弈，最終以「習近平新時代中國特色社會主義理論」的稱謂寫入中共新黨章而告習取勝。之後黨媒和高官開始持續頌聖被王滬寧叫停，習當局欲向何處走？各界開始熱議。

十九大黨代會是歷次代表大會中內鬥最激烈的一次，習江博弈異常激烈。（AFP）

第一節

十九大習江鬥空前激烈 習艱險占上風

十九大上，習江博弈異常激烈。此次「習家軍」全面上位後，習已從十八大的微弱優勢，變成現在的絕對優勢。（AFP）

　　中共五年一屆的全國黨代會已塵埃落定，然而在十九大前，圍繞著高層人事布局，各界「競猜」不斷，直到 2017 年 10 月 25 日最後一刻、新政治局常委「魚貫登場」，人們才知道，未來大戲中，這七人要發揮重要作用，他們是習近平、李克強、栗戰書、汪洋、王滬寧、趙樂際、韓正。

　　他們都是清一色的 50 後，最年輕的趙樂際也都 60 歲了，此前盛傳的 60 後接班人胡春華和陳敏爾都沒有露面，留任呼聲最高的王岐山也不見蹤影，王滬寧的出現頗令人意外，而趙樂際黑馬現身讓很多人吃驚。

內鬥激烈 王滬寧不得不臨時改稿

《新紀元》獲悉，這次「十九大打得很激烈」，高層人事以及「習思想」入黨章等事項，習近平和江派的博弈一直進行到最後一刻。在十九大期間，當局還首次公開點名批周永康、薄熙來等六虎「陰謀篡黨奪權」，敲打政變幕後頭目。

不過最後還是習近平占了絕對上風：七人中，江派僅韓正一人入常，排名居末，在 25 名政治局委員中，新入局 15 人是「習家軍」，與上屆相比，江派官員大面積潰敗式的退出權力高層。

習江鬥的激烈，從外界得知的兩個小插曲中可見一斑。

一是在十九大開會期間，王滬寧突然缺席其所在的海南代表團分組會議，而其他人都出席了各自分組討論，包括習近平。新華社官方的王滬寧活動報導集也莫名其妙地變成空白。

當時外界還猜測王滬寧入常無望，11 月初，海外政論家陳破空在 youtube 直播中透露了王的消失原因。他引述從內部得來的消息說，此次會議上發生了很多分歧和衝突，各派交鋒激烈，意見不一。而做為十九大的報告起草人及黨章修改的執筆人，王滬寧緊急被受命，要修改很多東西，包括報告、閉幕詞等。因此，他連續消失了四天。

陳破空表示，王滬寧入常也是各派妥協的結果，直到閉幕之後才當選為常委。他認為，此次七常委大換血，王岐山十九大卸任，被指是各派惡鬥的結果。

看來，王滬寧的官方活動集被刪，很可能是劉雲山搞的鬼。他不想讓王滬寧來接自己的班，不過這種小動作也沒能阻止王滬寧入常。

會上傳一紙條 習思想博弈到最後

據《日本經濟新聞》報導，另一個小插曲是，在習近平做報告期間，人民大會堂內的聽眾席上也發生了一系列私下的活動，日媒認為，這表明習近平和反對派的鬥爭和博弈一直進行到最後一刻。

《日本經濟新聞》電子版 11 月 2 日報導，比把盟友安置在中共高層更重要的是，習近平把自己的「思想」寫入了黨章。在中共高層領導人中，只有毛澤東和鄧小平在自己的「意識形態」前冠名，而「思想」的地位又高於「理論」，這意味著「習近平思想」比「鄧小平理論」地位高。

日媒描述，在習近平冗長的三個半小時講話中，一位祕書走到習近平辦公室主任丁薛祥身邊，耳邊低語，向他展示了一張紙條，兩個人交頭接耳討論了好一會兒。

然後這個祕書走到坐在前排的中央辦公廳主任栗戰書身邊，兩個人再次看著紙條，彼此低聲耳語。

接下來，這個祕書走到了即將下台的中共常委劉雲山身邊，給他看這個紙條。劉雲山沒有跟祕書說話，而是側過身子，跟旁邊的張德江竊竊私語。

就這樣，習近平的盟友和敵對派對著一張紙條悄悄議論。日媒報導，中共在全球媒體好奇的注視下「達成交易」。

習近平做完報告之後，當天中共政治局常委張德江、俞正聲、劉雲山在引述習近平報告時，將「新時代中國特色社會主義思想」稱為「習近平新時代中國特色社會主義思想」，這個細微的改動其實意義重大。劉雲山通篇讚揚習近平思想，張德江說習近平思

想是「整個大會的最大亮點」。

《日本經濟新聞》認為，當習近平的對手也不得不支持習近平思想寫進黨章的時候，說明習近平取得了勝利。

《新紀元》周刊此前曾獨家報導過，由於反對的人很多，十九大習近平為了避免黨內負面看法，依舊沿用了中共總書記的頭銜，等二十大時才提黨主席制，而且不會學「毛澤東思想」那樣來定義「習近平思想」，而是加很多定語來弱化習近平的個人色彩，比如習近平新時期治國理政思想等，結果最後是「習近平新時代中國特色社會主義思想」被寫入黨章。

《日本經濟新聞》說，10 月 19 日開始，各地中共領導人就爭相讚美習近平思想。不過這共 16 個字的「習近平新時代中國特色社會主義思想」說起來非常拗口，一位中共省級領導人好幾次嘗試背下這幾個字，但不是來回顛倒就是丟字落字，最後才終於背下來。

習報告用詞微調與江鏡頭特寫

時事評論員周曉輝注意到，習近平在中共十九大的報告中，曾有這樣的表述：「一個政黨，一個政權，其前途命運取決於人心向背。人民群眾反對什麼、痛恨什麼，我們就要堅決防範和糾正什麼。」台灣東森電視報導說，當習近平在念這句話時，央視鏡頭轉向了坐在主席台上的江澤民，而且是給了一個特寫。

主持人表示，這絕對不是巧合，因為在共產黨的世界裡，沒有偶然，只有必然。這畫面一定都是千挑百選過的。畫面如此，

共產黨的用詞也同樣是反覆斟酌過的。

如果對比 2014 年 9 月，習近平在全國人大成立 60 周年大會上講話中的類似表述，就會發現有些許不同。當時的說辭是：「一個政黨，一個政權，其前途命運取決於人心向背。人民群眾反對什麼、痛恨什麼，我們就要堅決防範和打擊。人民群眾最痛恨腐敗現象，我們就必須堅定不移反對腐敗。」

對於人民反對的和痛恨的，從「防範和打擊」變為「防範和糾正」，顯然是刻意為之。接下來五年，習近平要糾正什麼錯誤？人民對於中共犯下的什麼錯誤「反對和痛恨」？央視鏡頭在此對準江澤民有什麼特殊意味？

江澤民當政時期，以腐敗治國，人民深受其害，而江當政時期，其製造的最大冤案就是法輪功，成千上萬名法輪功學員被非法關押、迫害、騷擾、洗腦，甚至被迫害致死，江和中共還犯下了強摘器官這一前所未有的罪行，同時將大量公檢法人員、普通民眾捲入其中自覺不自覺的成為幫凶。

無疑，以暴力治國，殘害百姓，製造一個個冤案，衝破人類道德底線，都是人們所反對的、痛恨的。如果習近平想打造一個不同以往的「新時代」，糾正江的迫害政策，依法治國，「轉型正義」是不可或缺的一步。周曉輝認為，從這個方面來說，習近平在報告中埋下伏筆，有意將鏡頭轉向江，或許是另有深意的。

主席台上習不理癱軟的江澤民

十九大被表面上稱為「團結大會」，實際上波譎雲詭，充滿

激戰，越來越多的細節被外媒記者捕捉到。如《南華早報》10 月 24 日報導，媒體很注意 91 歲的江澤民。在十九大上宣布要對黨章進行修改和補充時，江澤民手裡拿的文件（習近平的講稿）有一張不由自主地掉在地上，不得不依靠一名服務員取回。

《每日郵報》的一張照片顯示，在十九大當天閉幕會議上，江澤民一次用右手手指戳習近平的左臂，看起來想跟習近平搭話，習近平看似無動於衷。

在當天會議閉幕、所有人員起立的時候，江澤民癱軟在椅子上，試圖掙扎幾下也無力從椅子上站起來，他身後的兩名服務人員不得不把他連拉帶拽地揪起來。

雖然江澤民這次開會拿了一個非常醒目的、發光的白色放大鏡來吸引各界注意，但此前媒體分析，中共喉舌央視故意遮擋江澤民的畫面，顯示他已經日落西山、勢力潰敗。

例如，習近平帶領主席團成員入場，在央視鏡頭中每次江澤民都會被習近平的身影遮擋，若隱若現，有時只看得見江的半個頭，甚至完全被擋住。只有當給他們三人遠鏡頭時，江才被露面。

在習近平宣讀完十九大報告後，回到座位前，他和右邊的胡錦濤握手，不僅攝像鏡頭一路跟著，還給他們握手予以定格的大特寫，但習近平轉身與左邊的江澤民握手時，畫面只顯示習近平，江的畫面被攝影師的後背「牢牢遮住」。

修改中共黨章是十九大的一項重要內容，總共做出的修改達 107 處。除「習思想」的最終定名是「習近平新時代中國特色社會主義思想」外，還包括 8 個「明確內容」和 14 條「基本方略」，即 8 個「明確」和 14 個「堅持」。

時政評論人士胡少江在自由亞洲電台的專欄中盤點發現，14

個「堅持」中，五條來自毛澤東，四條來自鄧小平，還有四條是胡錦濤的貢獻；最後一條「堅持構建人類命運共同體」是習近平自己的。也就是說，唯一被「遺漏」的就是江澤民。

這些都不是偶然的。

習提民主法治 新華社整段刪除

10 月 18 日習近平在十九大工作報告中，突出的部分是提出了社會主要矛盾的轉變。習說，中國進入了「新時代」，「社會主要矛盾已經轉化為人民日益增長的美好生活需要和不平衡不充分的發展之間的矛盾」。在進一步闡述這一矛盾時，習近平提出了一個罕見的說法：「人民美好生活需要日益廣泛，不僅對物質文化生活提出了更高要求，而且在民主、法治、公平、正義、安全、環境等方面的要求日益增長。」

在中共黨代會這一場合，習近平罕見地提出了人民對「美好生活需要」的要求，並將「民主、法治」列在首位，引起外界注意。

台灣《聯合報》10 月 18 日評論文章指，第一個要求（民主）和第三、四個要求（即公平與正義）都是西方世界近年經常提及的概念。這一段令人驚喜的文字，顯示了習近平已深刻認識到中國社會矛盾的變化，並有勇氣面對矛盾。

文章認為，習近平提出「民主、法治、公平與正義」的價值，也讓人民對十九大後的中國政治走向產生了寄盼的懸念。不過，文章也提到，鑒於中共過往政治改革給人民帶來的失望，這個提法仍可能只是習近平的一種表面或形式上的宣示。中共的改革往

往禁不起執政利益的誘惑，最後無疾而終或逡巡不前。更何況中共對於「民主」的定義，與西方大相逕庭。

然而蹊蹺的是，習近平有關「主要矛盾」和「民主、法治、公平、正義」要求的這一大段論述，竟然在喉舌新華社刊登的習近平工作報告中，被整段刪除。

對此，《聯合報》文章分析，很可能是黨內有人對此不認同，於是刻意遮掩。因為整個段落中單單缺少這一段，不免讓人懷疑就是宣傳部門對此有疑慮所致。劉雲山長期在宣傳部門任職，意識形態極左，也是政治局常委中江澤民派系三大代言人之一。

此前，宣傳系統多次刪除、修改習近平的講話內容，歪曲解釋習近平的「憲政夢」，並一再通過「高級黑」、「捧殺」等手段給習近平攪局。早在 2013 年元旦期間，中宣系統就涉嫌強行刪改《南方周末》的「中國夢，憲政夢」新年賀詞，令習近平難堪。2014 年 9 月 5 日習近平在中共人大 60 周年大會上的「依憲執政」講話，也曾遭官媒喉舌刪除。

十八大這五年，習近平通過大力軍改和反腐，初步掌握了軍隊、武警、組織、黨務的權力，但其他領域，特別是宣傳、政法、國安、金融系統，不少依舊掌控在江派手中，習的正規講話都能被刪除，可見習江鬥仍很厲害。

11 月 3 日，中共中宣部會同中央有關部門組成高規格的中央宣講團，包括三名政治局委員在內共 36 人。並稱十九大後一周開始宣傳攻勢。

但無論是官方媒體當天對十九大的報導，還是官方專家對十九大報告的解讀中，普遍將習近平那句話：人民在「民主、法治、公平、正義、安全、環境等方面的要求日益增長」給「忽略」了。

《北京青年報》旗下的「團結湖參考」專門刊文《「主要矛盾」變了，這個論斷為何如此重要？》來談這個話題，通篇也看不到「民主、法治、公平、正義、安全、環境」這六個詞。文章甚至將「主要矛盾轉化的判斷」，變成討論「油膩」的話題。文章還含沙射影地說，「大張旗鼓討論油膩，一定是吃飽了撐的」。

北京一位離休老幹部對《大紀元》記者說：「首先官方媒體不能往右去解讀，他往民主法治等普世價值這邊解讀的話，他怕自己背風險，所以他基本是偏左一點來解讀，甚至是偏不合理的、比較荒謬一點解讀，也不敢靠右去解讀，怕自己受牽連。」

中央委員分歧大 習不得不再開會

習江鬥的激烈，還體現在中央委員的選定上。

港媒披露，因中委名單分歧太大，派系權鬥不止，當局在大會 10 月 24 日結束要表決前，還要加開主席團會議「磋商」。結果十九大期間，主席團開了四次會議，比十八大多了一次，內容都與「討論醞釀」新的中央委員、候補中央委員和中央紀委委員候選人名單有關，其中後三次會都由習近平親自主持。

10 月 24 日，中共十九屆中央委員 204 人名單最終出爐，其中有 78 人是上一屆中央委員連任。新晉中央委員 126 人，新當選比例約 62％，是名副其實的大洗牌。與上一屆中委相比，出生於上世紀 50 年代底和 60 年代初的中央委員成為主體力量。

落榜的，很多是被查處了。中紀委官員 10 月 19 日公布的信息顯示，中共十八大以來被立案審查的十八屆中央委員、候補委

員 43 人、中央紀委委員 9 人，其中 10 人的調查情況還未公開。習近平在十八大上任後五年中，在中共黨政軍中展開了史無前例的反腐「打虎」運動，拿下包括周永康、郭伯雄、徐才厚、令計劃、蘇榮等在內的二百多名江派「大老虎」。

中共十九屆中央委員裡，軍方大約占兩成，絕大多數是新面孔，顯示高級將領已經大換血。現任軍委副主席范長龍落選十九屆中委。據報導，範長龍是徐才厚一手提拔上來的鐵桿親信。十九大前的 9 月，上屆軍委委員房峰輝和張陽也相繼傳出被調查。

此次有過半部委負責人均不在新中委名單中，四名副總理中有三人退休，這也意味 2018 年「兩會」國務院將大換血。

人們還注意到，十九大 204 名新一屆中委裡面沒有一位國企高管，而十八大時還有五名。這是因為江派控制國企，習近平不信任他們。

據彭博智庫的觀察，新一屆中共政治局常務委員會的七名常委中，也很少有人具有經營國有企業的經歷。歷屆政治局常委們在國有企業的就職年數不斷下降，從 2007 的 29％和 2012 年的 11％，下降到 2017 年的 4％。相比之下，新常委比前兩屆常委在管理省級政府方面經驗更多。

彭博智庫首席亞洲經濟學家湯姆・奧利克（Tom Orlik）表示，中共新委員的這種格局，反映出中共新一屆領導人更青睞於能夠在發展過程中對各種難題進行平衡、具有政治實踐經驗的管理層。

第二節
習陣營艱險占上風

習陣營全面上位、在政治局常委占據重要位置，預示著十九大後政局的變化和發展節奏將會加快。（AFP）

政治局江派大幅減少 習占上風

有評論說，比較中共十九大和十八大的政治局名單，上屆被指為江派人馬的有劉雲山、劉奇葆、孫春蘭、孫政才、李建國、李源潮、張春賢、張高麗、張德江、範長龍、孟建柱、郭金龍、韓正。而本屆只剩下孫春蘭、李鴻忠、楊潔篪、郭聲琨、韓正，習陣營與江派人數比例為 20 比 5。

最令外界關注的是，被視為江派接班人的孫政才在十九大前突然被拿下，被指是「點到了江派的死穴」，廢了江派「未來的希望」。

十八大政治局委員中，劉奇葆、李源潮、張春賢都未到 68 歲的年齡而提前出局。張春賢、劉奇葆被指是江派大員。習近平

上任以來，張春賢一直利用其主政的新疆對抗習當局，涉暴力恐怖活動及無界新聞網攻擊習事件等。劉奇葆被指是江派前常委周永康的心腹。據報，按周永康的要求，時任四川省委書記的劉奇葆經劉雲山推薦、擔保被任命為中宣部長。

李源潮的政治背景日趨複雜，有關李源潮的負面消息早在令計劃出事後就不斷傳出。此外，近幾年來不少江蘇省落馬的官員與李源潮在江蘇主政時期多有交集。

政論家胡平認為，這一次黨代會是多少年來歷次代表大會中內鬥最激烈的一次，暗中不滿習近平的非常多。當然總體來說，習近平掌控比較大，但習的這個成功也有很大危險，都是靠壓制成功。被壓制的人一定不服氣，這個矛盾還依然存在。

胡平表示：「習近平費盡腦汁，想很多很多辦法才能夠把這些人都刷下去，用他比較信任的人，這部分才五年已經做的相當成功。到現在為止，其他各種明著的或者潛在反對他的勢力，基本上處於守勢，節節敗退。」

「常委中習近平優勢還不明顯，但在政治局委員裡頭，習派人馬顯著增加，再看中央委員、中央後補委員，習家軍增加比例非常大。一大半都換上習的人，過去從來沒有過。」甚至比1969年毛澤東搞的九大還厲害。

胡平還表示，總得來說習近平這一次黨代會收穫很大，進一步鞏固強化他的權力，而且也為二十大做鋪墊。「第一，他能夠鞏固本身很不容易，多少人想通過黨代表會把他給搞下去，他能夠鎮住並把這個習近平思想寫入黨章。」

「第二，他上任之前默默無聞，誰也不認為他有什麼了不起的一個人，也沒有自己班底，和毛、鄧無法相比，很多人根本不

知道習近平這個人。居然在五年之內，十九大和十八大相比，習近平色彩強太多。」

哥倫比亞大學政治學博士李天笑表示，十九大上，習江博弈異常激烈。此次「習家軍」全面上位後，習已從十八大的微弱優勢，變成現在的絕對優勢。

迫害法輪功 數百名高官遭報

中共十八大以來，大批江澤民派系的高官落馬。這些江派高官大多積極追隨江澤民集團迫害法輪功，從而在中共高層、軍隊和地方占據重要位置，他們積極迫害法輪功，手中沾滿鮮血。

2017 年 4 月《大紀元》記者統計，有 126 名中共國級、省部級高官被設在紐約的「追查迫害法輪功國際組織」和法輪大法明慧網列入追查名單。

他們包括 18 名中央委員及 17 名中央候補委員落馬，其中吳愛英、蔣潔敏、李東生、令計劃、周本順、蘇樹林、王銀、黃興國、王建平、王三運、孫政才、楊煥寧、李春城、王永春、萬慶良、陳川平、朱明國、王敏、楊衛澤、仇和、呂錫文等都迫害過法輪功。

江澤民、曾慶紅、羅干等是最初發動鎮壓的元凶，在世界各地以「反人類罪」、「群體滅絕罪」、「酷刑罪」等遭起訴。

自 1999 年 7 月 20 日開始，由中共前黨魁江澤民發動的對法輪功的迫害已持續了 18 年，在江的「打死算白死」、「打死算自殺」的滅絕政策下，數百萬法輪功學員被迫害致死，甚至發生器官被活體摘取販賣牟利的驚天罪惡。

獵狐行動 習要追回江派出逃資產

十九大後，習近平全面掌權，那習江鬥會如何進行？台灣媒體認為，習近平將繼續整頓金融腐敗，並要追回江派掏空中國出逃的海外資產。掏空中國也是江派在暗殺、破壞股市不奏效後的最後一招。

台灣東森電視在專題節目「關鍵時刻」中，將視角從十九大上的政治上轉到了十九大後的金融整頓。

十九大首場記者會上，中紀委副書記楊曉渡披露的一組數據反映了自十八大以來的反腐力度。楊稱共收到267萬條問題線索，已對其中154萬條立案調查，共處理153萬人，其中有5.8萬人被移送法辦。「東森」引用楊曉渡的話強調，逃到海外的人要抓回來，跑到海外的錢要追回來，海外資產要大清洗。這個從2014年就開始的「獵狐行動」，當時負責獵狐行動的劉金國，這次十九大入選為中紀委委員。

2016年一年僅江蘇的「獵狐行動」就從21個國家和地區抓獲大陸境外逃犯103名，涉案總金額超過80億元人民幣。打貪抓資金的動作持續下去，十九大之後可能會有更大的大老虎要落馬。

主持人表示，「在江習鬥中曾經要用暗殺、破壞股市等造成民心不穩來拉下習近平，發現這些全部沒有用的時候，江派最後一招是掏空中國，將數兆錢全部挪往國外。被點名的這些大老闆就是它的幫凶。」

節目以安邦保險公司的吳小暉為例，稱他過去在大陸呼風喚雨，因為他是鄧小平的外孫女婿。安邦是十幾年前成立的公司，它在這幾年已經變成全球前十名的保險公司。後面有非常多的政

二代、紅二代支持他。吳小暉 2017 年 6 月 9 日從自己辦公室被中紀委帶走的細節。「吳小暉被帶走失蹤後，甚至安邦花了 580 億新台幣買下紐約華爾道夫酒店，都被要求賣掉，要把錢匯回大陸。」

台媒強調，吳小暉只是這一波的第一炮而已，繼吳小暉之後，央視又點名了萬達、復興、海航、樂視、安邦、蘇寧電器等一大堆的外企，萬達被批得最厲害，他在海外投資 2500 億人民幣，被稱為「非理性的投資」。

中華經濟研究院特約研究員吳惠林此前也表示，中共高層任何一個動作都有政治目的或是有派系互相內鬥，例如過去都是江派掌握著中國的經濟命脈，現在習近平在反貪腐，江派面臨被清洗的危機，所以江派勢力的家族就走向海外併購。

中國的外匯存底最高的時候曾經約 4.2 兆美金，光 2015 年一年跑了 5000 億美金，到目前為止，大概有 3.3 兆美金。也就是過去幾年間，從大陸境內足足流出了大概一兆美金的資金。

節目分析，習江鬥表現在政治、軍事領域，最怵目驚心的是在經濟領域。從 2015 年到 2016 年初，江派三次在股市上反撲，邏輯就是：鬥不倒你，我就掏空你。這一兩年的資金外逃是 2015 年三次股災之後，以民企海外併購方式再一波的資金外逃。

根據 Dealogic 數據顯示，2016 年中國企業海外併購達到頂峰，當年共進行 1870 億美元投資，是 2015 年的兩倍。到了 2016 年年底，當局就表示要對境內企業海外投資併購趨嚴管理。

看來，習江鬥還會繼續上演更多節目。

第三節
十九大後官方吹捧習近平

十九大後,中共官場及官媒掀起一股「領袖」崇拜風。此風是習近平授意,還是有人玩高級黑?引人關注。
(AFP)

十九大後官媒和官員大力吹捧習

2017年11月17日,中共官方通訊社新華社推出萬字長文《習近平:新時代的領路人》,對習近平進行了一番評價,歌功頌德之意溢於言表,而《人民日報》則以毛澤東才有的規格在頭版大幅刊登習的照片。

除官媒外,各地黨政一把手以至中央部委高官等,吹捧習近平的言論行徑更是達到極致。

新疆自治區委書記陳全國下令家家戶戶懸掛習近平肖像;北京市委書記蔡奇頌習「不愧為英明領袖,不愧為新時代總設計師,不愧為中共一代核心」;天津市書記李鴻忠推許習是「核心之核心,關鍵之關鍵,根本之根本」;浙江省委書記車俊歡呼習是「眾

心所向，眾望所歸」；廣東省書記李希盛譽習近平為「中華民族偉大復興的精神北斗」；外交部長王毅讚揚習的外交思想「是對過去 300 多年來西方傳統國際關係理論的創新和超越」等。

貴州《黔西南日報》對習冠以「偉大領袖」後不久，王滬寧緊急踩剎車，下令官方出面緊急叫停，並指令各機關單位，把懸掛有上述稱謂的畫像全部撤下，相關內容已被刪除。

蔡奇稱英明領袖 被王滬寧糾正

2017 年 10 月 18 日，中共十九大開幕，北京市委書記蔡奇在會上大讚習近平「不愧為英明領袖，不愧為新時代改革開放和現代化建設的總設計師，不愧為黨的一代核心。」

在人們的記憶中，被稱為「英明領袖」的，要追溯至毛澤東 1976 年去世後一度填補中共領袖位置的華國鋒。

據自由亞洲電台中文網專欄作家高新引述消息稱，王滬寧出任政治局常委之後的第二天在審閱新華社「重頭文章」時表示，對習近平的宣傳「既要到位更要準確」，「領袖和統帥」的稱謂「當之無愧」，但不必要使用「偉大」之類的形容詞。

文章還稱，蔡奇在十九大召開期間用了「英明領袖」的表態內容，也已經被王滬寧以「不妥」二字否定。官方媒體接到的上級通知內容證實了這一消息，原因肯定就是因為「英明領袖」四個字是當年華國鋒的專屬。

王滬寧還親自下令中宣部發文，要求各級黨的媒體不能把習近平新思想中的「進行偉大鬥爭、建設偉大工程、推進偉大事業、

實現偉大夢想」簡化為「四個偉大」，原因是不願意外界將此口號與「文革」中林彪捧殺毛澤東的「四個偉大」相提並論。

後來曝光的中共「近期文化宣傳工作會議精神」內部文件規定：「凡有『偉大領袖習近平總書記』字樣的掛像一律撤掉。」「關於各級各類文件用語，即日起，一律不能使用『偉大領袖習近平』用語。」這些都是王滬寧踩剎車的結果。

傳習對李鴻忠存戒心 對蔡奇失望

2017 年 10 月 23 日，有美媒分析，官方緊急刪文，表明大搞個人崇拜並非習近平的本意。文章引述接近習的消息人士透露，2012 年習近平上台後，阿諛奉承之徒紛至沓來。對種種言過其實的肉麻吹捧，習不僅反感，而且有警惕之心，如李鴻忠等人。習多年冷眼旁觀，深知那些沒有自尊、言語肉麻者大多人格低下，往往是最投機和最靠不住的。

習近平一手提拔的蔡奇，2017 年 8 月 7 日在黨媒發文表述把習思想作為「案頭卷、工具書、座右銘」。

文章說，北京市委書記蔡奇過去是低調辦實事的人，獲習賞識破格提拔，沒想到被提至高位後，開始肉麻、沒節制地吹捧，讓習很失望，開始對他有戒心。

自中共十八大習上台後，李鴻忠曾多次公開向習近平表忠心。2016 年初，李主持湖北省委常委會上，便稱要自覺維護習核心，隨後表忠心的頻率遠勝其他官員。2016 年 9 月，空降天津出任一把手後，李在短短一個月內四次公開表忠心，誓言「絕對忠

誠」，不當「牆頭草」等。

2017年2月19日，李鴻忠公開稱，習的講話「縱貫古今、指引方向、氣貫長虹」，充分展現習的「人格魅力，政治家境界，深厚的中華文化底蘊，戰略家的領袖風範」。6月7日，李鴻忠更是在天津師範大學稱，習核心是「時代呼喚、歷史選擇、人民意願、實踐締造」的必然產物。

消息人士表示，習近平十九大後，仍不敢放手一搏，就是看到新提拔的這批人良莠不齊，不是完全靠得住的隊伍。當年曾國藩平定大亂，聲望和勢力都達頂峰，但絲毫不敢存「問鼎之心」。主因就在手下將帥心態各異，支持「護國衛道」，但未必擁護「改朝換代」。

習認同忠言逆耳 拒絕「高級黑」

崇拜急煞車，似乎印證習上任以來媒體和地方充斥個人崇拜熱不是習的本意。而是民間和官僚們在黨文化氛圍下對集權「如日中天」的習，表現「愚忠」或盲目崇拜，但也不能排除對習集權不滿的人，藉造神運動對習搞「高級黑」，將習推到頂峰而陷於不利。

文章說，十九大前，習近平集權程度似乎還不足以全面約束宣傳系統和地方諸侯，完全做到政令能出中南海，而現在習在第二個五年任期內，或許已擁有足夠權力，阻止那些給他增堵添亂的各種奇怪行為與現象。

早在中共十八屆六中全會上，習近平就曾罕見提出防範「捧

殺」的中共黨內「政治生活的若干準則」，強調「黨內不准搞拉拉扯扯、吹吹拍拍、阿諛奉承。對領導人的宣傳要實事求是，禁止吹捧」。

自十八大以來，江派常委劉雲山操控中宣系統，不斷以「高級黑」手段將習近平包裝成「毛澤東第二」的形象，讓外界誤認為習近平將重演「毛式文革的悲劇」。

2017 年 2 月 3 日，更有黨媒發表署名文章《警惕黨內政治生活中的「捧殺」》，稱「捧」者「大奸似忠」「口蜜腹劍」，真正的「捧殺」要付出生命的代價，其危害可謂無以復加。

目前官場針對習近平的個人崇拜，多數被認為是宣傳系統再次對習的「高級黑」手段，這究竟是劉雲山及其舊部在正式下台之前有意所為，還是中共官場「寧左勿右」的政治文化所致？在習全面掌權之後官場文風將發生何種變化，值得關注。

騙子公司炮製紅歌吹捧習

在對習的吹捧中，除了官方，還有民間的不法公司，想藉吹捧習來逃脫因傳銷帶來的處罰。如今這一傳銷公司製作讚美習近平的歌曲《跟著你就是跟著那太陽》的報導已被刪除。

據陸媒報導，湖南網路科技企業「大唐天下」一年前起以「大唐 C+ 商業模式」的商業模式作招徠，其後被揭涉嫌傳銷。不過，大唐天下後來死灰復燃，並在北京發布所製作的歌曲《跟著你就是跟著那太陽》，稱「愛國愛黨愛人民，利民利國利天下」，想藉此洗底。

　　雖然未在歌詞中清楚指明讚頌何人，不過很明顯是為習近平而作，而用太陽對領導人的拙劣比喻則令人回想起歷史上對毛澤東和金日成的讚頌，在當今中國的官方主旋律歌曲中都已經很難見到了。

　　據湖南都市電視台報導，大唐天下搞的是拉人頭收傭金的傳銷模式。據說每天至少接待幾千人，記者更形容「傻子多得騙子都忙不過來了」。這樣的公司也來吹捧習，可見全亂套了。

官媒萬字長文 洩習近平延任信號？

　　新華社在《習近平：新時代的領路人》萬字長文中稱，習近平過去五年「解決了許多長期想解決而沒有解決的難題，辦成了許多過去想辦而沒有辦成的大事」。包括掀起反腐風暴，拿下了周永康、薄熙來、郭伯雄、徐才厚、孫政才、令計劃等國級「大老虎」，「之前很多中國人還不信中共能調查中央政治局常委級別的前任高層領導人」。此外，習近平達成兩岸領導人首次會面「習馬會」；令2016年海牙法庭裁決的「南海仲裁」作廢等內容。

　　外界注意到，文章還提到習近平提出「兩步走」的設想，第一步就是到2035年基本實現現代化，隨後文章表示，「習近平將帶領中國提前完成『基本實現現代化』」。

　　港媒《明報》分析說，這句「習近平將帶領中國提前完成『基本實現現代化』」，引起外界猜疑習近平可能會延長任期。

　　有關習近平將延長任期的說法，此前已有不少報導。新紀元在新書No.60《十九大後中國政局最大懸念》中做了詳細介紹。

　　10月26日，法國經濟類報紙《回聲報》世界版有文章標題為：強勢的習近平沒有繼承人。文章副標題是：中國一號人物沒有讓可能的接班人入常。法國《費加羅報》也在國際版刊出了中共七位新政治強人的照片予以介紹，除了習近平的照片展示的是他微笑致意的形象之外，李克強及其他六位常委面部表情都顯得十分嚴肅。

　　該報引述香港政論家林和立的話說，習近平不願意交出權力，他有可能執政到2027年到2032年，所以當然不會急於指定接班人，林和立認為，習近平可能還沒有決定他的接班人人選，他要讓幾匹馬同時進入跑道競爭，從而對他們的能力進行評估。而觀察家也不認為不斷集權的習大大會讓一個急於上位的未來領導人在他身邊。

第四節

王滬寧踩油門又踩剎車

王滬寧搞的那套堅持社會主義的新權威主義，在實踐中並不一定能行得通。（AFP）

王滬寧踩油門 36 路人馬宣傳十九大

毫無疑問，新華社讚美習的重磅文章一定是經過中共中央政治局常委、中央書記處書記王滬寧審核的。王滬寧接替劉雲山後，中共所有宣傳意識形態上的東西都是王主管了。此前，王滬寧大踩油門，要竭力宣傳十九大精神。

《北京日報》11 月 14 日有評論指出：「王滬寧部署後 10 天，36 路人馬覆蓋全國。」下面我們不妨羅列出這 36 人的名單，他們既是中共中央十九大宣講團成員，又是十九大後習近平挑選的真正在下面幹事的核心人員。

他們是：中共中央政治局委員、中央書記處書記、中央紀委副書記楊曉渡，政治局委員、重慶市委書記陳敏爾，政治局委員、

書記處書記、中宣部長黃坤明，中宣部副部長、國務院新聞辦主任蔣建國，中央政法委祕書長、國務院副祕書長汪永清，中央政策研究室常務副主任、中宣部副部長王曉暉，中央改革辦常務副主任、國家發改委副主任穆虹，中直機關工委常務副書記、中央辦公廳副主任孟祥鋒，中央文獻研究室主任冷溶，中央黨史研究室主任曲青山，全國人大法律委員會副主任、人大常委會法制工作委員會主任沈春耀，全國政協人口資源環境委員會副主任徐紹史，全國政協港澳台僑委員會副主任高虎城，國家發改委副主任、國家統計局局長寧吉喆，科技部黨組書記、副部長王志剛。

另外還有，工業和信息化部部長苗圩，財政部長肖捷，農業部長韓長賦，國家衛生計生委主任李斌，國務院國資委主任肖亞慶，國務院法制辦黨組書記、副主任袁曙宏，中國社科院院長、黨組書記王偉光，中組部副部長高選民，中組部部務委員、一局局長李小新，中央財辦副主任易綱，中央財辦副主任楊偉民，中央財辦副主任韓俊，全國政協副祕書長、辦公廳研究室主任舒啟明，全國政協社會和法制委員會副主任施芝鴻，最高人民法院副院長姜偉，中央紀委駐國務院國資委紀檢組長江金權，中央紀委駐國務院港澳辦紀檢組長潘盛洲，國務院研究室副主任韓文秀，中國社科院副院長蔡昉，國務院發展研究中心副主任張來明，國務院發展研究中心副主任王一鳴，共 36 位。

11 月 1 日，學習貫徹中共十九大精神的中央宣講團動員會在北京召開，對於宣講工作，王滬寧在會上提出了七個「講清楚」。11 月 5 日起，這 36 路人馬分赴中國各地宣講。

王滬寧是中共未來轉型的棋子

11 月 12 日，法廣引述評論人士分析稱，王滬寧的入常，標誌著中共在未來進行政治轉型的可能性，中共在尋求一種政治上的謀略，就是說如何讓思想體系配合轉型。也就是說，王滬寧的觀點可能會影響到習近平的未來走向。

評論人士分析認為，新一代領導人曾經親身經歷了「六四」事件，因此，他們在思想上基本是傾向於趙紫陽和胡耀邦的。而這一屆新領導人之所以看起來仍然在走中共的老路，那是因為他們要在黨內生存下去，就不得不順應現有形勢。

自「六四」以後，中國的經濟改革已經基本完成，但是帶來的負面效應，如環境、資源和勞工等問題，已經不是經濟問題，而是政治問題。中共領導人也已經認識到了這一點。還有一點，就是中國因為政治體制問題，在國際外交領域也一直發展不順，所有這些，都使得中共的政治轉型勢在必行。

對於新一代領導人遲遲沒有表現出任何政治轉型的跡象，一是習近平等中共新一代領導人在經歷了「六四」後，看到胡耀邦和趙紫陽等改革派的下場，一直心有餘悸，認為胡趙的改革之路走不通。另外還有兩個制約中共政治轉型的因素，一個是老人政治，另一個是黨內的利益集團。中共的領導人不希望因為進行政改而丟掉政權，因此在找到安全變革道路前，他們是不會輕舉妄動的。

文章認為，十九大之後，習近平的轉型時機已經基本成熟，王滬寧的入常就是一個標誌，王可以在理論上提供指導，幫助中國平穩轉型。另外，栗戰書入常有可能主管人大，汪洋有可能入

主政協，王、栗和汪三人相互配合，就可以構成三權分立的基本框架。

王滬寧曾召開會議研究改革 習定調「民主憲政」

中共體制內挺習派學者、前軍事學院出版社社長辛子陵在2016年表示，兩會期間，王滬寧牽頭召開了一個40多人參加的研究改革「黨國體制」的會議，會議的名字叫「社會主義民主制度和機制改革發展的反思研討會」，習近平三次赴會定調講話，並發出「時代賦予責任和使命」，「不能再等待了，我們這一代人不能辜負人民的期待、呼籲。」

王滬寧在會上指出，中央委員會和政治局在現行的憲制上，在憲政制度上的運行，存在較大的缺陷和阻難，「黨的領導」和憲法老在打架，其中較為突出的是，中央下達的政策，受到人為的嚴重干擾，折騰和陽奉陰違，內部長期意見分歧，現行機制存在大問題。

辛子陵表示，憲法是國家的根本大法，這個總不能說「黨章」比憲法還大，但實際運作起來「黨」比法大。王滬寧召開這個會議，說明習近平至少有這個意願，要理順黨與憲法的關係問題。

王滬寧定調習文選 向世界輸出中國模式

不過，儘管不少人對王滬寧這個理論家寄予希望，但更多人

對王滬寧並不看好。

對於王滬寧的生存之道，海外政論家陳破空說，王滬寧雖然出身江家，但誰當權跟隨誰，實際應該屬於「風派」，因此能「三朝不倒」。

11月22日，趙紫陽的舊部嚴家祺在海外中文媒體發表的文章說：「胡錦濤當（中共）總書記、國家主席時，我了解到，外交系統不主動幫助他，有人還故意欺負他，而王滬寧在這時就幫助他。」文章表示，因王滬寧熟悉中共外交政策和外交儀禮，對胡錦濤友好幫助。因而，王滬寧贏得了胡錦濤的信任。

更重要的是，王滬寧搞的那套堅持社會主義的新權威主義，在實踐中並不一定能行得通。

11月24日，《習近平談治國理政》第二卷出版座談會在北京召開。中共主掌文宣、意識形態的新晉常委王滬寧、中宣部長黃坤明出席會議。王滬寧將習思想定調為「原創性、時代性的21世紀中國的馬克思主義」。王盛贊要求「深化對外宣傳，推動習近平新時代中國特色社會主義思想深入人心，增進國際社會對習近平新時代中國特色社會主義思想的認識和理解」。

多維網援引分析人士的話稱，習是繼毛澤東後中共第二個在任上出版文選的領導人，習也是中共第二個充滿自信向世界推介自己大力主張的「中國模式」「中國方案」。在習近平、王滬寧和中共看來，這些方案帶有普遍適用的普世主義意味。

有觀察人士指，有著「中南海政治理論化妝師」之稱的王滬寧，毫無地方歷練和經驗，能夠在大佬雲集的中共內部脫穎而出，這得益於王的政治理論包裝能力，也得益於時代環境。習近平多次講過「這是一個需要理論的時代，也是一個能夠產生理論的時

代」，習並有意向世界推廣其治國經驗和中國模式。而在這一過程中，王滬寧擁有大展拳腳的空間。

不過，真正看清局勢的人都知道，共產主義是人類的災難，它帶給人類的終極目標只有毀滅。王滬寧的這套想法是行不通的。詳情請看《九評共產黨》以及《共產主義的終極目的》。

從目前的情況來看，還很難判斷當權者今後的走向，但確定的是，共產主義走到黑必定是死路一條。

習王體制部署 習要掌權二十年

第九章

二中全會緊急修憲 權力轉移

從 2017 年 9 月底習近平在政治局親自啟動了修憲,至 2018 年 1 月中共二中全會通過修憲建議,習近平僅用四個月時間就完成修憲,可謂神速。習近平修憲延長國家主席任期這一舉動,或將黨內權力轉移到國家層面,他要把中國帶向何方?

中共十九屆二中全會頗不尋常,提前一個月舉行,且未依慣例「推薦」國家機構領導人選建議名單。(Fotolia)

第一節

二中全會提前召開
四大問題引關注

中共十九屆二中全會提前於 2018 年 1 月舉行。比歷屆提前一個月，打破了此前的慣例。（Getty Images）

　　2017 年 12 月 27 日的中共中央政治局會議決定，2018 年 1 月將召開中共十九屆二中全會。這一安排打破了此前的慣例。

　　中共二中全會通常是為 3 月的中共全國兩會做準備，大多在 2 月召開，偶爾會選在 3 月。比如，中共十八屆二中全會召開時間是 2013 年 2 月 26 日至 28 日；中共十七屆二中全會是在 2008 年 2 月 25 日至 27 日；中共十六屆二中全會是 2003 年 2 月 24 日至 26 日。十九屆二中全會提前了一個多月，前所未有。

　　據中共官媒通報，本屆中共二中全會的主要內容是討論研究修改《憲法》部分內容的建議。這將是自 1982 年以來中共第五次修憲。

　　外界普遍認為，修憲的目的，是把中共十九大通過的決議，

從黨系列通過兩會進入國家系列，討論主要包括四項內容：將習近平的有關思想寫入中共憲法；將習近平在中共十九大提出的社會主要矛盾寫入憲法；確立中共國家監察委員會的地位；中共國家主席的任期問題。

習思想寫進憲法

習近平的有關思想在 2017 年 10 月召開的中共十九大上已寫入中共黨章。外界認為，習的地位不僅超過了前任江澤民和胡錦濤，甚至超過了鄧小平。因為「鄧小平理論」是在鄧去世之後才寫進黨章的，而江澤民和胡錦濤的名字根本沒有寫入中共黨章。

當局多次公開稱，習近平核心地位的確立是通過「偉大鬥爭實踐中形成的」。

習上任以來，拿下了 440 名省軍級及中管官員，包括周永康、郭伯雄、徐才厚、孫政才、令計劃等江派國級高官，還有王珉、黃興國、周本順等 40 多名中央委員會成員。

與此同時，媒體多次披露，習近平、王岐山遭到江派人馬數十次的暗殺而未果。

從這些年來官方文章有關表述的演變：從最早的「拉幫結夥」、「團團伙伙」、「非組織活動」等，到「非組織政治活動」、「野心家」、「陰謀家」等，再到 2017 年孫政才落馬後的「陰謀篡黨奪權」、「政治經濟腐敗交織的利益集團」等，由此可見，習近平這五年反腐既清洗了官場，也破除了江派企圖政變，但同時也給自己樹立了大量的政敵。

修訂主席任期 習可多次連任

為此多家外媒認為，當局修改憲法，很可能會刪除中共國家主席任期不得超過兩屆的說法，屆時習近平可以多次連任。

中共的憲法原規定，中共國家主席任期為每屆五年，「連續任職不得超過兩屆」。不過，中共對總書記和軍委主席的任期並無明文規定，但有內部規則。

報導援引中國歷史學家章立凡的話說，不排除在 2018 年的中共兩會上，當局通過刪除中共國家主席任期不得超過兩屆的憲法修正案。彭博社也認為，在中共十九屆二中全會上可能會討論修訂中共國家主席的任期，為習近平在 2022 年之後留任國家主席鋪路。

2017 年 10 月召開的中共十九大上，被外界認為是中共下屆潛在「接班人」的 60 後陳敏爾、胡春華雙雙沒有入常，中共新一屆政治局常委都是清一色的 50 後，令外界普遍猜測習近平謀求三連任。

外界普遍認為，習近平的反腐，觸動了江派的核心利益，但他還沒有拿下「中共貪腐總教練江澤民」及江派二號人物曾慶紅等核心人物，如果他只連任兩屆，退休後可能會對他本人不利。

政論雜誌《北京之春》名譽主編胡平說，習近平會在 2022 年的中共二十大時繼續謀求掌權，「因為他走到這個位置就沒法停住，放棄了權力就會對他構成危險。」

二中全會不尋常：人事隻字未提

　　除修改憲法外，縱觀中共十三大以後歷屆二中全會，通常是為 3 月份的中共全國兩會服務，會議將討論中共國家機構與政協領導的名單，再交中共人大、政協確認。需提前確定的候選人名單包括中共國家主席、副主席，人大委員長、副委員長，軍委主席、副主席，中共總理、副總理、國務委員、各部長，中共最高法院院長、最高檢察院院長，中共政協主席、副主席等。

　　以往的中共歷屆二中全會公報都會有類似的表述，即「全會通過擬向 X 屆全國人大一次會議推薦的國家機構領導人員人選建議名單，以及擬向全國政協 X 屆一次會議推薦的全國政協領導人員人選建議名單」。可是，蹊蹺的是，類似的表述並不見於十九屆二中全會公報中，而此次最大的懸念是誰將出任國家副主席。

　　是此次全會沒有討論人事問題，還是因為不想沖淡修憲主題以及其他考量而刻意隱而不宣？

　　有意思的是，香港《南華早報》2018 年 1 月 18 日援引消息人士的話稱，王岐山將出任國家副主席，而且他還可能會獲准列席中央政治局常委會議。也是該報紙，2017 年 12 月率先報導了王岐山將出任國家副主席的消息，並稱王將協助習近平主管外交事務，繼續在政壇上發揮影響力。

　　如果消息屬實，那麼十九屆二中全會應該是討論了人事安排問題。而且從正常邏輯上來說，中共也不可能在「兩會」召開前的 2 月再召開什麼全體會議討論人事問題，因為 2 月正值中國傳統新年，全國上下都處於忙碌之中。

　　既然業已討論了人事問題，北京高層又為何隱而不宣呢？大

紀元時事評論員周曉輝推測，除了基於不想沖淡修憲主題的原因外，更重要的一點是人事安排早在十九大前後就已落定，因此在二中全會乃至兩會上都不過是走個形式而已。

換言之，設若王岐山已被內定為國家副主席，那不是中央委員的他出席此次二中全會的可能性是非常大的，而且此前也有先例。而且，同樣是來自《南華早報》的消息稱，王岐山在十九大後曾罕見出席了中共最高級別的政治局會議，這釋放出了不同尋常的信號。

根據中共《八二憲法》，副主席的主要職責是協助國家主席並且在萬一主席辭職或在任內去世時，接替其職位。從以往的人選看，擔任副主席之人可以不是政治局委員，也可以是非黨人士。此前，擔任副主席的胡錦濤、曾慶紅、習近平均同時為政治局常委、中央書記處書記。

習近平在任副主席期間，協助胡處理國務，分管黨建、黨群、幹部、組織、人才、港澳工作。而王岐山若以前政治局常委身份出任國家副主席，究竟分管哪些方面，完全取決於習近平的態度和安排。如果習近平希望一個強勢的王岐山，使自己多得助力，那麼王岐山將擁有不小的權力，或可涉足更多的部門。

但不管人事如何安排，中南海高層高度集權後將往哪裡走至關重要，因為這不僅決定著很多人的命運，也決定著自身的命運。

第二節

政變暗殺傳聞再起
習杯酒釋兵權

2017 年平安夜傳習近平腹部疼痛到
301 醫院就醫,門診戒嚴 15 分鐘。原
因或與他遭遇數次暗殺有關。(Getty
Images)

　　中共十九屆二中全會及全國兩會召開前夕,針對習近平的政
變暗殺傳聞再起。

　　習近平當局收回武警部隊的指揮權,歸入中央軍委建制;習
近平的神祕大祕鍾紹軍在軍委已悄然晉升,再兼要職。政局暗流
洶湧之下,習近平加強軍隊掌控。

平安夜不平安 政變暗殺傳聞再起

　　自述是民運人士並流亡泰國的網友楊明玉 2017 年 12 月 24 日
發推特說:平安夜對習近平來說不平安,北京 301 醫院很多武警、

特警。據在醫院病房高幹家屬透露，習近平腹部疼痛來到 301 醫院，門診戒嚴 15 分鐘，部分樓層不准外人出入，醫護人員神情高度緊張。

12 月 26 日，《自由時報》引述報導說，從北京 301 醫院知情者獲悉：習近平確實到 301 醫院就醫，但不是急救，他因長期精神緊張導致消化道功能紊亂，引發腹疼進行檢查治療。原因很可能是跟他遭遇數次暗殺有關。

報導還引述楊明玉此前推文指，習近平一度險遭放在北京大會堂的炸藥暗殺，不過，炸藥被提前發現而移除，後來，被證實是軍隊高層所為，後來，更有房峰輝和張陽因政變被逮捕，最後張陽「被自殺」。

11 月 28 日，大陸黨媒首次披露中共前軍委委員張陽在調查期間自縊身亡。有海外中文媒體爆料稱，張陽與另一前軍委委員房峰輝，曾謀劃用 1976 年抓捕「四人幫」的手段控制習近平，而這個計畫被提早察覺。

報導說，對這場發動政變而言，房峰輝、張陽等人只是具體行動者，而布局策畫，包括海外輿論的準備另有「高人」。報導還說，張陽離奇死亡，更大的可能是被滅口，這顯示更高層的主謀仍未坐實，房峰輝應該是突破口。

張陽與房峰輝分別是已落馬的前軍委副主席徐才厚、郭伯雄的心腹。郭伯雄、徐才厚是中共前黨魁江澤民的軍中心腹。

十九大前，中共政治局委員孫政才被「雙開」，官方通報措辭罕見嚴厲；習當局還將孫政才與周永康、薄熙來、徐才厚、郭伯雄、令計劃這五個「大老虎」相提並論，影射其政變罪行。

與此同時，傳出房峰輝、張陽同時被查的消息。另有報導稱，

前軍委委員房峰輝（左二）與張陽（左三）傳曾意圖用抓捕「四人幫」手段控制習近平。此一未遂政變布局者另有「高人」。（Getty Images）

習近平緊急召開高層內部會議，下令全面一級戰備，對內嚴防兵變和政變。

習「杯酒釋兵權」 確保政治安全

2017 年 12 月 27 日，習近平主持召開中共中央政治局會議，決定 2018 年 1 月召開十九屆二中全會，主要議程包括，討論研究修改憲法部分內容的建議，聽取中紀委工作匯報，研究部署 2018 年黨風廉政建設和反腐敗工作等。

當天，中共官媒通報，從 2018 年 1 月 1 日零時起，中共武警部隊歸中共中央軍委集中統一領導，歸入中央軍委建制，不再列入中共國務院序列。武警系統逾 30 年的軍隊與公安部門「雙軌」管理模式，自此走入歷史。

2017 年 12 月 28 日下午，中共國防部舉行例行記者會，有記者問當局為什麼要調整武警部隊領導指揮體制時，中共國防部新聞發言人任國強回答道，這是為了貫徹當局對武裝力量的絕對領

導，「確保政治安全」、「貫徹軍委主席負責制」。

同一天，中共黨媒《人民日報》刊發評論員文章，也強調了任國強的說法，同時強調中共軍隊、武警部隊要舉習近平的旗幟等。

中共原總參謀部退役上校，反恐專家嶽剛 12 月 28 日在微博發文稱，此前武警部隊施行雙重領導存在重大弊端，武警作為「第二武裝」存在不穩定隱患，弱化了中央軍委對武警的管理。

他舉周永康與薄熙來為例，稱周長期擔任中共政法委書記兼武警第一政委，「自恃手握第二武裝，野心膨脹敢於搞團團伙伙，索取更高權力。」

在重慶王立軍叛逃事件中，當時掌控重慶的薄熙來動用武警部隊包圍美國駐成都領事館，造成惡劣影響。

岳剛所言暗示武警部隊曾參與了薄、周針對習近平的政變。

時政評論人士程國知 12 月 29 日在港媒撰文評論稱，武警畢竟是具備戰鬥力的武裝部隊，指揮權「旁落」於地方政府，副作用或許超乎中央想像。如今國防部官員也明確指出，對 150 萬兵力的武警改革，是為了「政治安全」；這進一步令外界相信，中央軍委對地方政府「杯酒釋兵權」、收回地方武力指揮權，讓「槍桿子」回歸「槍桿子」，背後就是要保障政權穩固。

評論說，尤其以習近平為首的中央政府，正推動深度經濟社會、國家治理改革，過程難免動搖既得利益者的「乳酪」；在此背景下，如讓地方官有武裝力量，中央領導層又怎能放心呢？

過去，真正監管武警部隊的是國務院下屬的公安部，由於公安部隸屬於中共政法委管轄，所以武警部隊真正聽命於各級政法委書記。中共前黨魁江澤民的心腹羅干、周永康先後任中共政法委書記，武警部隊也因此成為江澤民的私家軍。

2012 年 2 月，重慶事件爆發，江派周永康、薄熙來、江澤民、曾慶紅等人的政變陰謀曝光。江派政變依靠的主要軍事力量之一就是周永康把持的武警部隊。隨後發生的「319」政變，周永康直接動用的就是武警部隊。

習神祕大祕鍾紹軍悄然晉升

12 月 27 日，中共軍隊選舉委員會最新名單出爐，主任為許其亮，副主任為張又俠，委員包括：魏鳳和、李作成、苗華、張升民、鍾紹軍、宋丹、侯賀華、郭春富、何宏軍等。

在這份由 11 名軍官組成的名單中，唯獨習近平的軍委大祕鍾紹軍的「職務不詳」。據信，鍾紹軍已接替秦生祥出任軍委辦公廳主任。

對比上一屆軍隊選舉委員會名單，鍾紹軍相較秦生祥而言排名大幅提前。秦生祥 2012 年委員會成員 14 人名單列倒數第二，位居總政治部副主任之後；此次鍾紹軍緊隨軍委委員之後，名列第七。

鍾紹軍的背景尤為神祕。從浙江到上海，再從上海到中央，鍾紹軍其實已經跟隨習近平十餘年的時間。從當初的浙江省委組織部副部長，到浙江省委辦公廳副主任；從上海市委辦公廳副主任，到國家主席辦公室主任。低調的鍾紹軍一直陪伴在習近平左右。

2013 年 6 月，鍾紹軍空降中央軍委辦公廳任副主任兼中央軍委主席辦公室主任，被授予大校軍銜。不遲於 2017 年 11 月，

晉升少將軍銜。有報導說，鍾紹軍空降中央軍委辦公廳後，收集了大量徐才厚的材料，並上報習近平，為習近平抓捕徐才厚「立功」。

由於鍾紹軍為人處事低調，其真實背景和經歷不被外界所知。網路上對於他的年齡則有諸多版本，有人說他是 70 後，也有人稱他是 60 後。在現中共廳局級以上官員公開的簡歷中，唯獨鍾紹軍極為神祕——年齡不詳、教育背景不詳以及工作經歷不詳。這種「三不詳」的背景在如今甚是罕見。

第三節

戊戌年習強力修憲

中共修改憲法，尤其是取消了國家主
席、副主席任期的限制，在海內外引
起了各類猜測。（AFP）

戊戌年多事年 修憲是禍是福？

在中國歷史上，以 60 年為一周期計算，每逢戊戌年總會發生一些事關國家、民族興衰的重大事件，概況起來有三次大事件，對整個中國近代史的進程產生了重大影響。

如 1838 年的戊戌年，是清朝道光年間，該年最後一天，道光皇帝任命林則徐為欽差大臣赴廣東禁煙。林在虎門銷煙引起兩年後中英鴉片戰爭，4 年後清政府簽訂《南京條約》，五口通商，割讓香港。

1898 年則發生了著名的戊戌變法。光緒帝頒詔下令變法，但未幾遭慈禧太後所廢。當時清朝因甲午戰爭慘敗向日本割讓台灣。

1958 年是中共建政後的第一個戊戌年。當年，毛澤東為「超

英趕美」發起「大躍進」運動，最終導致三年大饑荒。歷史學者、前新華社記者楊繼繩的文章估計，大饑荒至少造成 3600 萬民眾被餓死。

如今 2018 年 3 月 11 日，戊戌年的兩會上，習近平「取消國家主席、副主席任期不超過兩屆」的修憲被人大正式通過，這等於廢除了所謂「文革」成果的八二憲法。

鑑於毛澤東終生專制的惡果，「文革」後 1982 年制定的憲法規定：國家主席和副主席、國務院總理、副總理、全國人大委員長和副委員長、最高法院院長、最高檢察院檢察長連續任職不得超過兩屆。這次只取消了對國家主席和副主席的任期限制。

法廣中文網評論稱，習近平僅用四個月時間就將中共修憲建議草案稿提交人大常委會並通過，可謂神速。

據官方此前公布，在中共十九大之前的 2017 年 9 月 29 日，習近平在政治局親自啟動了修憲。之後 2018 年 1 月 18 日至 19 日中共二中全會通過修憲建議。1 月 29 日至 30 日，中共人大常委會也宣布「一致堅決擁護」修憲。

那這次修憲會帶來什麼後果呢？意義是什麼呢？

內部激鬥為保權 習先聲奪人

路透社的報導指，習近平在推動修憲時「使用了極端強硬的方式」，這種方式可能冒犯很多人，不僅僅是「自由派」。

各大媒體報導分析說，習近平想長久執政，一個原因很可能和曾遭反對派的政變奪權有關。

習近平一度遭前政治局常委周永康及重慶前市委書記薄熙來聯手密謀的宮廷政變奪權。中共十九大期間，官方首次公開承認薄熙來、周永康等六人陰謀「篡黨奪權」，指他們的案件「不寒而慄，怵目驚心」。

奧地利《新聞報》（Die Presse）2018 年 3 月 12 日報導說，習近平推動修改憲法案的背景因素，恐是樹敵太多，若依原定任期結束，下台後恐遭到利益集團的反撲。

荷蘭《民眾報》（De Volkskrant）同一天報導說，中共官員現在發現習近平建造了制度籠子，每個人都必須進入這個籠子，沒有人可以逃離他的權力掌控。過去中共官員都認為讓領導人完成任期後就會有機會（接班），但現在習近平可能一直在位，這可能會增加政治動盪或高層權力鬥爭的可能性。

海外政論家陳破空表示，廢除國家主席任期是非常大的事。他認為，中共黨內的鬥爭非比尋常，因此習近平選擇先聲奪人。

時事評論員李林一也認為，習近平修憲舉動，意味著未來中共內部的矛盾將會激化。而習掌權以來，已經破除了中共自鄧小平以來的三大制度。第一是集體領導制度；第二是接任人制度；第三是國家主席任期制。

李林一認為，今後，中共內部包括太子黨的一些人，可能會以維護體制為名反對習，而這個對習來說並不好辦。不像習當局反腐，這些人很難有反對的藉口，因為反對反腐就意味著幫腐敗分子說話。另一個是外部美國以及世界各國對中共的壓力。這些壓力也會被體制內的人利用來反習。

李林一說，今後的較量將主要是習與中共體制內部之間的「戰爭」，中共倒台、解體的趨勢已經相當明顯，中國已經處於

巨變的前夜。不脫掉中共的這層皮，習當局任何的改革措施，哪怕是出發點再好的政策，都舉步維艱，不會成功。

在憲法修正案獲得通過的次日，中共建政大將羅瑞卿之子羅宇在海外發出致習近平的第 28 封公開信。他說：「幾乎所有的人都說你要獨裁。我說：『獨裁專制，死路一條。盡人皆知，難道習不知？』基於我對習老叔和齊心阿姨的認識，大家再給習近平點時間。我仍希望你能逐步有秩的民主化，這是你唯一的一條生路，否則就會垮台。」

習為了「統一台灣」「應對戰爭」

美國之音 3 月 14 日援引分析人士說，習近平 2017 年 10 月再次承諾尋求統一台灣，現在他將有更多的時間嘗試強硬和溫和的手段來實現他的目標。習近平說過，台灣統一的問題不能留給下一代中共領導人。

英國《金融時報》在 3 月 8 日發表的一篇題為《中國尋求用特使管理中美關係》的文章援引北京的一些「政策建議者」透露說，「習近平贊成取消國家主席任期限制，是因為他預計到未來五年沿著中國邊境線的地緣政治緊張局勢會爆發衝突。他不能像普京（Vladimir Putin）在俄羅斯所做的那樣，讓代理人擔任國家元首。」

不顧阻力急行軍 早有鋪墊

官方公布修憲後，不少人覺得很突然，特別是西方媒體。不過，經常看《新紀元》周刊的讀者會感覺，這一切早就在謀劃中，早就鋪墊好了。

《新紀元》此前報導了，2016 年 10 月十八大六中全會確立習核心之後，北京就有人故意給港媒放風，說習要忍辱負重幹四屆；2017 年 3 月，港媒繼續披露，習近平當局已令中辦著手推動修憲工作，不排除刪除國家主席任期不得超過兩屆的措辭等。

在中共十九大召開前一個月，2017 年 9 月 29 日，習近平主持中央政治局會議時敲定修憲，為此成立了一個專門的憲法修改小組。

港媒《明報》3 月 12 日報導，2017 年 10 月的中共十九大修改中共黨章後，關於修憲的相關草案條文不久後即向新當選中委發放，並向範圍極為有限的民主黨派徵求意見。

據說，中共內部對修憲也有「異議」。京城消息人士指，在 2018 年 2 月當局公開修憲建議稿前，黨政軍系統絕大多數副部級官員都不知情。

報導還披露，由於黨內意見主要是針對刪除國家主席任期限制，為統一思想，習近平提議專門召開一次全體會議，這就是十九屆二中全會專門討論憲法修正案的由來。

卡內基國際和平研究院（Carnegie Endowment for International Peace）的中國問題專家包道格（Douglas H. Paal）分析說，在習近平 2018 年 3 月開始第二屆任期前，突如其來的這一舉動表明共產黨內部情況並不「正常」。

「這看起來像急行軍，而不是常態，所以說有事情發生，」包道格說。「習近平贏了，但需要偵查才能發現究竟是什麼。這不是平常時期。」

的確，習近平在急行軍，不過其急行軍的目的，至今還未公開。

栗戰書助習立功 女兒叫多習

《紐約時報》3月8日報導，2018年1月，約200名中共高官召開了祕密會議，討論是否廢除國家主席的任期限制。中共中央委員會的這次會議是數月以來祕密討論的高潮。當局隨後將這個祕密保守了五個多星期。

這個會議就是二中全會，由於新選出的中央委員，大多是習陣營的人，因此取消任期被通過。而栗戰書的任務，就是要為此做好保密工作。

香港《蘋果日報》2月26日報導，有「三朝國師」之稱的現任中共政治局七常委之一的王滬寧，是當局修憲取消國家主席任期限制的獻計者。

不過《多維》有文章指出，在這場因廢除國家主席任期限制而引爆輿論的憲法修定中，用的只是王滬寧的頭腦，習近平頭號親信栗戰書其實擔當了太多不可忽略的角色。栗戰書可能需要站到前台，處理各種反對意見等棘手問題，以保證不會出現「意外」。

文章引述觀察指，中共這次修憲草案表決期間，習近平和右手邊的栗戰書，與和他左手邊的國務院總理李克強互動的對比。

「很明顯，習近平與栗戰書輕鬆交流的頻率更多，而面部表情也更為豐富得多」，「尤其是就栗戰書扮演重要角色的憲法修正案進行表決的時刻」。

修憲領導小組包括張德江、栗戰書和王滬寧。不過，在成立修憲領導小組後的相當長時間內，人們並不知道栗戰書究竟在扮演怎樣的角色，一直到 2018 年 1 月 29 日，十二屆全國人大常委會第 32 次會議上，栗戰書作了中共中央關於修改憲法部分內容的建議說明，按常規，這個說明應該是組長張德江來做的。

當時，官方並沒有馬上公布栗戰書所作說明的憲法修定內容，是否廢除國家主席和副主席的任期限制，一直到一個月之後的 2 月 25 日下午才獲披露。由此可見，栗戰書這時才完成了自己的祕密任務。

據說，這個保密任務是為了防止反對派在中共人大正式通過這項修改之前聯合起來。香港《南華早報》引述分析說，栗戰書過去的經歷證實他可以有效地執行習近平的指令。

栗、習關係親密，這是眾所周知的事。

公開資料顯示，現年 68 歲的栗戰書本是習近平故交舊識，早年栗戰書曾任河北無極縣委書記，期間與同在河北地方任職的習近平建立起了良好的關係，兩人「意氣相投」、「經常一起喝酒」。

另據《多維》文章披露，2008 年栗戰書在中共央視受訪時，栗戰書披露自己的女兒名叫「多習」。

栗戰書是河北平山人，其女兒栗潛心 1982 年 6 月出生，曾任雲南省政協委員、建銀國際資產管理公司直接投資部董事總經理。2018 年初被曝擔任河北政協委員。

第四節

權力向國家層面轉移

習近平修憲，可能是要把黨內的權力轉移到國家層面，坐實國家主席的權力，最終演變為總統制。（AFP）

全面改革 權力轉移到國家層面

習近平當局大費周章謀求一個主席虛職的連任，究竟意義何在？

資深媒體人黃金秋認為，習近平並非只為延續權力，這是他在特殊時期的特殊手段：「習近平前五年反腐引發很大的反對力量。這些人希望他幹完這一屆趕快下去。所以習近平希望有更多時間鞏固反貪果實，把反貪繼續深入，也是為了他這一層次中重要反腐官員的安危。」

「也就是說，他向黨內反對者發出一個信息——你看不到希望，你看不到他退下來給你反攻機會的希望。那你就只能要麼服從、要麼被消滅。」

他認為習近平重視國家主席任期還有一個目的：「可能是要把國家主席這個虛職實權化。如果王岐山再當上國家副主席，就形成一個以習王為核心的新的領導體制——把黨內的權力轉移到國家層面，就像他正在把中共紀委的權力轉移到國家監察委層面上去。我覺得這也是一個伏筆，一個進步。」

美國哥倫比亞大學政治學博士李天笑也表示，為了與國際接軌，國家主席的職務對習很重要。「川普第一個任期到2020年結束，如果他能連任成功，那就做到2025年。也就是說，2022年到2025年間，習近平如果失去國家主席資格，就沒有辦法與川普攜手。」

在延長的任期中，習近平究竟要做什麼？他會把中國帶向何方？

黃金秋引用了據說蔣經國曾講過的一句話：以專制手段來結束專制制度。他希望習近平能做到同樣的事。習近平若的確是在將黨內權力轉移到國家層面：「這意味著他會推行一個全面的改革。我認為不大可能是向左轉，回到毛澤東時代去，現在已經不是那個時代了。他可能在全面鞏固權力，不會受到挑戰之後，可能實行像西方國家一樣的直選制或競選制。」

《新紀元》此前報導了，習近平不光把黨內權力，還把軍隊的權力，都在逐步向國家權力轉移，這樣，就逐步與國際社會接軌，條件成熟後推行總統制，這是很有可能的事。

香港《明報》也分析說，習近平此次修憲刪除任期上限，將來如果再把軍權還給國家主席，那就很可能把國家主席的權力坐實，最終演變為總統制。

有關中國實行總統制，此前中共官員早有放風。

時事評論員周曉輝在《習近平修憲之後的另一種可能走向》

中寫道，2016 年 4 月，中共中國行政體制改革研究會副會長、國家行政學院教授汪玉凱在接受新加坡《聯合早報》採訪時表示，中國正走在「歷史大變革的前沿」，如何找出能夠真正被人民認可、被國際社會大體認同的制度設計和有效的制度架構，是高層必須要做的。對於有人提議的中國未來可以由國家主席制變為總統制，他認為形式並不是最主要的問題，關鍵是制度設計的科學性和合理性。即使中國的政治體制變為總統制，從目前中國的政治生態看，必須是「系統性改革」。

2016 年 7 月，汪玉凱在接受媒體專訪中再次提到在中國推行總統制的議題。而在 9 月 10 日，大陸社交網「辦公室祕書」則推出一條敏感微博，提及總統制。

國家行政學院隸屬於國務院，被視為國務院智囊機構，汪玉凱在海外突然發出此種論調，背後一定有因。此外，清華大學社會學系教授孫立平也曾發表題為《從集體領導到雙首長制》的博文。文章表示，中共的「集體領導制」導致內鬥不止，並提出最有效的體制是代理關係明確前提下的首長負責制。總統制或許就是其中的選項之一。

無疑，在過去五年中，中共最高層在高調反腐、拿下眾多腐敗高官的同時，也不得不面臨著日益迫近的亡黨危機，加之黨內高層博弈不止，尋找化解危機的出路成為當務之急。十九大，習近平高度集權，將「習思想」寫入黨章；2018 年兩會，習近平主導通過憲法修正案，修改主席副主席任期，似乎就在宣告這就是其找到的出路，但未來走向仍舊讓外界困惑。

值得注意的是，汪玉凱於 2016 年 9 月還在官媒人民論壇上發文《改革要「落地」，不能「空轉」》，文章提到，「全面深

化改革無疑是一場深刻的歷史性變革。但是當這一變革進入深水區、要啃硬骨頭時，其改革的難度、風險、阻力也驟然上升，因此要防止改革『空轉』，就要十分重視改革策略的選擇。」並且還需要解決兩個關鍵性問題，即「一是排除和化解改革的阻力，二是防止出現顛覆性錯誤」。

從中共修改黨章以及將堅持中共領導寫入憲法等做法，其目的應契合「防止出現顛覆性錯誤」，即防止中共垮台。而排除包括江澤民家族、江派人馬等「既得利益群體的干擾」和「政府自身對改革的隱形阻力」，則可從習近平過去幾年中拿下大量江派黨、政、軍高官和商界的「白手套」以及官場重新洗牌、機構重組窺見。這似乎表明汪玉凱之語並非無的放矢，很可能是提前替高層試水。

而也是在 2016 年兩會期間，有消息稱時任中央政策研究室主任的王滬寧召集 40 多名高層智囊，在北京西山戰略研究室舉行了關於民主制度和機制改革的祕密研討會。

應該是因為高層博弈異常激烈，中共十九大的結果表明背後有著不同尋常的妥協，但可以肯定的是，汪玉凱提及的制度設計和有效的制度架構，隨著監察委員會的設立並在 2018 年「兩會」正式確認已經拉開了序幕。未來將往何處去？恐怕不是人一廂情願就可以的，因為變數依舊存在。

習擔憂中共還能執政多久

海外獨立媒體「看中國」2018 年 3 月 14 日在《取消任期制：

習近平預計五年內爆發戰爭還有一個機密》一文認為，中共還能有多長時間執政，這或許才是習近平真正擔憂的。

文章說，習近平的擔憂或許不僅僅是「未來五年中國的邊境線上可能會爆發軍事衝突」。王滬寧設的中國政治體制的核心還不穩定。同時，王滬寧在討論中國是否會陷入動亂這一政治哲學命題時指出，「我們也要研究這個問題，要注意四大系統」，即軍隊、政黨、官員和知識分子。王確信只要這四個系統不發生問題，中國就能穩定發展。

文章舉例中共這四個系統現狀，其中軍隊中，官媒曾公開郭伯雄獨子郭正鋼的豪語——「軍隊一半人都是我家提拔的」；在黨政官員中，據官方公布的數字，五年來有近 200 萬違紀涉貪腐的黨員幹部遭到中紀委系統查處；知識分子中，2015 年 7 月 9 日起，上百位中國大陸的律師等，突然遭到公安當局大規模逮捕、傳喚、刑事拘留的事件，部分人士則下落不明，涉及省份多達 23 個。

俄新社在 2 月 26 日報導稱，在進入市場經濟 40 年後，大部分的中國精英更加忠於西方，而不是自己的國家。

對於中共政黨的問題本身，文章引述港媒披露的一份中共內部機密報告稱，北京當局承認中共面臨崩潰危機，並將該報告列為七中全會和十九大的內部學習文件。

香港《爭鳴》雜誌 2016 年 11 月號撰文披露，王岐山在中紀委第 52 次常委會上，首次公開承認中共體制已經瀕臨崩潰的臨界點。明確表示，黨內腐敗墮落狀況、規模、深度已經到了變質、崩潰的臨界點，「這不是你承認不承認、接受不接受的嚴峻事實。」王岐山還直言：「這當然是體制、機制上出了大問題。」

周曉輝認為，或許昔日蘇聯的國家首腦體制從形式上的集體

元首而實質上的總書記向總統制的改變，可以作為參照。

蘇聯的今天就是中共的明天

　　早期的蘇聯表面上實行的是集體元首體制，即最高蘇維埃主席團是蘇聯的集體元首，但在實際政治生活中，從 20 年代中期起，特別是 30 年代之後，最高蘇維埃及其主席團在整個權力體系中的地位只是名義上的和象徵的，蘇共實際上充當著國家權力最基本、最主要的承擔者，直接決定著國家的各種事務，蘇共最高領導者中央總書記則為國家最高決策者，是以蘇聯採取的實際是以總書記為主的個人元首體制。

　　戈爾巴喬夫上台初期，蘇聯的一些法學家和政治學家就公開提出要研究西方的三權分立學說，以便從中吸取有用的成分，但這樣的主張當時並沒有得到響應。1988 年蘇共第十九次代表會議召開前夕，蘇聯又有人提出國家政體實行總統制的設想，同樣也沒有得到響應。

　　不過，在蘇共十九大上，戈爾巴喬夫提出了「法治國家」和「法律至上」的主張，推動了蘇聯學術界對西方三權分立學說的研究。在戈爾巴喬夫擔任了蘇聯最高蘇維埃主席之後，總書記的權限開始向最高蘇維埃分權和轉移。不久，戈爾巴喬夫又進一步提出要在蘇聯建立一個新的國家和社會管理體制的思想，葉利欽等不同政見者直接提出要在蘇聯實行總統制。

　　對此，戈爾巴喬夫多次派人祕密到西方考察，一些學者和戈爾巴喬夫的顧問們也紛紛發表文章論證在蘇聯實行總統制的必要

性。1990 年二月全會上，戈爾巴喬夫首次公開提出在蘇聯設立總統制的建議，要求給予總統一切必要的權力以便將改革的政策付諸實施，會議通過了行動綱領。會議結束後，戈爾巴喬夫立即主持召開的蘇聯最高蘇維埃主席團會議一致贊同「在蘇聯建立民主總統制政權」，並決定馬上召開蘇聯最高蘇維埃會議和蘇聯第三次非黨人民代表大會以便正式決定實行總統制。

在 1990 年 2 月 14 日先行召開的蘇聯最高蘇維埃會議上，400 多名代表們以 347 票贊同、24 票反對、43 票棄權通過了在蘇聯設立總統制和修改憲法有關條款的決議，同時決定在 3 月召開蘇聯非常人民代表大會，討論確立總統制問題。在隨後召開的非常人民代表大會上，大會以 1817 票贊成、133 票反對、61 票棄權通過了《關於設立總統職位和蘇聯憲法（根本法）修改和補充法》。戈爾巴喬夫當選為蘇聯歷史上第一位總統。

而在確立了總統制並選出了第一任蘇聯總統之後，第三次非常人民代表大會還成立了兩個隸屬於總統的機構，總統委員會和聯邦委員會。

總統制的確立不僅僅是最高權力的代名詞的變化，更是折射了政治制度的深刻變化。換言之，「共產黨不再有合法的權力進行專制統治，國家和政府的組織與以前萬能的共產黨機構沒有正式的聯繫。」一年後，蘇共垮台，蘇聯解體。

如果習近平修憲後想加強國家主席權力，並最終由此走向總統制，乃至水到渠成拋棄中共，其必將對全球產生巨大的震撼和影響。不過，目前從黨章乃至憲法重申加強中共的領導以及外界傳出的習與江達成祕密協議看，我們似乎有理由對這樣的走向抱持懷疑，但考慮到中共歷屆領導人從來就無一定之規，且他們內

心並非不知中共罪孽深重，並非不知道什麼是世界發展的主流，在內外皆面臨重重困難壓力之下，我們只能說，這樣的走向無法排除，畢竟這樣的走向才是可以使其擺脫危局、收穫希望的唯一出路。

第十章

兩會爭鋒
習王體制掌實權

王岐山以普通黨員身份強勢回歸,出任國家副主席,實際權力僅次於習近平,標誌著「習王體制」開啓。習陣營全面掌控所有最高國家權力;爲未來習江鬥態勢與中國政局發展帶來極大變數。

2018 年 3 月 17 日,習近平連任國家主席及軍委主席。王岐山破格出任國家副主席,「習王體制」確立。(AFP)

第一節

中南海新高層名單揭祕

習近平高調修憲，重注落在國家主席
位置上。這一強化國家權力的動作，
與十九大前傳出的總統制說法相呼
應。（AFP）

　　習近平修憲廢主席任期限制，王岐山強勢回歸任國家副主席，楊曉渡爆冷執掌國家監察委，全國人大會上首次舉行憲法宣誓；習當局系列強化國家權力的動作為中國政局未來走向留下懸念。

　　江派勢力仍盤踞政法系統，繼續把控政法委、兩高與司法部；習家軍雖拿下軍委，但軍隊隱患仍存；習江博弈態勢仍然緊繃。

　　中美貿易戰升級之際，中共外交與金融高管人事重洗牌。2018 年中共兩會後，大陸政經格局震盪效應料將連環展現。

習王在「國家主席」虛職上落重注

2018 年 3 月 17 日，中共全國人大會議表決國家主席、副主席人選。習近平「全票當選」，連任國家主席及軍委主席。王岐山以中共普通黨員身份破格出任國家副主席。

當天，罕見未出現新舊副主席王岐山與李源潮握手「交接」的場面。李源潮甚至根本不在主席臺上。具有團派、江蘇幫、太子黨等多重背景的李源潮近年出事傳聞不斷，在中共十九大上提前出局；缺席國家副主席交接儀式，或預示其處境凶多吉少。

之前，3 月 11 日，中共人大會議高票通過修憲，其中包括刪除國家主席「連續任職不得超過兩屆」的限制。這意味著習近平有可能延長執政；並希望「習王體制」延續五年乃至更長時間。

中共歷史上，1954 年召開第一屆全國人大以後，國家主席開始設立；1968 年，時任國家主席的劉少奇被迫害致死後，國家主席一職開始懸空；1975 年通過的《憲法》刪除有關「中華人民共和國主席」的條款，國家主席一職被取消；直到 1982 年通過的《憲法》才恢復了國家主席和副主席的設置。

在毛澤東、鄧小平等歷任黨魁以中共中央總書記或軍委主席掌握實權的年代，國家主席一向是虛職或僅用作黨政軍一體象徵的掛名頭銜；歷任國家副主席，包括宋慶齡、董必武、烏蘭夫、王震、榮毅仁等人，也多為統戰或元老酬庸模式的虛職。

習近平在獲得核心地位，掌控中共總書記與軍委主席實權位置後，高調修憲，廢除國家主席、副主席任期限制，加上其政治盟友王岐山強勢回歸，這次重注落在國家主席、副主席位置上。引起國際國內軒然大波，外界質疑其加強集權；另外，也有關注

習王這一強化國家權力的動作，與十九大前傳出的總統制說法呼應，為中國政局未來走向帶來變數，留下懸念。

首次憲法宣誓不提「忠於黨」

2018 年 3 月 17 日，首次在全國人大會上舉行憲法宣誓活動，誓詞強調「忠於祖國、忠於人民」，而未提「忠於黨」。（Getty Images）

3 月 17 日，習近平、王岐山等人當選後，均舉行了憲法宣誓活動。官方強調，這是憲法宣誓制度實行以來，首次在全國人大會上舉行的憲法宣誓活動。

誓詞宣稱，「忠於中華人民共和國憲法，維護憲法權威，履行法定職責，忠於祖國、忠於人民，恪盡職守、廉潔奉公，接受人民監督」等。

誓詞強調「忠於祖國、忠於人民」，而未提「忠於黨」；這與習強化國家權力的動作相呼應，令人聯想。

這次習將「堅持共產黨領導」寫入憲法，也有評論認為，這樣對憲法宣誓方式只是裝樣子。

不過，「堅持共產黨領導」一直是中共憲法中的內容。1979

年 3 月由鄧小平代表中共中央在全國理論工作務虛會議上提出。1981 年 6 月中共 11 屆六中全會決議指出要堅持四項基本原則。中華人民共和國憲法明確規定必須堅持四項基本原則。四項基本原則是指堅持社會主義道路，堅持人民民主專政，堅持中國共產黨的領導，堅持馬克思列寧主義、毛澤東思想。

習近平這次首次對憲法宣誓，內容不提「忠於黨」，引起外界高度關注。

習王舊部楊曉渡爆冷掌國家監察委

3 月 18 日上午，政治局委員、中紀委副書記楊曉渡爆冷出任首屆國家監察委主任。

十九大前後，習近平、王岐山強力推進國家監察體制改革，國家監察委員會被定性為「國家最高監察機關」。前任中紀委書記王岐山與現任中紀委書記趙樂際一直被外界猜測是國家監察委主任的熱門人選，甚至傳出雙首長制的說法。

官方曾宣稱，中紀委將與國家監察委合署辦公，「一套班子，兩個牌子」，然而，國家監察委主任罕見未由中紀委書記兼任。這在一定程度上實現分權制衡，令兩大反腐機構之間的關係顯得微妙。

國家監察委與習近平強化的國家主席、副主席權力體系一脈相承。楊曉渡是習近平、王岐山的舊部，由其執掌國家監察委，可保證習、王在中紀委這一黨務機構之外、另可通過國家權力體系展開反腐行動。

習家軍拿下軍委 軍隊危機仍存

3月18日，在中共人大會議上，許其亮和張又俠當選為國家軍委副主席，魏鳳和、李作成、苗華、張升民當選為軍委委員。

這六人中，許其亮是習近平十八大以來一直重用的軍中親信；張又俠的父親張宗遜與習仲勛關係密切；張又俠可算是習近平的太子黨盟友。其餘四名軍委委員都是習近平上臺後親自提拔為上將的親信將領。

在拿下前軍委副主席郭伯雄、徐才厚、軍委委員房峰輝、張陽的背景之下，十九大後，軍委要職全數被習家軍拿下，突顯習近平對軍權的掌控。

但軍隊隱患仍存，原因在於，江澤民馬仔郭伯雄、徐才厚等人在軍中經營數十年，舊部故交遍布軍中；而習提拔、重用的這批親信將領在軍中根基不深。

其中，許其亮出身空軍，而非最具實力的陸軍系統；張又俠長期任職的北京軍區與瀋陽軍區是郭伯雄、徐才厚的軍中老巢；李作成當年曾大膽搬掉江澤民語牌，而被江澤民貶任虛職多年；魏鳳和出身於軍委直屬的戰略部隊二炮，而非野戰部隊；苗華與張升民都是政工系統出身，並非直接帶兵將領，張升民長期在二炮政工系統任職，而苗華曾由陸軍跨軍種調任海軍政委。

徐才厚曾在一個軍方半公開場合對郭伯雄說：「讓他（指習近平）幹五年就滾蛋！」郭伯雄在習近平大力反腐下曾說過：「換掉我們，下面還是我們的人。」郭伯雄的兒子郭正鋼也說過：「全軍幹部一半以上是我家提拔的。」

習近平十九大前夕緊急拿下房峰輝、張陽，也表明軍中政變

隱患仍存。兩會後，習還需要在軍中自上而下展開清理行動，才能全面掌控軍隊，徹底清除軍中隱患。

江派仍盤踞政法系統四大要職

3月18日，中共人大選出了新一屆最高法和最高檢的主官，現任最高法院院長周強連任，司法部長張軍接替曹建明的最高檢察長職務。

周強與令計劃都曾在共青團中央任職，其後又在江派重要攬局窩點湖南主政。周強十八大後任最高法院院長，公開發表否定西方民主、拒絕司法獨立的刺激性言論，配合劉雲山攪局。

張軍曾先後任最高法院副院長、中紀委副書記和司法部長，並曾為薄熙來「重慶打黑」站臺。張軍接任司法部長一年中，繼續執行前任吳愛英的規章，打壓維權律師。就在中共全國人大召開的第二天，即3月6日，王理干、施平、隋牧青、包龍軍律師、湖南學者姬原五人發起了罷免張軍司法部長的聯署建議書，其後有近80人聯署。

3月19日，公安部常務副部長傅政華在有22名代表反對及棄權的情況下當選為司法部長。

傅政華作為中共政治迫害的職業打手，從鎮壓法輪功起家，後又成為各種維權人士最凶殘的對頭。傅政華是周永康的親信，曾出任中共江澤民集團鎮壓法輪功的專職機構——中央「610」辦公室主任。

中共政法系統先後被江派大員羅干、周永康、孟建柱把持逾

20 年。中共政法委從中共江澤民集團迫害法輪功之後，權力日益膨脹，直至在胡錦濤當政時期，形成「第二權力中央」。2012 年重慶事件爆發，中央政法委書記一職在十八大被剔出常委，周永康隨後落馬。

中共十八大期間，逾 20 萬法輪功學員及家人向最高法院與最高檢察院控告迫害元凶江澤民，迄今一直未被受理。十九大上，公安部長郭聲琨接替孟建柱的職務，出任政法委書記，意味著江派仍在繼續掌管中共政法系統。

郭聲琨與江澤民集團二號人物、中共前國家副主席曾慶紅是江西老鄉。有知情人士曾透露，郭聲琨是曾慶紅表外甥。十八大以來，郭聲琨一直利用公安部與習近平暗中作對。

目前，政法系統五大要職，包括政法委書記、司法部長、最高法院院長、最高檢察院檢察長，公安部長，前四個仍被江派官員占據，唯有公安部長一職，在十九大前夕，被習陣營的趙克志接任。3 月 19 日，趙克志按慣例出任國務委員兼任公安部長。

兩會後，政法系統仍將是習江博弈的焦點領域。

中美貿易戰升級 外交與金融重布局

3 月 19 日，韓正、孫春蘭、胡春華、劉鶴出任中共國務院副總理。之前傳將出任副總理的國務委員楊潔篪，沒有在新一屆副總理、各部委官員、國務委員名單中出現；外交部長王毅則入選國務委員。這意味著楊潔篪在國務院高層改組中出局，或以政治局委員身份專責外交事務。

另外，中共央行副行長、中央財經辦副主任易綱升任央行行長。現任銀監會主席郭樹清料將接掌新合併成立的銀保會。此前劉鶴任副總理兼任央行行長的說法落空。

據信，劉鶴任副總理後將主管金融事務，分管央行與新合併成立的銀保會。王岐山出任國家副主席後，將統領劉鶴、楊潔篪、王毅等金融、外交官員，主導中美關係等外交事務。

就在中共兩會期間，川普政府一系列動作升級中美貿易戰。3月8日，川普簽署公告，對進口鋼鐵和鋁產品徵收高關稅。3月13日，消息人士透露，川普尋求對 600 億美元的中國進口商品加徵關稅，最終可能涉及 100 種產品。

3月18日，彭博社引述美國財政部官員說，川普政府終止了幾十年來跟中共的正式經濟對話，因為他相信中共在向外國競爭者開放市場一事上倒退。

大陸經濟與金融危機陰影之下，中美貿易戰、中共外交與金融高管人事變動、金融反腐等因素相互交織，勢將影響國內國際政經格局；後續效應料將連環展現。

第二節

「習王體制」箝制常委會

王岐山強勢回歸，宣告江澤民集團離間習王關係的企圖破產；也為習王針對江派海內外勢力的新一輪清洗埋下伏筆。（AFP）

王岐山成功復出 任國家副主席

2018 年 3 月 17 日，中共全國人大會議對國家主席、副主席等人選作表決。習近平「全票當選」，連任國家主席及軍委主席。王岐山成功復出，當選中共國家副主席，僅 1 票反對。

官方鏡頭顯示，主持人、中組部長陳希宣布王岐山當選國家副主席後，王岐山在座位上站起向代表鞠躬致謝後，就離座走向習近平，二人握手交談。

3 月 11 日，中共人大會議高票通過修憲，其中包括廢除國家主席、副主席的任期限制。

這意味著習近平將有可能長期執政，而王岐山將以國家副主

席身份在未來五年乃至更長時間與習成為固定政治搭檔。

王岐山強勢回歸 權力僅次於習

作為習近平的反腐大將，王岐山十九大前留任呼聲頗高，但遭到江澤民集團瘋狂圍攻。王岐山自卸任十八屆政治局常委等中共黨內職務起，有關其是否會以其他方式重返中共政治權力中樞的輿論就未曾止息。十九大前後，王岐山將出任國家副主席並列席常委會的消息就不斷傳出。

2018 年 1 月 29 日，王岐山的名字出現在湖南省人大代表名單上；2 月 13 日王岐山未被列入「中央領導看望老同志」的名單。王岐山將重返政壇的跡象已很明顯。

中共兩會上，王岐山入選人大會議主席團，並在隨後每次出場時，與現任政治局常委同坐一排，名列七常委之後，坐實「第八常委」傳聞。

王岐山出任國家副主席後，據信將主管外交事務與中美關係。目前，中美貿易戰、朝鮮半島危機、南海問題、台海問題，已是北京當局迫在眉睫的重大難題。王岐山擔當重任，突顯其角色吃重。

王岐山料將在一系列由習任組長的中央小組中任副組長，擔任習的副手；其實際權力很可能僅次於習，超越其他六名常委。

習構建新權力體系 「習王體制」箝制常委會

這一新的「習王體制」具有多重政治敏感性。

首先，王岐山強勢回歸，「習王體制」確立，宣告江澤民集團打壓王岐山、離間習王關係的企圖破產；這也為兩會後，習、王針對江派海內外勢力的新一輪清洗埋下伏筆。

其次，王岐山以普通黨員身份強勢回歸，成為中共史上最具權力的國家副主席；習近平同時修憲，廢除國家主席、副主席的任期限制。「習王體制」實質上可視為一種習在中共政治局、常委會之外新建的以強化國家權力為特徵的權力體系。

第三，這一新的權力體系將對現有的中共最高權力機構——政治局常委會起到箝制作用。王岐山以正國級的前常委身份強勢回歸，十九屆五名新常委難望其項背；尤其王岐山與習近平的密切關係、五年強勢「打虎」積累的聲望、以及在未來中美關係、金融乃至反腐領域的實際分管權力或影響力，都將繼續對包括具有江派背景的政治局常委在內的江澤民集團高官產生極大震懾效應。

習陣營全面掌控最高國家權力

除了習近平 3 月 17 日已連任國家主席、軍委主席，王岐山出任國家副主席之外，當天，習近平的親信栗戰書也已全票當選全國人大委員長。3 月 18 日，習近平的政治盟友李克強連任國務院總理；習近平、王岐山的舊部楊曉渡當選首任國家監察委主任。之前，3 月 14 日，習陣營的汪洋已全票當選全國政協主席。

　　這將是自胡錦濤 2002 年上臺以來 16 年期間，胡習陣營首次全面掌控包括國家主席、副主席、軍委主席、國務院總理、人大委員長、政協主席、以及新成立的國家監察委主任在內的所有最高國家權力。

　　這與「習王體制」相呼應，標誌著習近平確立核心地位後，通過親信人馬全面掌控國家權力機構，已然可以在中共政治局、常委會之外獨立運行一套國家權力體系。可以說，習進行政治轉型所需要的權力基礎已經具備。

　　聯想到十九大前被放風的習將廢除常委制、建立總統制的說法，「習王體制」的確立，以及習陣營對國家最高權力的全面掌控，為未來習江鬥態勢與中國政局發展帶來極大變數。

　　目前，美國川普政府為首的國際社會圍剿共產主義的浪潮日益高漲；國內社會與經濟等危機四伏；解體中共、清算江澤民已成為海內外的最大民意。習近平帶領中國走向何方？會否動用最高國家權力全面清算江澤民？這將是習近平第二任期中國時局動向的最大看點。

第三節

楊曉渡掌國家監察委
形同「第九常委」

習王舊部楊曉渡以多重身份兼任國家監察委主任，將實際上掌控反腐大權，形同「第九常委」。（大紀元資料室）

楊曉渡爆冷掌國家監察委

2018 年 3 月 18 日上午中共全國人大會議上，中紀委副書記楊曉渡當選首任國家監察委主任。

十九大以來，前任中紀委書記王岐山與現任中紀委書記趙樂際一直被外界猜測是國家監察委主任的熱門人選，甚至傳出雙首長制的說法。楊曉渡爆冷出任國家監察委主任，令人關注。

2017 年 10 月 25 日，64 歲的楊曉渡躋身中共十九屆政治局，同時擔任中央書記處書記、中紀委副書記和監察部長。楊曉渡同時身兼政治局委員、書記處書記與中紀委副書記三個職務，在 30 年來還是首次。

楊曉渡仕途與胡習王有交集

楊曉渡早年曾長期在西藏工作,與曾經主政西藏的胡錦濤有過交集;2001年,自西藏自治區政府副主席任上調任上海副市長。2006年轉任上海市委常委、統戰部長,2007年與短暫主政上海的習近平有過交集,習對其工作曾表示肯定。

楊曉渡2012年轉任上海市紀委書記、上海市委常委;期間查處上海高院法官集體嫖娼事件,轟動一時。

2014年,楊曉渡進京任中紀委副書記,成為王岐山的副手之一;2016年再兼任監察部長、國家預防腐敗局長。

楊曉渡曾主導查辦江曾心腹

據陸媒報導,作為中紀委副書記,楊曉渡分管第二紀檢監察室(聯繫國務院部門和其他相關單位)、第九紀檢監察室(聯繫陝西、甘肅、青海、寧夏、新疆及新疆生產建設兵團)等。

在上述分管範圍中,2014年1月以來至少已有24名副部級及以上的官員落馬,如青海省西寧市委原書記毛小兵、國安部原副部長馬建、國家安監總局原局長楊棟梁、證監會原副主席姚剛、國家統計局原局長王保安、司法部原政治部主任盧恩光、司法部原部長吳愛英等。

其中大多是江派大員,如吳愛英被指是中共前黨魁江澤民的親信,馬建被指是江派二號人物曾慶紅的心腹。

國監委位列副國級 趙樂際未兼任

中共兩會在提名楊曉渡為國家監察委主任的同時，也提名張軍為國家最高檢察院院長候選人，提名周強為最高法院院長候選人。相關安排意味著國家監察委同最高檢察院、最高法院平級，為副國級。

楊曉渡以政治局委員身份兼任國家監察委主任，而最高法院院長、最高檢察院檢察長並不進入政治局，這表明國家監察委權力排名在最高法院、最高檢察院之前。

中共兩會修憲條文中，定性增設的國家監察委員會是「國家最高監察機關」，將整合監察部、國家預防腐敗局、最高檢反貪污賄賂局、最高檢反瀆職侵權局等機構。

外界此前普遍解讀，國家監察委的權限「前所未有」，是與國務院、國家軍委同級的正國級機構。

中共十九大上，官方宣布，中紀委將與即將成立的國家監察委合署辦公，「一套班子，兩個牌子」。另外，截至 2018 年 2 月 1 日，地方兩會上選出的 31 名省級監察委主任均由當地省級紀委書記出任。外界曾據此判斷，中紀委書記趙樂際將被提名擔任國家監察委主任。

如今國家監察委降格為副國級，與之呼應，趙樂際執掌國家監察委的傳言也落空。

楊曉渡掌控反腐實權

楊曉渡此前說明，成立監察委目的是加強對反腐敗工作的集中統一領導，實現對所有行使公權力的公職人員監察全覆蓋；中紀委與國家監察委要合署辦公。

據官方定性，國家監察委作為「超級反腐機構」，擁有極大的監督權威，一是對所有公職人員監督全覆蓋；二是對各級監察委統一領導；三是擁有監督、調查、處置各環節的權力。「濫權，瀆職，以權謀私，浪費國家資產」等，都將被瞄準。

習王舊部楊曉渡以政治局委員、中紀委副書記、書記處書記等多重身份兼任國家監察委主任，將實際上掌控反腐大權；突顯其在習陣營中權力角色異常吃重，可稱為是繼現任七常委與王岐山之後的「第九常委」；這也令現任政治局常委、中紀委書記趙樂際處境尷尬。

習近平、王岐山十八大期間曾高調定性國家監察體制改革是事關全域的重大政治改革；國家監察委主任一職曾被視作為王岐山十九大留任常委而量身定做的正國級職位。但王岐山在十九大前後遭江澤民集團瘋狂圍攻，最終未能留任常委。

國家監察委在兩會上出臺後卻被降格為副國級，內幕尚不得而知。

第四節
機構改革背後的危機隱患

中國是全世界空氣、水源和土地污染最嚴重的國家之一。圖為 2018 年兩會期間北京發空氣重污染橙色預警。（AFP）

中共兩會上推出大部制改革，包括：合併組建退役軍人事務部、應急管理部、生態環境部，銀監會與保監會合併，及取消衛計委等，折射出中國日益加劇的社會、生態、人口與金融危機。這些危機被江澤民集團激化來發動經濟政變與另類政變。

中共國務院削 15 機構

中共國務院 2018 年 3 月 13 日提請審議機構改革方案議案，方案建議組建或合併多個部門。

根據方案，新組建或重新組建的部門有 11 個，包括：自然

資源部、生態環境部、農業農村部、文化和旅遊部、國家衛生健康委員會、退役軍人事務部、應急管理部、科學技術部、司法部、水利部、審計署。

不再保留的部門是：監察部、國土資源部、環境保護部、農業部、文化部、國家衛計委。

至於原本與中共中紀委「一套班子、兩塊牌子」的監察部，則將與國家預防腐敗局併入新成立的「國家監察委員會」，位階將大幅提升而不再歸屬國務院。

整合後，國務院正部級機構減少 8 個，副部級機構減少 7 個。除了國務院辦公廳外，國務院設置組成部門將有 26 個。

老兵維權頻繁 催生退役軍人事務部

議案中提到組建退役軍人事務部，作為國務院新的組成部門，據稱，這也是與國際接軌，許多國家都有這樣的部門。這一新部門主要是整合以下職責：原民政部的退役軍人優撫安置職責、人力資源和社會保障部的軍官轉業安置職責、中央軍委政治工作部及後勤保障部有關職責。

中共軍隊龐大，近 20 年來，中共軍隊曾經多次裁軍，最新一次是，2016 年 9 月中共當局推動軍改，宣布裁軍 30 萬人。中共官方數據顯示，大陸現有退役軍人 5700 多萬，並以每年幾十萬的速度遞增。

許多人退伍、轉業後遭遇失業、強拆等問題，生活在貧困線上，因此長年去各級政府部門上訪，要求當局解決退伍軍人的生

活待遇問題。全國各地不時有退役軍人上街示威，甚至出現萬人圍坐中央軍委事件。退役軍人維權事件已被視為是大陸社會不穩定的因素之一。

2017 年中共兩會及十九大前夕，上萬退伍老兵衝破重重圍堵，接連在北京上訪，先後在軍委「八一」大樓與中紀委大樓前集會請願。

外界質疑，退役軍人接連大規模有組織地進京請願，不排除是習近平的黨內、軍內政敵有意發難，慫恿退役軍人鬧事攬局，給習出難題，給兩會或十九大添亂。

天災人禍加劇 新組建應急管理部

方案提出，將國家安監總局的職責和國務院辦公廳、公安部、民政部、國土資源部、水利部、農業部、國家林業局、中國地震局、國家防汛抗旱總指揮部、國家減災委員會、國務院抗震救災指揮部、國家森林防火指揮部等 13 個部門的相關職能將予以整合，組建應急管理部，作為國務院組成部門之一。

大陸各種天災人禍日益加劇，近年來、地震、洪災頻發，爆炸、火災等重大傷亡事故不斷。就在 2018 年中國新年期間，大陸多省區，包括北京周邊的河北廊坊、張家口等地，接連發生地震。

中共兩會召開之際，大陸南方 10 省出現大範圍雷電大風暴雨強對流天氣，多地下起冰雹。

種種天災與事故，暴露更多的是中共當局預警失效、救援不力及層出不窮的豆腐渣與貪腐工程。

經濟危機下 金融監管改革姍姍來遲

國務院機構改革方案中，其中一項提議是將中銀監及中保監合併，組建新的中國銀行保險監督管理委員會。而中銀監和中保監擬定銀行業、保險業重要法律法規草案，以及監管基本制度的職責，將會被劃入央行。

近年來在中共經濟危機陰影之下，有關金融監管機構改革方案的多種說法流傳已久。

2018 年 3 月 11 日，總部位於瑞士的國際金融組織國際清算銀行發表報告指，中國的債務規模和償債負擔都已進入警戒的紅色區域，因為它的信貸規模與國內生產總值（GDP）的比率，與長期趨勢的差距已經超過一定程度，有可能引致銀行業系統性崩潰，加上中國的償債率也很高，意味著，借貸者債務過多，或會超過收入可以支援的程度，使銀行業系統更加脆弱。

國際貨幣基金組織（IMF）在 2017 年 12 月亦曾向中國的金融系統發出警告。國際貨幣基金組織說，中國高風險信貸迅速增加，銀行受到政治壓力去維持沒有生存能力的公司；加上影子銀行的存在增加監管難度，這些都為中國金融的穩定性帶來風險。

計生政策惡果浮現 國家衛計委改名

機構改革方案還包括，取消國家衛生和計畫生育委員會，改為組建國家衛生健康委員會。外界關注，取消國家衛生和計畫生育委員會，意味著計畫生育政策已不再是重點，相關計生政策或

將陸續廢止。

1980 年開始，中共在全國提倡一對夫妻只生一個孩子，並於 1982 年確定計畫生育政策為基本國策。該項政策一直被全世界視為最為侵犯人權的惡政之一。

據學者統計，在執行該政策的 37 年內，低於 20 歲的中國人從 1970 年的 50％減少到 2010 年的 27％，而 60 歲以上的老年人口比重從 7％增至 14％。在 2017 年，60 歲以上的人口增加了大約 1000 萬，達到 2.41 億，占據總人口的 17.3％，比 2016 年增加了 0.6 個百分點。工作年齡人口（16 歲至 59 歲）連續第六年下降，達到 9.02 億人。根據中共社科院的數據，從 2017 年到 2022 年，18 歲至 24 歲人口將下降 3000 萬。

中國多年推行一胎計畫生育政策，導致人口結構問題逐漸突顯，人口老齡化形勢嚴峻，社會保障問題日趨嚴重。2016 年，中共當局不得不終結一胎化政策，實施「全面開放二孩」政策。

然而，全面二孩政策實施的效果和預期有很大的差距。官方數據顯示，2017 年，中國出生人口 1723 萬人，比 2016 年減少了 63 萬人，人口出生率同比下降了 0.52　　，只有 12.43　　。原因在於，由於教育、醫療、房價等巨大負擔，以及工作與贍養老人的壓力，年輕父母不敢生第二胎。

生態危機 環保部擴展為生態環境部

機構改革方案中，環保部將整合國家發改委、國土資源部、水利部、農業部、國家海洋局、國務院南水北調工程建設委員會

辦公室等部委的職責，改為生態環境部。

中共建政後，1958 年開展「大躍進」、砍樹大煉鋼鐵運動，大陸生態環境遭遇到第一次集中的污染與破壞。中國所謂改革開放之後，又不計成本和後果地發展經濟，使得生態環境日益惡化。

諸多研究報告顯示，中國五萬公里主要河流的 75％以上都已無法讓魚類繼續生存；近三分之二地下水和三分之一地面水，人類不宜直接接觸；中國城市的地下水 90％被污染，河流和湖泊 70％被污染。

有調查顯示，大陸每年有 1200 萬噸糧食被重金屬污染；華東六省區的 91 個大米樣品中，10％的大米鎘超標；華南有部分地區 50％的耕地遭重金屬污染，幾近六成的大米鎘超標。

近年來，大陸每年都深陷陰霾污染天氣。中國工程院院士鍾南山 2014 年 3 月表示，每立方米增加 100 微克霾濃度，人的預期壽命短三年，淮河以北民眾的預期壽命因霾短了 5.52 年。

2018 年中共兩會期間，北京再度出現重污染天氣。3 月 10 日晚，北京官方發出空氣重污染橙色預警通報稱，11 日至 14 日將出現重污染天氣。而按規定，預測空氣重污染連續三天以上，就該發紅色預警。

中國已成為世界上空氣、水源和土地污染最為嚴重的國家之一，水、土壤和空氣污染互為污染源，水的污染直接導致農作物、植被、人畜等的被污染，而嚴重的水污染和空氣污染又使雨水中含有各種有害物質，擴大了污染面，如此形成的可怕惡性循環使污染無處不在，並且這種破壞已普遍引起當地民眾不滿和一系列抗議事件。

社會危機交織中共高層政治博弈

2012 年，前重慶市公安局局長王立軍出逃美領館事件後，薄熙來、周永康政變陰謀被曝光。薄、周試圖政變是為了逃避江派血債幫因殘酷迫害法輪功包括活摘器官的罪行受到清算，政變計畫是由江澤民主導、曾慶紅主謀、周永康憑藉政法委武警力量，聯合江系軍中勢力，負責實施，意圖廢掉習近平，推薄熙來上位。

十八大後，大陸接連發生恐襲、爆炸案。據悉，這是喪失黨政軍大權、面臨清算的江澤民集團曾慶紅等人精心安排的系列「報復社會」行動，圖謀以殺戮百姓的方式，製造重大的惡性社會公共安全事件，使習近平陷入執政危機，而進行另類的政變奪權行動。

2015 年大陸 A 股股災後，多方消息指稱，這是江澤民集團針對習近平的一場「經濟政變」。劉雲山父子是其中的操盤手，一方面，在輿論上打擊股民對股市的信心，另一方面，通過劉樂飛在中信證券的關係，利用救市內幕消息，惡意操控股市。股災之後，習近平當局展開金融反腐，多名金融監管高層紛紛落馬。

此輪的大部制改革中，習當局組建退役軍人事務部、應急管理部、推進金融監管機構改革等，緊急應對危機的意味明顯；機構改革伴隨人事變動，將是對江派殘餘勢力的又一輪清洗。但這些危機的根源在於中共體制本身，不打破中共專制的桎梏，而只在表層進行機構改革，無法從根本上解決危機，改革願景終將落空。

第五節

政協高層名單八大看點
清洗信號浮現

中共兩會上，政治局常委汪洋全票當
選政協主席，標誌長期被江澤民集
團操控的政協系統被習陣營接管。
（Getty Images）

汪洋全票當選政協主席

2018 年 3 月 14 日，第十三屆中共政協全體會議以 2144 張贊
成票，全票推選汪洋為全國政協主席，沒有反對、棄權及無效票。

3 月 15 日上午，政協會議閉幕，習近平、李克強等中共政治
局委員全部出席。新任政協主席汪洋主持會議，並發表講話。

汪洋要求政協委員明年要有好的提案和履職報告。汪洋說，
政協委員的作用不是靠「說了算」而是靠「說得對」；「說得對」
就是提出符合客觀事物發展規律的意見、建議，這就需要求真務
實的能力、水準。

習近平在離去時，特地與新任政協主席汪洋握手。

汪洋是胡錦濤、習近平陣營的重要人物。中共十七大後，胡錦濤調派時任重慶市委書記汪洋接任廣東省委書記。汪洋在廣東圍剿江派前廣東省委書記張德江、李長春的舊部，並把肅貪之火燒向江澤民情婦黃麗滿等；與此同時，以「廣東模式」向薄熙來的「唱紅打黑」、「重慶模式」叫板。

中共十八大之前，汪洋入常呼聲頗高；但最終遭到江派大佬阻撓，飲恨十八大。十八大以來，汪洋獲習近平重用，兼任多個要職，並多次隨同習出訪。

分析認為，汪洋具有資深政務經驗，並擅長對外工作，作風開明，其執掌政協被外界看好。

統戰部長尤權破例未任政協副主席

新一屆政協副主席有24人，包括：張慶黎、劉奇葆、帕巴拉·格列朗傑、董建華、萬鋼、何厚鏵、盧展工、王正偉、馬飆、陳曉光、梁振英、夏寶龍、楊傳堂、李斌、巴特爾、汪永清、何立峰、蘇輝、鄭建邦、辜勝阻、劉新成、何維、邵鴻、高雲龍。

值得關注的是，十九大後任書記處書記、統戰部長的尤權，罕見未按慣例出任政協副主席。1月24日，新一屆政協委員2158人名單公布，尤權就未列入名單。

然而，1月23日，尤權曾就政協委員人選的推薦提名情況和建議名單，在政協常委會上作說明。

習近平十九大之後已打破多項既有規矩，如今將統戰部長兼任政協副主席的慣例改變，而是讓尤權兼任書記處書記。

夏寶龍出任政協「大管家」

66 歲的夏寶龍，2017 年 4 月從浙江省委書記一職被調任中共全國人大環境與資源保護委員會副主任委員，外界普遍認為他已到齡「退居二線」。

然而夏寶龍在中共兩會上峰迴路轉，不僅出任政協副主席，躋身中共「黨和國家領導人」行列；而且兼任政協祕書長，成為汪洋的政協「大管家」。

夏寶龍是習近平的浙江舊部。習近平 2002 年主政浙江後，夏寶龍 2003 年從天津市副市長職位上調出任浙江省委副書記，成為時任省委書記習近平的第一「副手」。

習近平 2007 年調離後，夏寶龍先後任浙江省委副書記、副省長、代省長；習近平在 2012 年的中共十八大上任後，夏寶龍同年底升任浙江省委書記。

何立峰任副主席 或仿周小川模式

現年 63 歲的發改委主任何立峰當選政協副主席，晉升副國級。何立峰未來是以高規格兼任發改委主任，還是將調整到其他重要崗位，還有待觀察。

2013 年選出的中共 12 屆全國政協副主席中，曾有三人兼任部長職務，其中央行行長周小川因打破年齡和任期慣例備受關注，並成為首個領導人級別央行行長。

此次何立峰亦打破發改委主任級別記錄，外界猜測，這意味

著未來何立峰可能沿襲「周小川模式」繼續執掌發改委。

何立峰是習近平的福建舊部。習近平離開福建後，何立峰於
2009 年調任天津市委副書記。2014 年 6 月，何立峰由天津政協主
席職位調任發改委，先後任副主任、主任；據稱，這次調動是習
近平的意思。

謝伏瞻意外未當上政協副主席

此前被視為中共政協副主席、祕書長人選的河南省委書記謝
伏瞻，此次「爆冷」缺席政協副主席名單，成為 300 多名政協常
委中唯一的中共中央委員。

64 歲的謝伏瞻身為當屆中央委員的在位省委書記，還沒有到退
休年齡即被安排進入政協當一名普通政協常委，個中原因令人費解。

有報導稱，這或與謝伏瞻在河南任職期間的省政府副祕書長
王戰營有關。據說，王戰營由商丘市委書記調任省城鄭州市長一
職被中組部否決，指有人舉報王在扶貧中的問題。

劉奇葆貶往政協 或步令計劃後塵

十八屆政治局委員、前中宣部長劉奇葆列入政協副主席，但
排名在張慶黎之後，也未能兼任政協祕書長，被貶意味明顯。

中共十九大上，剛滿 65 歲的劉奇葆未到副國級 68 歲的退休
年齡，卻未能連任政治局委員，隨後他的中宣部長職務也被習近

平的舊部、新任政治局委員黃坤明接替。

劉奇葆與已落馬的前中辦主任令計劃、前政法委書記周永康關係密切。據稱,中共十八大上,時任政治局常委劉雲山聽從周永康的要求,提名劉奇葆為中宣部長。

十八大後,主政中宣部的劉奇葆被指與江派主管文宣系統的常委劉雲山沆瀣一氣,不斷利用「筆桿子」與習近平對著幹。

十九大前夕,劉奇葆要出事、被查的消息多次傳出。

五年前,中共 12 屆全國政協 24 名副主席中,令計劃排名第二。一年多後,令計劃於 2014 年 12 月 22 日被當局調查。

在新一屆政協副主席名單中,劉奇葆的排名也是第二位,與令計劃一樣。劉奇葆是否會步令計劃落馬的後塵,是十九大之後「打虎」看點之一。

李斌與劉奇葆並列最多反對票

新一屆政協副主席選舉中,劉奇葆與衛計委主任李斌都有七票反對,並列最多。之前一天,中共國務院機構改革方案出爐,衛計委被裁撤。

李斌出生於 1954 年 10 月,早期在吉林省長春市任職,1994年從教師轉入政界,2001 年已升至吉林省副省長,據說就是在江澤民視察吉林時,得到江的歡心,由江發話提拔所致。

2007 年 8 月,李斌奉調進京,出任國家人口和計畫生育委員會副主任,兼任黨組書記,次年 3 月出任計生委主任。

2011 年 12 月,李斌任中共安徽省委副書記、省長。2013 年

3 月，原國家計生委和衛生部合併成衛計委，李斌回籠出任主任。

消息人士說，李斌出任衛計委主任，是令計劃在落馬前的幕後運作，但李斌完全不懂業務，被衛計委尤其是前衛生部官員嘲笑，而令計劃之所以對李的仕途如此上心，北京坊間傳言，是因兩人有「特殊曖昧關係」。

2014 年 12 月令計劃落馬後，坊間已有李斌前途不妙的傳言。2016 年 9 月，有消息稱，李斌年初已被中紀委調查，與令計劃案有關。此次李斌被發配政協，能否平安著陸，還是未知數。

汪洋舊部朱小丹任港澳臺僑委主任

3 月 16 日，中共新一屆政協常委會第一次會議通過設置十個專門委員會。此次設置的委員會分別是，提案委員會、經濟委員會、農業和農村委員會、人口資源環境委員會、教科衛體委員會、社會和法制委員會、民族和宗教委員會、港澳臺僑委員會、外事委員會、文化文史和學習委員會。

上一屆設置的委員會有，提案委員會、經濟委員會、人口資源環境委員會、教科文衛體委員會、社會和法制委員會、民族和宗教委員會、港澳臺僑委員會、外事委員會、文史和學習委員會。

對比發現，新設立了一個農業和農村委員會。另外還有兩個機構名稱上產生了變化，「教科文衛體委員會」改成了「教科衛體委員會」，「文史和學習委員會」改成了「文化文史和學習委員會」。相關改變或許與國務院機構改革相對應。

值得關注的是，新一屆港澳臺僑委員會主任為前廣東省長朱

小丹。朱小丹是廣東本土官員。汪洋 2007 年至 2012 年主政廣東期間，朱小丹歷任廣東省委常委、廣州市委書記、廣東副省長、省委副書記、省長。

清洗信號浮現

中共政協、統戰系統，與中共特務、情報機構，及外交、文宣系統緊密勾連，全方位主導中共的海外特務及滲透活動。比如，統戰部是中共將迫害法輪功的政策在海外推行的主要機構之一。

江派常委賈慶林自 2002 年至 2012 年任中共政協主席長達十年。而統戰部更是長期被江澤民集團操控。中共十八大前後，令計劃接任統戰部長、擔任政協副主席後，海外特務組織對法輪功打壓變本加厲。2014 年底令計劃落馬，具有江派背景的政治局委員孫春蘭接任統戰部長後，未見對統戰系統有實質性的清洗動作。

汪洋接任政協主席，加上之前溫家寶與李克強的親信、書記處書記尤權已接任統戰部長一職，標誌曾長期被江澤民集團霸占、操控的政協統戰系統被習陣營接管。

統戰部長尤權破例未出任政協副主席，習近平親信夏寶龍、何立峰等罕見晉升副國級，異常人事安排為政協系統變革埋下伏筆。

中共十八大以來，共有六名「副國級」以上官員落馬，其中蘇榮和令計劃均在政協副主席位置上被調查，最後倆人都被判無期徒刑。

習陣營接管政協系統後，包括劉奇葆、李斌在內，會否有更多江派高官被查處，有待觀察。

習王體制部署 習要掌權二十年

第十一章

全方位機構改革
架空常委

中共黨政機構實行重大改革和重組,從中可發現一個現象:
以往非常權重的政治局常委,這次卻被縮小了權力範圍。習
近平通過一系列舉措,徹底打破了中共政權此前的運作機制。
接下來,習近平的「中國夢」將如何實現?

習近平這次機構改革變化幅度巨大,以往非常權重的政治局常委權
力範圍被縮小,改變了以往中共政權的運作機制。(Fotolia)

第一節

黨政軍群全方位機構改革

中央「領導小組」升級為委員會，同時設置其辦公室的做法，被認為是習近平要集權辦大事。（Getty Images）

　　中共「兩會」已經結束，除了人事安排外，人們最關心的就是機構改革。2018 年 3 月 13 日上午，全國人大公布了機構改革方案，調整幅度之大，引起媒體一片驚呼。

　　兩會結束後的第一天，當局正式發布了有關中共《黨和國家機構改革方案》，方案包括 20 項中央機構改革、3 項全國人大機構改革、23 項中共國務院機構改革等。

黨政軍群全方位的機構改革

　　回顧過往，這次機構改革算是改革開放以來的第八次由中央

層面統籌的政府機構改革。從 2008 年的部委整合、職能調整，到 2013 年的機構改革，借鑒西方的稱謂叫作「大部制」改革。這次開始人們也這樣叫，但後來發現不對了，因為這次習近平主導的機構改革，已經完全跳出國務院了，而是黨政軍群全方位的機構改革。

這次機構改革是 2017 年 10 月開始準備、2018 年 3 月 13 日就公布的。過去七次改革基本都是國務院的機構改革，其他改革基本是捎帶的。但是這次改革在頂層設計上就把黨、政、軍、群四大體系整體一起考慮，重新安排它們各自的體系框架。

中國行政體制改革研究會學術委員會副主任、國家行政學院教授汪玉凱在接受中國網訪談時談到，他用四句話來概括這次改革的精神內涵和精神實質：

第一，理順關係。不能再出現機構重疊，職能交叉。理順關係既包括黨政的大關係理順，也包括國務院系統內部各個部委之間、各個機構之間理順。第二，優化職能配置。要減少一個事情多個部門來參與管理的情況。第三，強調責權要統一。第四，要強調有效的協調。最後就是落腳到要提高效能。

八大方面的機構改革驚奇點

根據官方公布的改革方案，具體措施有八大方面：一、中共中央機構改革；二、全國人大機構改革；三、國務院機構改革；四、全國政協機構改革；五、行政執法體制改革；六、跨軍地改革；七、群團組織改革；八、地方機構改革。

在第一方面，深化中共中央機構改革中，值得強調的是：組建國家監察委員會，實現對所有行使公權力的公職人員監察全覆蓋。據說其監管了一億人。國監委與中紀委「合署辦公，履行紀檢、監察兩項職責，實行一套工作機構、兩個機關名稱」。不再保留監察部、國家預防腐敗局。

組建中央全面依法治國委員會，作為黨中央決策議事協調機構。辦公室設在司法部。

組建中央審計委員會，作為黨中央決策議事協調機構。辦公室設在審計署。

四個領導小組改為委員會，中央全面深化改革領導小組、中央網絡安全和信息化領導小組、中央財經領導小組、中央外事工作領導小組分別改為中央全面深化改革委員會、中央網絡安全和信息化委員會、中央財經委員會、中央外事工作委員會。四個委員會都有各自的辦公室。

也就是說，習近平在幾年前組建的各類領導小組，現在都正式變成有分量的委員會了，而且還在相應的政府機構中設有專門的辦公室，這就讓過去習近平的「小組治國」，向正式的國家體制治國又邁進了一步。

還有一點讓外界感到驚奇的是，王滬寧領導的中宣部大大擴權了，不但「統一管理新聞出版工作，將國家新聞出版廣電總局的新聞出版管理職責劃入中央宣傳部，中央宣傳部對外加掛國家新聞出版署（國家版權局）牌子。」中宣部還「統一管理電影工作，將國家新聞出版廣電總局的電影管理職責劃入中央宣傳部，中央宣傳部對外加掛國家電影局牌子。」

另外，公告強調了政法委的擴權：「不再設立中央社會治安

綜合治理委員會及其辦公室，有關職責交由中共中央政法委員會承擔。不再設立中央維護穩定工作領導小組及其辦公室，有關職責交由中共中央政法委員會承擔。將中央防範和處理 X 教問題領導小組及其辦公室職責劃歸中共中央政法委員會、公安部。」

有關國務院 26 個部委的改革，可用下面圖表看出：

第 13 屆國務院組成部門（26 個部門，2018 年 3 月至今）	
領域	設置
軍事國防	國防部、退役軍人事務部
外交	外交部
內政、公共安全	公安部、國家安全部、民政部、應急管理部
司法、監察	司法部、審計署
經濟與財政	國家發改委、財政部、住房和城鄉建設部、工業和信息化部、自然資源部、水利部、農業農村部、商務部、人民銀行
交通	交通運輸部
教育科學文化	教育部、科學技術部、文化和旅遊部
民族、人口與健康	國家民委、國家衛生健康委
勞工、人事	人力資源和社會保障部
其他	生態環境部

其中科學技術部、司法部，是重新組建的；自然資源部、生態環境部、農業農村部、文化和旅遊部、國家衛生健康部、退役軍人事務部、應急管理部，是新設的；水利部和審計署，則是優化職責後設立的。

另外，國務院所屬機構也組建了八個新的管理局，並對現有的進行了調整。如，組建國家市場監督管理局，國家廣播電視總局，中國銀行保險監督管理委員會，國家國際發展合作署，國家

醫療保障局，國家糧食和物質儲備局，國家移民管理局，國家林業和草原局，重新組建國家知識產權局，調整全國社會保障基金理事會隸屬關係，改革國稅地稅徵管體制。

「革命性」的改革

新任國務院副總理的劉鶴在《人民日報》撰文，說這次改革的深度具有革命性，不回避權力和利益的調整。汪玉凱解釋說，最早在 1982 年第一次搞機構改革的時候，鄧小平當時講了四句話，說機構林立，人浮於事，效率低下，所以他說機構改革是一場革命。

這次劉鶴再次講到這是一次革命，表明改革本身的艱難性，因為它動乳酪，動利益。在過去五年成就很大，但改革的難度也很大。李克強總理講，要傷筋動骨，要壯士斷腕，簡政放權不是剪指甲，就說明它有很大的阻力。

根據該方案，改革後中國國務院正部級機構減少八個，副部級機構減少七個。如監察部、國家預防腐敗局、國家公務員局和國務院僑務辦公室等，都被撤銷。

汪玉凱在採訪中談到，這次宏觀調控職能部分的改革力度特別大，「最典型的是發改委、財政部、央行這些主要行使宏觀調控的機構。」他舉例說，發改委，老百姓稱之為「小國務院」，這次大概有七項重要職能都從發改委轉移出去了。一是把區域功能規劃職能交給自然資源部了，二是把大氣防護、減排就交給生態環境部，三是把原來的反壟斷職能交給市場監管總局去了，四

是還把藥品定價、藥品管理職能交給衛生部門去了，五是把物資儲備這些，形成一個糧食物資儲備局了，六是把所有的農業投資項目、農業投資這塊剝離給農業和農村部。七是把有關方面歸到文化旅遊部了。

汪玉凱認為，對發改委的改革「成功與不成功，在某種意義上講又起到一種龍頭作用。」

習用「軍機處」辦兩件大事

這次機構改革，其中四個習近平擔任組長的中央「領導小組」升級為委員會，這四個小組改革後分別命名：「中央全面深化改革委員會、中央網絡安全和信息化委員會、中央財經委員會、中央外事工作委員會」。此外，還組建中央全面依法治國委員會等。

有觀察者表示，改革方案中改設多個委員會，同時設置委員會辦公室的做法，與中國歷史上出現過的「軍機處」有相似之處。

歷史上的「軍機處」最早出現於清朝雍正七年（1729年），清朝官兵在中國西北區域與蒙古部落交戰，為及時處理軍報，雍正特設「軍機房」，在乾隆年間被改名為「軍機處」。

「軍機處」成為清廷處理全國軍政大事的常設機構，軍機處及軍機大臣只能奉命辦事，而不能做出任何決策，而且也無權對外發出任何指示，只是作為類似皇帝辦公室及祕書的工作。

依照歷史上「軍機處」的職責，此次習近平設立委員會及其辦公室的地位和作用也就突顯出來。或許，這正合此番政治體制改革的本意。機構改革的背後，被視為習近平「集中力量辦大

事」，下狠手解決胡錦濤執政時期「政令不出中南海」和「九常委各管一攤」這兩個難題。

在胡溫時代，江澤民留下「九常委各管一攤」的執政方式，導致胡溫政權被江派人馬完全架空，「政令不出中南海」。而這個「政令不出中南海」不僅僅指中央命令無法下達到地方，就連國務院的執行部門也難得到貫徹執行。

在這種情況下，習近平上臺後，面對社會亂象和江派的多方掣肘，習王以反腐為名拿下了江派大員周永康、郭伯雄、令計劃、徐才厚、薄熙來在內的眾多高官。政法系統的江派勢力也不斷被清除，而習近平職權也在這過程中不斷擴大。

美國之音曾分析說，中共黨政機構實行重大改革和重組，北京很可能要集中力量辦大事。習近平以反腐名義打擊了這麼多高官，可以看出他是有這個魄力和能力的，有人說，改革必須要先集權，習近平如果選一個正確的方向走，他會得到上上下下的支持。

報導引述北京理工大學經濟學教授胡星斗的話說，習近平突破兩屆任期也不等於終身制，只代表任期的延長和彈性。他說，習完全有權力也有能力指向真正的市場經濟和法制改革，保證中國長治久安。這是他要辦的大事。

「黨政合一」與總統制

此次改革「著眼於健全加強黨的全面領導的制度」，「確保黨的領導全覆蓋，確保黨的領導更加堅強有力」，因此有學者認為，此次機構改革進一步強化了共產黨的領導，削弱了國務院的

權力。

一位要求匿名的內地政治學者對 BBC 中文表示：「此次改革強化了黨的集中、統一和全面領導，具體部署是從中共執政安全角度考慮，在一些比較重要的、事關執政安全的領域強化了黨的領導，如意識形態、社會控制、幹部監督管理等。」

他舉例，意識形態領域，讓中宣部統一管理新聞出版和電影，意味著「今後大陸人能夠讀什麼看什麼聽什麼全部由中宣部來統一口徑」。不過中共以前也是中宣部在操控意識形態，只不過這次是公開了，以前是暗地裡操控。

歷史學者章立凡也認為，這次改革是向「黨政合一」回歸。八十年代，鄧小平曾在講話中數次強調「黨政分開」。章立凡分析，如果最終黨的意志決定一切，很多問題政府未必能做決定，政府的行政職能會進一步被削弱。

不過以前中共也是黨管一切，這次只是公開明確了而已。

的確，這次人大公開確立了 20 多個中共黨務領域的委員會，而且這些委員會都有在相應部委內部設立的辦公室，也就是說，習陣營的黨務官員能夠更多、更直接地參與政府管理職能，這裡面就有一種可能性：假如習近平真的想往總統制過度，如今這種安排就能讓他習陣營的人，更多地參與國家管理，逐步向國家權力過度。

因為習近平最先提拔的自己人，都安排在各個黨務部門，如今這次機構改革，習陣營的人就能通過各種委員會的方式，直接統領國務院各項職能部門，以後就可能過度到黨務和國家職務的重疊。就像習近平那樣，他既是中共的總書記，軍隊的軍委主席，但他更強調的是他是國家的主席，這樣黨務權力就在向國家權力

過度，最後就可能實現總統制。

早在 2015 年 10 月，海外《大紀元》新聞網就曾發表特稿指出，「2012 年習近平接手的是江澤民延續下來的一個爛攤子，其實是個毀滅中華民族的定時炸彈，這個全方位的危機包括經濟危機、道德危機、法制危機和生態危機等。」

「特稿」強調，習近平只要完成兩個動作即可青史留名，一是逮捕江澤民，擺脫自身困境；二是順天意而行，拋棄中共，完成中華民族和平轉型的偉業。

中華民族在拋棄中共之後，也必將迎來真正的復興和中華盛世。習近平將會得到民眾的擁戴和國際社會的讚譽，這是他個人的榮耀，也是中華民族的榮幸。

也許習近平在實現總統制的同時，這兩個動作也都完成了。

第二節

習近平架空常委
三大舉措打破舊體制

廢除隔代指定接班人、取消年齡限制、削弱常委，習近平通過這三大舉措，徹底打破舊體制的運作機制。
（AFP）

2018 年 3 月的兩會上，中共人大不但「選出」了國家主席、副主席、正副總理等最高政府機構的人員，同時還選出了國家監察委主任，並通過了《深化黨和國家機構改革方案》。中央下令要求中央和國家機關以及地方的機構改革，都要在 2018 年年底前落實到位。這次機構改革變化幅度之大，被人稱為是一場革命。

從這些機構設置和人事安排中，可發現一個現象：以往非常權重的政治局常委，這次卻被縮小了權力範圍。習近平利用 20 個新設立的中央委員會以及調整後的 26 個國務院部委，來削弱了常委制。最突出的例子就是王岐山復出後勝過七常委的實權、國家監察委主任楊曉渡取代了常委趙樂際、習近平的經濟智囊劉鶴取代了常委李克強和韓正的部分權力。

王岐山高調復出 開始應戰中美貿易

　　王岐山 2017 年 10 月中共十九大卸任政治局常委後，依舊列席政治局常委會議。2018 年 3 月 17 日王岐山以 2969 票贊成、1 票反對當選國家副主席。有人說，王岐山在黨內排名第八位，僅次於七位政治局常委，不過由於修改了憲法，他與習近平組成的「習王體制」可以無限期地擔任國家正副主席，因此，王岐山堪稱中國二號人物，其實權比很多常委大很多。

　　兩會剛一結束，王岐山就以國家副主席身份現身外事活動。比如，2018 年 3 月 22 日，美國總統川普簽署了行政備忘錄，對來自中國的 600 億美元的商品加徵關稅。3 月 23 日，新任國務院副總理的劉鶴，也與美國財政部長進行了緊急通話。24 日就有消息稱，王岐山與數個美國大公司老闆會了面。

　　消息稱，3 月 24 日，由國務院主辦的一個高層論壇開幕，與會中有逾百個中共請來的外國企業高管人物，蘋果公司首席執行官蒂姆·庫克為外方主席。

　　官媒在報導該新聞時稱，王岐山在論壇外與部分外企高管會了面，港媒《明報》則披露了更多細節。與王岐山會面的商業巨頭多為美國公司，包括 Google 行政總裁皮猜（Sundar Pichai）、IBM 公司董事長、總裁羅睿蘭（Virginia Rometty）、美國著名私人股權投資和投資管理公司黑石集團董事長蘇世民（Stephen Schwarzman）、線上支付 Paypal 聯合創始人蒂爾（Peter Thiel）、波音公司董事長及總裁米倫伯格（Dennis Muilenburg）等。

　　同一天，大陸法制網就刊發了〈美多家商業巨頭反對對華加徵高額關稅〉文章，文章提到蘋果、谷歌、耐克等商業巨頭簽署

請願書，想勸阻川普。看來王岐山不但在中國是二號人物，在國際上也是很有影響力的人。

臺灣東森電視臺有節目介紹說，王岐山是經濟沙皇朱鎔基的嫡系接班人。這次習近平是希望利用王岐山與美國高盛集團的關係，來緩和當前這波美中貿易衝突。

早在 1994 年王岐山當建設銀行行長時，就與高盛集團總裁、美國財政部長保爾森關係密切，朱鎔基希望高盛能幫助中國國有銀行的虧空問題。1997 年王岐山拿出 42 億人民幣與高盛一起投資中國移動並在香港上市，哪知遇到「七一」香港回歸，股票大跌。朱鎔基就派王岐山去香港，等王岐山回來時告訴朱鎔基：42 億真金白銀全收回了！朱鎔基高興地說：「這 42 億只有放在你那我才安心。」

2003 年薩斯疫情爆發，外資都撤出北京。王岐山這個救火隊長當北京市長後，就打電話給保爾森，結果他很快飛到北京。大陸報紙上高調登出「高盛回來了」，結果很多外企也回來了。

儘管現在高盛在川普團隊中位置不多，但依舊有影響力。

趙樂際丟職 楊曉渡高升的祕密

這次兩會人事安排，除了王岐山的意外回馬槍之外，就是趙樂際的意外丟職。

3 月 18 日的中共兩會上，中紀委副書記、監察部部長楊曉渡獲選為首任國監委主任，而不是政治局常委、中紀委書記趙樂際，這令外界大感吃驚，因為 2 月份前，省級地方監察委主任均由同

級紀委書記擔任。

3月21日，中共人大任命劉金國、楊曉超、李書磊、徐令義、肖培、陳小江為國監委副主任，任命王鴻津、白少康、鄒加怡、張春生、陳超英、侯凱、姜信治、凌激、崔鵬、盧希為國監委委員。

人們注意到，楊曉渡的實權被指形同「第九常委」，而新任六名監察委副主任，都是中紀委副書記，都是王岐山上屆任中紀委書記時的部下，其中楊曉超、李書磊、徐令義、肖培四人是習近平、王岐山的舊部。

《新紀元》此前報導了，現年65歲的楊曉渡是王岐山一手提拔上來的。楊曉渡在西藏工作25年後回到上海，任紀委書記，因查處上海法官嫖娼案而得到王岐山的賞識，於是2012年11月被選進中紀委。他成功查處了很多涉及曾慶紅的外圍案子，被提拔為中紀委副書記。2016年底，被王岐山安排為監察部部長和國家預防腐敗局局長，原想接班王岐山的監察委主任，最後提前五年擔任了國監委主任。

相比之下，趙樂際是紀委系統的門外漢，只是被江派利用來趕走王岐山，搶占常委位置的。2017年9月，王岐山去湖南視察時，當時十九大由於內鬥激烈，習近平不得不決定讓王岐山退休，那時王岐山的頭銜是國家監察體制改革領導小組的組長，楊曉渡是小組辦公室主任，而官方臨時給趙樂際按了一個副組長的頭銜。

另外，趙樂際的父親跟習近平的父親關係不錯，特別是「文革」中習仲勛落難時，趙家人對習家人依舊很好。出於這份情義，習近平沒有反對趙樂際入常，但反腐的關鍵位置卻只能留給王岐山的人。

從這個角度看，習近平在國家監察委這點上，是架空了常委。

2018年3月23日，國家監察委（下稱國監委）正式在北京

掛牌成立。楊曉渡主持揭牌儀式，趙樂際為國監委揭牌並參加《憲法》宣誓儀式，成立後的國監委將與中紀委合署辦公。

官方此前對國監委的造勢，可謂雷聲極大，這個機構被定義為「超級反腐機構」，擁有極大的監督權威，對所有公職人員監督實現全覆蓋。

新華社早前刊文，明確國監委是「政治機關」，不是行政機關或司法機關。把監察委定性為政治機關，說明其地位會在一般的司法、行政機關之上，國監委權力會很大，甚至超過中紀委。曾有報導說，國家監察委員會設置後，會與國務院和國家軍委同為正國級。

不過，由於主任楊曉渡不是常委，最後國監委被定性為副國級。

旅美時事評論員鄭浩昌分析指出，國監委吞併了反貪局之後，相應獲得了此前沒有的偵查權，而偵查權以前只有公安、國安和檢察院才有。這樣一來，監察委不僅是監察範圍擴大，而是監察手段有了質的升級。

《世界日報》有評論認為，王岐山之後的中紀委，可能不再像過去五年王岐山那樣反腐「沒有上限」，其刀口會向下，主要打擊中低層貪腐官員，而非面向元老和高層級的領導人。

不過，楊曉渡有查曾慶紅外圍的經驗，也可能今後就查到曾慶紅頭上了。

李克強韓正都無法插手中美貿易

《新紀元》此前報導，習近平現在最頭痛的，一是國內的金

融危機，二是美國的貿易制裁。這兩個經濟領域最大的難題，按理說是應該由兩位政治局常委、總理李克強、副總理韓正來負責協調處理，不過，這次習近平卻把這些任務交給了王岐山和劉鶴。劉鶴是習近平的中學同學。

3 月 24 日官方報導了中共政治局委員、國務院副總理、中財辦主任劉鶴應約與美國財政部長姆努欽通話，雙方就當前中美經貿關係問題進行了溝通。官媒通報該消息時，劉鶴又多了一個頭銜——中美全面經濟對話中方牽頭人。

港媒此前報導說，中共四名副總理中，除劉鶴是經濟專業人士外，韓正、孫春蘭、胡春華都是財經門外漢，由他們統籌大陸經濟社會發展，恐怕力不從心。而劉鶴被外界普遍看好，他可能負責此前由張高麗、汪洋、馬凱等分管的經濟、外貿、金融等工作，可能會成為 20 年內中共最強權的副總理之一。

《南華早報》2 月 22 日報導說，劉鶴將繼續領導中央財經領導小組辦公室。熟悉政府運作的消息人士透露，劉還將擔任新機構、金融穩定和發展委員會主席，負責監管和減少金融「風險」。

報導還說，劉鶴將組建一個「經濟團隊」，成員包括銀監會主席郭樹清、證監會主席劉士余、央行副行長易綱、國家發展和改革委員會主任何立峰、國務院國有資產監督管理委員會主任肖亞慶、國務院副祕書長丁學東等人。

三大舉措打破中共原有運作體制

這次兩會上，通過機構改革，習近平在各行各業、各個領域

新設了 20 個委員會，並由自己習陣營的人來主管，這就從制度層面削弱了常委制。不在委員會負責的常委，哪怕是政治局常委，他也沒有具體能夠參與國家大事的地方，即使有想法有才能，也無地可用。

有分析人士把「習王體制」稱之為「斷後體制」。最明顯的一點是，中共黨內鄧小平時代開啟的集體領導制被肢解了。

首先，中共最高領導已從政治局七常委變成加上王岐山的「八常委制」，但是「八常委」並不意味著集體領導制。除了習王之外，另外六名政治局常委的權力，也都被大大削弱。

其中李克強的經濟政策主導權已經被習近平的經濟智囊劉鶴取代；排名第三的栗戰書若不再兼任港澳小組組長，實權也很有限；汪洋則被放在視為「清談機構」的政協；王滬寧被證實不掌管組織人事和中央黨校，權力比前任劉雲山少。中紀委書記趙樂際的權力更是被楊曉渡分攤，而常務副總理韓正角色與前任張高麗類似，年齡偏高又是江派人馬，已被邊緣化。

在這種情況下，常委權限被削弱，常委制名存實亡，再加上「習王體制」已經取消了年齡限制，其他人乃至政治局更年輕的委員，都感到「繼位無望」，導致中共面臨真正的「斷後」。

中共十九大召開前，習近平拿下了江派指定的中共「第六代接班人」孫政才。十九大上，習近平也沒有按照前任的做法隔代指定接班人。

外界認為，廢除隔代指定接班人、取消年齡限制，再加上常委被削弱，習近平通過這三大舉措，徹底打破了中共政權此前的運作機制。至於習近平的「中國夢」如何實現，未來中國是否會走向總統制，這值得繼續關注。

第三節

江派死守政法委司法部
習調虎離山

江派雖死守政法委及司法部，但郭聲琨從公安部長至政法委書記，傅政華從公安部到司法部，二者都是明升暗降。（新紀元合成圖）

撤綜治辦、維穩辦 江派死守政法委

2018 年 3 月 21 日，中南海公布了《深化黨和國家機構改革方案》全文，其中黨機構的改動方案有 20 條，其中第 18 條提及不再設立中央社會治安綜合治理委員會及其辦公室（綜治辦），第 19 條不再設立中央維護穩定工作領導小組及其辦公室（維穩辦），它們的職能均有中央政法委承擔。

第 20 條提及將中央防範和處理 X 教問題領導小組及其辦公室（「610」辦公室），職責劃歸中央政法委員會、公安部。但方案未像上述兩條一樣明確提及「不再設立」。

中共前黨魁江澤民為了鎮壓法輪功，在 1999 年 6 月 10 日下令成立了一個專門迫害法輪功的機構——中央處理法輪功問題領

導小組辦公室，因為 6 月 10 日建立，又稱「610 辦公室」。2000
年改為中央防範和處理 X 教問題領導小組及其辦公室，並加掛國
務院防範和處理 X 教問題辦公室牌子。

「610」其名義上雖屬於中央政法委，但又是一個獨立的體
系，權力如同中央文革小組。其通過政法委控制中國的公安、法
院、檢察院、國安、武警系統，並有權隨時調動中國外交內政各
部門一切資源。據海外明慧網不完全統計，透過消息封鎖傳出有
名有姓的有 4000 多名法輪功學員被「610」迫害致死，另有數量
巨大的法輪功學員被強摘器官。

這顯示迫害法輪功的政策還在繼續，但 18 年來的指揮機構
不再單獨存在。

2017 年的中共十九大上，被稱為曾慶紅心腹的郭聲琨，從公
安部長升任政法委書記。據報，郭聲琨是曾慶紅的表外甥女婿。
他的晉升被指明升暗降，是派系妥協的結果。

司法部未整併 傳政華凶多吉少

在方案公布前，網上流傳一份機構改革的內容，其他方面都
基本預測準了，但「司法部、國家保密局、國家信訪局、國家密
碼管理局合併組建司法與社會管理部」，這一點沒有實現。

為什麼其他部門都在大力合併，而司法部不搞職能合併，依
舊維持原狀呢？從道理上這很難說得過去。

在 2018 年 3 月 19 日的中共十三屆全國人大一次會議上，前
中共公安部常務副部長傅政華出任中共司法部長。傅得到 16 張

反對票、6 張棄權票。

　　1955 年出生的傅政華是河北灤縣人。他長年在公安系統，由警官一直做到公安部副部長。外界注意到，傅政華並沒有法律專業背景。

　　現年 63 歲的傅政華背景相當複雜。他被指是江澤民派系成員、前中共政法委書記周永康的親信，但有消息稱，周永康孤注一擲、策劃暗殺習近平時，傅政華不敢捲入，於是向習近平洩密自保，成為較早「反水」背叛江、周的官員。

　　傅政華因違反人權被全球 23 個非政府組織列入黑名單。他們呼籲美國依《全球馬格尼茨基人權問責法》對 15 國的「人權惡棍」進行制裁，包括拒發簽證、凍結他們在美國的資產。2017 年底，傅的下屬、北京市公安局副局長陶晶被制裁。

　　「追查迫害法輪功國際組織」的追查通報顯示，傅政華作為北京公安局長，是北京迫害法輪功的主要負責人，被追查國際多次發布追查通告。

　　很多評論說，傅政華從公安部到司法部，是明升暗降，其實際權力大大降低，司法部主要管法院和律師，有維權律師的妻子在推特說，「他過去能把我丈夫抓走，失蹤，酷刑……現在他只能吊照，註銷執照，談心……你說我咋不高興呢？」

　　有諸多跡象表明，傅政華是「709 維權律師大抓捕」的主導官員，民怨極大。

　　有分析認為，在習江博弈中，當原司法部長吳愛英這個江派幹將被查處後，江派為了保住司法部這塊地盤而死保同樣欠下血債的傅政華，習陣營順水推舟架空傅政華，並且不給傅政華治下的司法部更大的權力，於是人們看到，機構改革後的司法部依舊

不能管轄國家保密局、國家信訪局和國家密碼管理局，因為習陣營早晚是要收拾傅政華的。

看來傅政華是被調虎離山，凶多吉少了。重慶公安局長文強，就是在升任司法局長後被懲處的。

習派舊部監軍郭聲琨 王小洪升公安部二把手

3 月 24 日，官方宣布湖北省委副書記、武漢市委書記陳一新已接替汪永清、升任中共中央政法委祕書長。而汪永清已升任中共全國政協副主席。

時政評論員石實表示，這意味著新任政法委祕書長職務的陳一新躋身正部級。陳調任政法委祕書長，將對江派政法委書記郭聲琨起到監軍的作用，郭聲琨的言行都將在陳一新的眼皮底下進行，使得郭想胡作非為、另搞一套或暗中攪局很難以進行；這一人事調動，也屬於習當局對江派把持的政法委進行再次整頓、整肅的一部分。

3 月 25 日，中共公安部官網顯示王小洪已躍升為排名第二，成為分管公安部日常工作的第一副部長。而此前排名第二、三的傅政華、黃明，已不在中共公安部「領導人」名單中。

王小洪是習近平的福建舊部。習任福州市委書記時，王就是福州市公安局副局長，負責習的保衛。王當時住在習樓下，習出差期間，女兒習明澤就借住在王小洪家。

傅政華、黃明調離後空出來的兩個位置，也已經由習信任的人選擔任。目前公安部副部長中，孟慶豐也是習浙江舊部。習

2002 年至 2007 年主政浙江期間，孟 2005 年升任浙江省公安廳副廳長。2015 年股災發生後，習曾令孟率隊嚴查金融界「內鬼」。

另外，中紀委駐公安部紀檢組組長鄧衛平也是習近平的福建舊部。習近平 1990 年至 1996 年任福州市委書記期間，鄧衛平先後在其手下任福州市鼓樓區委副書記、晉安區委書記等職。

看來，習陣營越來越多的掌控公安部了。

綜治辦、維穩辦、610 都是罪惡組織

據悉，地方「綜治辦」、「維穩辦」等機構，常常和「610 辦」、「防範辦」在一起辦公，有些具體辦事人員也是重疊的。時事評論員周曉輝認為，這三家機構以及具體辦事人員身上都沾滿了血腥和罪惡。

也正是在近 20 年的迫害中，江澤民集團為了達到鎮壓的目的，放縱人性中最為惡劣的一面，導致官場腐敗橫行、政府黑社會化，社會道德走向崩潰，民間怨聲載道，抗暴風起雲湧的狀況。一直高喊「穩定壓倒一切」的中共，收穫的卻是越來越不穩定，不得不加大維穩的成本。

如廣東廣州市財政報告顯示，該市 2007 年維穩費為 44 億元，比當年用於社會保障就業資金 35.2 億元還多；2008 年地方財政中武警經費總支出額為 52.7 億元。山東 2011 年為監控盲人律師陳光誠一人，維穩花費居然為 6000 萬元，至於「610 辦」的花費更是天文數字。政法委體系於是成了中國最大黑社會，周永康成了最大的「黑領」。

　　這次習近平撤銷了「綜治辦」、「維穩辦」，算是對江派的進一步清理。不過，江派死守政法委，這也是習江生死大戰的一個體現：江派總是抓住法輪功這個中國核心問題不鬆手，就是怕後來人清算江派鎮壓和活摘法輪功學員器官的滔天罪行。

　　中共十八大，習近平上臺後，李東生、周永康、張越等「610」辦頭目先後落馬。劉京則已被確診患上癌症，生不如死。各地「610」負責人也多遭厄運。

　　據不完全統計，大陸各地各級「610辦公室」頭目非正常死亡人數逾萬。截至2016年8月，受到判刑、查處、處分、控告、免職等處罰的610官員，占610總人數的15.1%。

第十二章

停止迫害
三退保平安

2004年，大紀元發表社論《九評共產黨》，給為禍人間一個世紀、迫害死八千萬中國人的共產黨蓋棺定論。隨後，神州大地出現了「退黨大潮」，至今已有超過三億可貴的中國人退出中共黨、團、隊組織，重獲新生。

習近平裁撤江澤民時期三大鎮壓系統，尤其「610辦公室」被撤銷，觸及江澤民迫害法輪功的這一死穴。（大紀元合成圖）

第一節

法輪功是中國政局核心

2012 年 4 月 29 日，7400 位法輪功學員在台北中正紀念堂，排出法輪功創始人李洪志先生的法像，宏偉壯觀。（大紀元）

　　習近平上台以來，以貪官名義拿下的上百高官，如薄熙來、周永康、徐才厚、郭伯雄、令計劃、孫政才等，都是積極迫害法輪功的凶手。自從 2012 年 2 月王立軍出走美領館以來，中共高層異動頻頻，讓外界看得眼花繚亂。

　　如何解讀中國局勢，中國將走向何方，該如何面對隨之而來的一系列變化，已成為各國相當關注的問題。要清晰洞察這些問題，就不能不直面中國社會的一個核心問題——法輪功，這一中國政局的核心，也是中國政局無法踰越的關卡。

　　法輪功修煉團體作為中國社會一個龐大的人群，在過去 13 年裡無端遭受殘酷迫害。迫害耗費了巨大的社會資源，也造成了方方面面嚴重的後果。迫害的代價與危害之大，已直接導致中共

最高權力層在此問題的重大分歧。胡錦濤、溫家寶、習近平等現任和下一任領導人並不願意揹負黑鍋與血債，而江澤民、周永康、薄熙來等為維持迫害、避免被清算而處心積慮形成「第二權力中央」，伺機謀反篡權。這是中共高層一系列變局的根本原因。圍繞法輪功問題而展開的高層角力與正邪較量，也不可避免的影響到每一個國人與世界各國政府。

迫害波及數億中國人 因迫害而無法安定的中國

法輪功自 1992 年由李洪志先生向中國社會公開傳出。根據中國官方資料，在短短七年裡，法輪功吸引了約一億人。他們遵循「真、善、忍」準則修身養性，並通過煉功強身健體。各種抽樣調查顯示，法輪功在幫助人們提升道德水準、改善人際關係、促進社會安定以及祛病健身方面效果卓著。

1999 年 2 月，美國一家權威性雜誌《美國新聞與世界報導》（US News and World Report）發表文章，文中引用一位高官的話：「法輪功和其他氣功可以使每人每年節省醫藥費 1000 元。如果煉功人是一億，就可以節省一千億元。（時任總理）朱鎔基對此非常高興。國家可以更好地使用這筆錢。」前全國人大委員長喬石在對法輪功進行過深入調查後表示，法輪功對社會「有百利而無一害」。

如果考慮到每個學員還有很多親朋好友，那麼法輪功直接涉及到的人群達幾億人之多。這樣的人數規模，甚至可以超過第三人口大國──美國。在其他任何一個國家，很難想像，這樣龐大

的人群會遭到一個政府的大規模迫害。

　　不幸的是，中共前黨魁江澤民因為妒忌，依恃共產黨的強大機器發動了這場迫害。這場迫害波及到每一個家庭。無數的家庭家破人亡、妻離子散、經濟困難，還有更多的家庭和他們的親朋好友陷入恐懼、悲傷和不滿中。

　　與空前規模的殘酷迫害相對應的，是一場前所未有的和平理性的反迫害抗爭。

　　不難理解，當一個政府要針對幾億人去打壓折騰的時候，他們不可能正常的安心管理一個國家，而當幾億人面對迫害的時候，他們也不可能正常的生活和工作。那麼大數量的人群不能安定下來，那中國社會顯然是無法穩定的，整個國家因為這場迫害而無法安定。

鎮壓耗費巨額國家資財

　　對法輪功的迫害，無異於一場沒有硝煙的戰爭，對中國國家資財的耗費驚人。

　　有消息披露，胡錦濤接班後，曾下令成立中央特別調查組對江當政時在鎮壓法輪功上的財政資源投入情況進行了祕密摸底，發現鎮壓高峰時期（1999 至 2002 年）的財政資源消耗高達約中國國民生產總值一半的社會綜合資源，一般時期也使用了三分之一到四分之一的國家財力。另有消息透露，比例最高時，相當於國民生產總值四分之三的資源被用來維持迫害法輪功。一名國務院財政部官員明確說到：「鎮壓政策是錢堆出來的，沒了錢，鎮

壓就維持不下去。」

　　法輪功學員以血肉之軀在堅強抵擋著整部國家機器的攻擊。他們每花費一分錢，迫害者就要相應的花費巨額的財力來維持。在迫害剛開始不久，中共官員就毫不諱言，鎮壓的費用超過了一場戰爭。

　　迫害始作俑者江澤民下台後，周永康繼續維持鎮壓法輪功的政策，雖然所花費用有所下降，但仍然給國家財政、百姓帶來巨大的負擔。單單以迫害法輪功為主要任務的政法委的年公開維穩費用，就已經超過了軍隊的費用，達到7000億，這是能看得見的。而與迫害相關的方方面面動用的資源，根本無法統計。人們可以想像，要維持這樣一場規模浩大、已經持續19年的戰爭，對國庫、人力、社會整體資源的耗費要達到什麼程度。

　　如此超常負荷不是正常國家財政所能夠支付的。巨額政府赤字、亂印鈔票、拚命出口創匯、拉攏外資輸血就成了常態。中國社會這幾年持續通漲，跟迫害法輪功造成財政困境、政府大量印鈔票有很大關係。中國的銀行甚至在海外上市或準備上市，一個重要原因是因為巨額虧空、想方設法到百姓乃至海外去圈錢。無疑，前些年中國的外資投入與出口創匯，也有很大一部分被江澤民用在了迫害法輪功上。

被徹底破壞的國家法制

　　對無辜百姓的迫害，是任何正常國家法律都不可能允許的。所以這場迫害實際上構成了對法律的空前的踐踏與挑戰。

　　江在鎮壓一開始就發現根本無法用現行的任何法律去給法輪功「定罪」，因為法輪功和法輪功學員對社會沒有任何危害性，也沒有違反任何法律。時至今日，中共中央辦公廳、國務院辦公廳文件確定的七種邪教組織、公安部另外認定的七種邪教組織名單中，都沒有法輪功。

　　江於是制定了一套新系統來破壞已有的法律體系，即建立「中央處理法輪功問題領導小組」（「610辦公室」即為這個「領導小組」的辦事機構），利用「政法委」這個凌駕於法律之上的黨務機構，把對法輪功的迫害推向全國乃至全球。

　　因為迫害本身就屬於違法，所以「610」的很多迫害政策都不發正式文件，而是口頭或者電話通知。「不讓律師為法輪功學員辯護」，「打死白打死，打死算自殺」，「名譽上搞臭，經濟上截斷，肉體上消滅」，對於法輪功學員的訴訟案「不接待、不受理、不解釋」等等，這些傷天害理的迫害政策，並沒有見諸報端和文件，但是，各個地方的法輪功學員不斷地從「610」人員和勞教所管教那裡聽到這些政策，參與迫害者有恃無恐也是因為有這些政策。「610」人員還阻止正義律師為法輪功辯護，或者去綁架和騷擾法輪功學員。

　　領導「610」的中共「政法委」統管「公檢法司」，使得「610」能把「公檢法司」整個系統調動起來，把整個公檢法司系統都直接捲入這場迫害中，成為這場迫害的中堅執行力量。於是，執法者直接變成了違法者，為一場破壞法律的政治運動而賣力，這是對國家法律體系毀滅性的打擊。

　　與此同時，政法委因為迫害而大肆擴張權力並大力擴展武警部隊，使其能與軍隊抗衡，演變成為「第二權力中央」，到了無

法無天的地步。

而中共迫害法輪功的方式，也被應用到了迫害異議人士、維權律師、藝術家和普通民眾身上。

法律的缺失、國家法器的被破壞，也為各級官員肆無忌憚的貪腐打開了口子，整個國家陷入了無序和敗壞中，國家處於崩潰的邊緣。

全面的社會道德淪喪

任何一個正常社會，其主流都是抑惡揚善的。大面積對善良進行打壓，必然放縱惡的因素。當信奉「真、善、忍」成為罪過的時候，誰還會願意去做好人？而一個迫害好人、不允許道德高尚的人存在的政權，會引導這個社會走向何方？

為了迫害法輪功，中共有意放縱官員的各種惡行，作為對他們的迫害的另類「獎勵」，官場的貪污腐敗墮落，更一發不可收拾。迫害中的巨額經費根據迫害者的作惡程度進行分配，那些最惡毒的迫害者、最善於鑽營的人、最沒有道德底線的人，得到了最多的「獎勵」。整個社會正氣越來越少，歪風盛行，最終江河日下，一步一步走向深淵。

可以說，很多中國人都知道法輪功學員是好人，但因為對中共政權的恐懼，很多人選擇了沉默，不敢於公開譴責政府。在這種心靈被扭曲、良知被扼殺的情況下，人與人之間冷漠、道德淪喪、人心失控就不可避免。前不久廣東佛山發生的 18 個路人對於在街頭遭輾斃的兩歲女童小悅悅的冷漠、以及各種食品和藥品

問題頻出就是明證。

對「真、善、忍」的迫害，直接摧毀了人性最善良的一面。這持續十幾年傾盡國力的迫害，對社會道德造成了毀滅性的打擊。今天的中國社會，「人人害我，我害人人」，道德淪喪已經到了怵目驚心的地步。

被中共破壞的傳統文化

在中華民族 5000 年的歷史裡，造就了豐厚的文化底蘊。她教導人們重德行善、敬畏神明、真誠、善良、仁愛、寬容、信義、勇毅等美德。這些道德價值造就了中國人的人格特質，也成為中華文明能夠延綿數千年的基礎。

中共的假惡暴與傳統文化倡導的精神是格格不入的。因此，在中共用暴力和欺騙奪取政權後，發動了一波接一波的邪惡運動，徹底破壞傳統文化的根基，以維護其統治。

一個民族的最核心力量是她的文化。中國幾千年來靠著強大的文化認同征服與同化著外族，激勵著國民。一個沒有文化的民族，就等於沒有了靈魂，沒有了方向。這樣的民族，不可能前行，就走向消亡。因為沒有文化就沒有根，沒有根就沒有未來。失去文化的基石，民族精神就滅亡了。

所幸的是，法輪功學員從新復興了中國的傳統文化。特別是由法輪大法佛學會舉辦的神韻晚會，將中華五千年傳統文化中的精粹，包括傳統的價值觀、人應有的道德規範、行為準則，以完美的藝術手段展現在觀眾面前，讓觀眾在歷史的長卷中感受曾經

的輝煌，感受真正的中華傳統文化。從中國大陸、台灣到海外，神韻呈現的中國文化受到國際社會和中國民眾的廣泛認同。

神韻用一種無形的力量在清洗著被中共污染的中國文化，文化是中國人的根，神韻正在恢復和再現中國真實的歷史和文化。

法輪功奇蹟般恢復了被中共摧殘得體無完膚的傳統文化。這些文化元素在中國人的血液裡流淌了幾千年，當他們被激發出來的時候，一個真正文化意義上的中國就會從新被建立，馬列主義就會被拋棄。可以說，中華文化的傳承現在已經轉到了法輪功身上，這將為中華民族的長遠發展提供文化的原動力。

中國與世界未來之路

在人類的歷史長河裡，中華文明一直占據著一個重要的位置，中國一直在扮演著一個重要的角色。當中國這個古老的文明底蘊被充分發掘出來的時候，其對世界的貢獻是不言而喻的。正因為如此，有人說，二十一世紀是中國人的世紀。當世介面臨發展的困境的時候，越來越多的人把目光投向了中國。

中國將以何種方式嬗變，中華文明將會發揮何種作用，顯然是全世界都極為關注的。世界希望中國走向和平、自由、穩定與發展，希望中華文明為世界做出更大的貢獻。

正如我們所看到的，在目前對法輪功的殘酷迫害下，中國是不可能穩定的。如果一個社會人心向善、政治清明，不維也穩。而一個迫害無辜、掩蓋真相、防民之口甚於防川的暴政，則必然激起民變。這就是為什麼維穩費年年增加，卻越來越不穩的原因。

一個 13 億人口的中國，其前途影響著整個世界。中國社會因為迫害法輪功而造成的人心渙散、國庫虧空、法制被破壞、道德的淪喪，已經使整個國家處在一個危險的邊緣。整個世界也將面臨巨大的衝擊。

當一個政策無法按正常程式執行的時候，它依靠的只有暴力逼迫、利益誘惑和謊言煽動。在迫害法輪功的過程中，人們可以看到濫權的普遍，肆意挪用國庫，獎勵小人和各種謊言的出台。一個國家，在這樣的黑白顛倒，權力濫用，政府用金錢誘惑人犯罪的時候，這個國家已經在走向毀滅的邊緣。

任何一個明智的執政者，如果尚有希望為百姓謀福利的意願，哪怕是極其細微的還希望為國家前途著想的意願，都會努力試圖去扭轉目前的局勢。況且，如果他們毫無作為，他們也會揹負黑鍋與血債，走入萬劫不復的下場。

不少國家與政府在與中國交往中，往往只注重經濟與商業利益而忽略人權。當談到人權問題時，也常因為中共的壓力，蜻蜓點水籠統帶過，對中國目前最大的人權侵害——對法輪功的迫害——不敢去觸及。中國政局的最新發展，已經在明確告訴他們，法輪功是他們無法迴避的問題。

中共給國際施壓「什麼人權問題都可談，但不能談法輪功」

中共給國際社會施加重大壓力「什麼人權問題都可以談，但不能談法輪功」。這充分說明瞭法輪功問題在他們議程中的重要程度，也更說明這是中國社會的核心問題。這一問題不解決，其他問題也不可能解決。

一個明智的政府，應該看到與流氓政府合作而不去制止迫害，就會掉進魔鬼的陷阱，最終將品嚐自己釀下的苦果。

　　迫害遲早會被制止，但迫害要持續多長，中國社會將為此付出多大的代價，將取決於我們的反應。而我們的一舉一動，也將決定我們的未來。

　　當世界把目光投向中國，當人們思考中國將往何處去時，他們無法迴避如何面對法輪功的問題。當世界希望中國走向安定的時候卻不去幫助制止這場迫害，這是不切實際的。

　　先知說，我們將面對一場最後的審判。事實上，這場審判已經來臨。在這場前所未有的善惡較量中，人們將在上天面前擺放自己的位置。

　　天網恢恢，善惡有報，上天在衡量著每一個人的選擇。

第二節

習裁撤三大鎮壓系統
四親信接管公安部

兩會後，中共政法系統大清洗，尤其「610辦公室」被撤銷，公安部副部長傅政華、黃明被調離。（新紀元合成圖）

　　兩會後，中共政法系統大清洗，尤其「610辦公室」被撤銷，曾先後任專職迫害法輪功的「「610辦公室」主任中共公安部常務副部長傅政華與副部長黃明被調離。

傅政華與黃明被「調虎離山」

　　2018年3月22日，中共國務院新成立的應急管理部幹部大會在京召開，宣布領導班子任命的決定；中共公安部副部長黃明調任應急管理部黨組書記。3月19日，中共兩會上，原國家安監總局局長王玉普已被任命為應急管理部長。

　　另外，在 3 月 19 日的中共人大會議上，中共公安部常務副部長傅政華轉任中共司法部長。3 月 22 日，司法部官網更新部領導名單，其中，原國務院法制辦公室黨組書記、副主任袁曙宏任司法部黨組書記、副部長。

　　王玉普、黃明、傅政華、袁曙宏四人都是中共十九屆中央委員；應急管理部與司法部實行「雙首長制」；傅政華、黃明被調離公安部後，權力受限。尤其傅政華從公安部常務副部長實權職位調任司法部長，明升暗降，還將受制於司法部黨組書記袁曙宏。

周永康心腹黃明傳面臨調查

　　黃明從 2016 年 5 月開始擔任中共公安部黨委副書記、副部長，同時還兼任中共中央「610 辦公室」主任。

　　黃明曾在江澤民與周永康的老家江蘇省公安廳任職長達 26 年。黃明刻意奉迎周永康，不但為周的家人親友在江蘇營商斂財提供方便，更一度陪周家人去無錫周家祖墳燒香叩頭，溜鬚拍馬。

　　周永康出任公安部長後，2009 年 8 月黃明調任公安部長助理，一年後升任公安部副部長，成為周永康政法系嫡系之一。

　　據報，周永康落馬後，公安部排名第五的副部長黃明一直是周永康專案組約談的主要對象。消息來源稱，「周永康被抓後，據說黃明一度被嚇得半死。」

　　2017 年 6 月初，有消息稱，習當局曾在政法系統清理過一次周永康餘毒，但並不是很徹底。公安系統正在進行新一輪大換血；公安部副部長黃明、前公安部常務副部長楊煥寧、重慶市公安局

長何挺等都面臨調查，有的已被處分等。

隨即，6月9日，公安部副部長陳智敏被免職；6月16日，重慶市副市長、重慶市公安局長何挺被免職；10月9日，何挺被立案審查；7月31日，安監總局局長楊煥寧被行政撤職以及連降三級，並被立案審查。

目前，黃明再被調虎離山，其仕途命運料是凶多吉少。

傅政華見風使舵、兩頭通吃

傅政華生於1955年3月13日，長期在北京公安局從事刑偵，2010年，升任北京市公安局長，由江派成員、原北京市委書記劉淇一手提拔。

當時，傅政華為升官聽令於周永康，積極迫害法輪功。據海外「追查迫害法輪功國際組織」追查通報顯示，傅政華作為北京公安局長，是北京市迫害法輪功的主要負責人，被該組織多次追查通告。

在習近平拿下周永康和令計劃的過程中，傅政華因「陣前倒戈」有功，把2012年「3‧19」政變時周永康曾給他的一個手令交給了胡、習，才有官至正部的機會。

2013年8月起，傅政華兼任公安部副部長；2015年2月，兼任專門迫害法輪功的中共中央「610辦公室」主任；2016年5月，升任正部級的公安部常務副部長。

傅政華作為中共政治迫害的職業打手，從鎮壓法輪功起家，後又成為各種維權人士最凶殘的對頭；被外界冠以「狠角色」之

稱。中國大陸發生的數起獲得國際廣泛關注的人權迫害案例都有
他的影子或由其導演。

武漢商人徐崇陽曾寫信控告傅政華強搶他家產，以及製造假
案誣衊他，而遭致瘋狂報復，先後被傅政華兩次祕密抓捕。

2013 年 8 月傅政華任公安部副部長後，下令北京市公安局整
肅網路大 V。雷洋案，傅政華又力挺涉案警察。警察與賣淫女上
央視指認，也是傅政華幕後運作。

傅政華仕途的轉折點

2016 年 5 月北京雷洋案發生後，輿論四起、群情激盪。習近
平要求「公平公正處理」。沒想到很快有消息出來，稱北京公安
局 4000 多名幹警聯名給最高層寫信，聲稱如果要處理涉事警察他
們都辭職不幹了。據報導，習因此大為惱火下令調查，最後查到
和傅政華有關。

有分析認為，傅政華是靠迫害法輪功而升官，又跟江派關係
很深，雖然「習近平用他對付周永康，可以說是以毒攻毒」，但
終難獲得習近平的信任。

2016 年 8 月 14 日，雷洋案事發百日，傅政華也在 8 月被免
去中共中央政法委員。

消息人士指，實際上這是一個信號，顯示傅的地位已經下降，
開始被冷落並接受調查，「一旦找到把柄，查實問題，才會抓人。」

2017 年 1 月 9 日，中共公安部召開黨委會議傳達學習中紀委
七中全會精神，要求公安部深刻認識周永康野心家、陰謀家本質

等。蹊蹺的是，作為公安部排名第二的常務副部長傅政華未出席該會議。

在此前後，傅政華處境不妙的消息頻傳，一度長時間無公開活動報導。傅政華被調離公安部後，仕途能走多遠，還是未知數。

習舊部王小洪升公安部「二把手」

2018年3月25日，中共公安部官網首頁「領導信息」欄目更新顯示，趙克志任部長，此前排名第四的王小洪躍升第二，並特別標註分管公安部日常工作；隨後排名依次為副部長孟宏偉、侍俊、李偉、中紀委駐公安部紀檢組長鄧衛平、副部長孟慶豐等。

官網信息還顯示，王小洪已升任公安部黨委副書記、繼續兼任北京市公安局黨委書記、局長。

3月22日，有消息稱，公安部副部長王小洪將接替傅政華擔任常務副部長。

王小洪為習近平的福建舊部。十八大後，王小洪火箭式晉升，歷任河南公安廳長、北京市公安局長、公安部副部長，先後在河南、北京展開「掃黃」行動，劍指背後的政法系統等江派勢力。

習近平四親信接管公安部

目前，公安部高層中，除了王小洪外，十九大後新任公安部長趙克志曾被胡錦濤、習近平看重，先後主政京畿重地河北省與

政治高地貴州省。

副部長孟慶豐是習近平浙江舊部。習近平 2002 年至 2007 年主政浙江期間，孟慶豐 2005 年升任浙江省公安廳副廳長。2015 年股災發生後，習近平曾令孟慶豐率隊嚴查金融界「內鬼」。

中紀委駐公安部紀檢組長鄧衛平也是習近平的福建舊部。習近平 1990 年至 1996 年任福州市委書記期間，鄧衛平先後在其手下任福州市鼓樓區委副書記、晉安區委書記等職。

趙克志、王小洪、孟慶豐、鄧衛平出任公安部長、常務副部長、紀檢組長等要職，標誌著習陣營已接管曾被江澤民集團長期把控的公安部。

習浙江舊部陳一新 任政法委祕書長

據大陸官媒 2018 年 3 月 24 日報導，中共湖北省委副書記、武漢市委書記陳一新出任中共中央政法委委員、祕書長。前任政法委祕書長、59 歲的汪永清已在兩會上出任全國政協副主席。

3 月 20 日，陳一新進京履新前召開武漢市官員座談會。會上，陳一新要求武漢官員高舉「習思想」。

現年 58 歲的陳一新是習近平在浙江任職時的舊部，被視為「之江新軍」的重要成員之一。習在 2002 年至 2007 年任浙江省委書記，而陳一新在 2003 年至 2012 年任省委副祕書長、省委政策研究室主任。

習近平在十八大主政後，陳一新仕途擢升。2013 年 6 月，時任金華市委書記陳一新被調任溫州市委書記，2014 年 12 月又兼任

浙江省委常委，躋身省部級官員。2015 年 11 月，陳一新被調任中央全面深化改革領導小組辦公室專職副主任，再次成為習近平的助手；2017 年 1 月，他被外放為湖北省委副書記、武漢市委書記。

外界關注，習舊部陳一新任政法委祕書長，成為政法委大管家，將對江派背景的現任政法委書記郭聲琨起到震懾、監管效應。

習親信卡位政法委 包圍郭聲琨

中共十九大上，公安部長郭聲琨按慣例進入政治局，接替孟建柱任政法委書記。郭聲琨與曾慶紅是江西老鄉，據稱是曾慶紅表外甥；郭聲琨五年前接替孟建柱出任公安部長一職，曾慶紅在背後起到了極為關鍵的作用。

郭聲琨被認為是曾慶紅安插在習近平身邊的、繼周永康之後的一枚重要棋子。郭聲琨此前一直利用公安部與習近平暗中作對。

目前在中央政法委內部，除了陳一新任政法委員、祕書長外，公安部長趙克志料將按慣例出任政法委副書記。另外，政法委員中，武警司令員王寧、中央軍委政法委書記宋丹都是習近平的親信將領。郭聲琨被習陣營人馬包圍、架空的態勢已很明顯。

郭聲琨後院失守 遭遇五路夾擊

中共政法系統曾先後被江派常委羅干、周永康長期經營、把控；成為江澤民集團的「第二權力中央」，不僅是江澤民集團血

債幫迫害法輪功的主導勢力，也是其政變所依靠的關鍵力量。

習近平十八大上臺後，政法委書記被踢出政治局常委會，政法系統成為習近平、王岐山的重點清洗目標。十九大後，習當局最新公布的黨政機構改革方案中，與政法系統密不可分的三個中央層級的鎮壓機構被撤銷，分別為綜治委、維穩辦、以及專職迫害法輪功的「610辦公室」。

時政評論員司馬靖分析，諸多跡象顯示，習當局正加速掌控政法系統。除了習親信接管最具實權的公安部，卡位多個政法委員要職外，政法委書記郭聲琨還另外遭遇至少三路夾擊，權力大幅縮水。

首先，郭聲琨任公安部長前的老巢廣西自治區書記換人，曾慶紅馬仔彭清華被「調虎離山」；廣西官場面臨進一步清洗，郭聲琨後院失守。

其次，新成立的國家監察委整合政法系統的監察、反貪機構，並可對政法系統行使監察職能；而國家監察委已由習近平、王岐山的舊部楊曉渡主掌。

第三，在最新的機構改革方案中，習當局還公布組建中央全面依法治國委員會。習近平料出任委員會主任，國家副主席王岐山很可能出任副主任。該委員會無疑將直接統轄中央政法委等政法、司法機構。

習裁撤江澤民時期三大鎮壓系統

2018年3月21日，北京當局公布了《深化黨和國家機構改

革方案》全文，其中第十八條為，不再設立中央社會治安綜合治理委員會（綜治委）及其辦公室（綜治辦），第 19 條為，不再設立中央維護穩定工作領導小組（維穩小組）及其辦公室（維穩辦），它們的職能均由中央政法委承擔。

第二十條為，將中央防範和處理 X 教問題領導小組及其辦公室「610 辦公室」，職責劃歸中央政法委員會、公安部。

上述一個委員會、兩個領導小組、三個辦公室中，唯有中央防範和處理 X 教問題領導小組與「610 辦公室」的職責，除了劃歸中央政法委員會外，還另外劃歸公安部。

習近平這次裁撤的三大鎮壓系統，綜治委、維穩辦、610 特務系統，都是江澤民主政及江對胡溫垂簾聽政期間的重要鎮壓機構，這些機構獲得大量政府資金，也是貪腐最嚴重的機構。

江設「610」系統專迫害法輪功

「610 辦公室」是在江澤民直接操作下，於 1999 年 6 月 10 日設立的凌駕於國家憲法和法律之上的全國性恐怖組織，專門迫害法輪功的「中央 610 辦公室」非法組織，負責組織、策劃、密謀、指揮各種迫害法輪功學員的行動及所有事務。該機構類似「中央文革小組」和德國納粹的「蓋世太保」組織。

江澤民的「610」機構在統管公、檢、法、司的同時，還有權干涉特務、外交、財政、軍隊、武警、醫療、通信等各個領域，「610」成了能夠調集全國幾乎所有資源的特權機構。中國各級「610」機構數以萬計，遍布中國各個城市、鄉村、機關學校。

十八大以前，「610」小組組長先後由三個江派常委李嵐清、羅干、周永康出任。十八大後，「610」小組長按慣例由政法委書記兼任，但官方一直諱莫如深。

「610辦公室」自1999年6月10日成立至今，有六任辦公室主任：王茂林（1999年6月至2001年9月）、劉京（2001年9月至2009年10月）、李東生（2009年10月至2013年12月）、劉金國（2014年1月至2015年1月）、傅政華（2015年9月至2016年5月）、黃明（2016年5月至至今）。從劉京開始，中央一級「610辦公室」主任均由公安部一名副部長兼任。

這些年來，對法輪功學員們的騷擾、抓捕、勞教、判刑等迫害，以及活摘法輪功學員器官等罪惡，幾乎都是「610」操縱的，其犯下的罪行怵目驚心，罄竹難書。

「610辦公室」一個機構兩塊牌子，對外使用的是「國務院防範和處理X教問題辦公室」，但事實上這個機構成立之後，從朱鎔基到溫家寶再到李克強三任總理，誰也沒有在這個機構的正副專職負責人的任免令上簽過字。

1999年7月之後，秉承江澤民、羅干、周永康旨意的中央政法委下的「中央綜治委」和「維穩領導小組」，不僅承擔著鎮壓異議人士、迫害良善的任務，製造了大量的冤假錯案，還與「610辦公室」共同實施了對法輪功的鎮壓和迫害，包括酷刑、殺戮和活摘器官等罪惡，且這樣的罪惡迄今沒有被正式終止。

據海外明慧網不完全統計，自1999年中共江澤民發動迫害法輪功以來，在其滅絕政策「打死算白死，打死算自殺」，「不查屍源，直接火化」等指導下，在羅干、周永康、王茂林、劉京、李東生等人直接指使下，透過消息封鎖傳出有名有姓的有4000多

名法輪功學員被迫害致死，另有數量巨大的法輪功學員被活摘器官。

「610」高官遭報應紛紛落馬

2012 年重慶王立軍出逃美領館事件發生後，江澤民集團因恐懼活摘器官等迫害法輪功罪行被清算，而企圖發動政變、廢黜習近平的陰謀曝光；中國政局的核心——迫害法輪功問題也日益浮現。

身上並未背負血債的習近平十八大上臺後採取的系列措施，也彰顯習江生死博弈的焦點是迫害法輪功問題。包括：習釋放「依法治國」信號，取消了與迫害法輪功密切相關的勞教制度；習近平、王岐山發動「打虎」運動，拿下江澤民集團大批高官，這些落馬高官幾乎都曾跟隨江澤民迫害法輪功；2015 年 5 月，習當局公布「有案必立，有訴必應」，其後有超過 20 萬法輪功學員及其家屬，向中共最高法院和檢察院遞交訴狀，控告元凶江澤民；而全球 31 個國家已有超過 260 萬民眾支持起訴江澤民。

在習江生死博弈中，中共政法系統與「610」機構不僅是江澤民集團迫害法輪功的主導勢力，也是江派政變所依靠的關鍵力量；從而也成為習近平的重點清洗目標。

十八大以來，李東生、周永康、周本順、張越這四個中共「610」系統的頭目先後落馬。

「610 辦公室」的第二任主任、前公安部副部長劉京，據報已被確診患上癌症，生不如死。

除去李東生和劉京等總頭目之外，各地「610」負責人也多

遭厄運。據不完全統計，大陸各地各級「610辦公室」頭目非正常死亡人數逾萬。

「610」被撤銷 政治信號不一般

習當局最新機構改革方案中明確將「610」領導小組及其辦公室職責劃歸中央政法委與公安部，釋放江澤民專門成立用於迫害法輪功、運作了19年的中央「610」機構被撤銷的信號；地方各級「610」機構料將隨之撤銷。這或成為江澤民集團迫害法輪功罪行將被清算的一個標誌性事件。

中共各級政法委與公安機關本來一直聽令於中共「610」機構，配有專門人員和部門以對應「610」小組。所謂將「610」機構的職責劃歸政法委與公安部，對後二者而言，並無實質性改變。相反，中共中央政法委與公安部處境今非昔比，面臨被清洗的現狀，令「610」機構改革方案具有了更深的政治意涵。

清洗江澤民集團行動進入新階段

中共兩會上，習近平核心地位進一步加強，並修憲廢除國家主席任期限制；王岐山強勢回歸，實權僅次於習近平；習陣營人馬全面接管包括國家正副主席、國務院總理、全國人大主任、政協主席、國家監察委主任等最高國家權力，為中國政局發展帶來極大變數。

　　另一方面，習陣營迅速展開黨政機構改革，包括江派曾經掌控的「第二權力中央」政法系統在內的多領域掀起清洗風暴，預示習王清洗江澤民集團行動進入新階段。

　　尤其「610 辦公室」被撤銷，觸及江澤民迫害法輪功罪行的這一死穴，為習第二任期內如何清洗江澤民，帶來新的看點。

第三節

貴州「藏字石」洩露的天機

「藏字石」成了掌布河谷風景區的「七奇」之首，是國家級地質公園，門票上「中國共產黨亡」清晰可辨。（資料圖片）

　　貴州省平塘縣掌布鄉桃坡村河谷是國際上著名的風景區，是中國西南黔、桂結合部的一塊高山谷地，全長六公里。有奇山、奇水、奇石，奇洞、奇竹、奇樹、奇魚等景觀。但因交通閉塞，長久不為人所知。2002年6月，都勻國際攝影博覽會推薦該景區為攝影采風點。

　　原任村支書王國富在清掃景區時無意發現了一塊「藏字石」。這塊巨石是從石壁上墜落下來後分為兩半，兩石間可容兩人，各長七米有餘，高三米，重約一百餘噸。右石裂面清晰可見「中國共產黨亡」六個橫排大字，字體勻稱方整，每字一尺見方，筆畫突出石面。發現後遂逐級上報。

　　2003年8月，平塘縣邀請了貴州省地質專家到掌布作調查，

寫出了詳細報告，認定「藏字石」是從河谷左岸陡崖上墜落下來的一塊巨石，在徒崖上仍可看到崩塌岩體留下相應的凹槽，崩塌岩體墜地後，分裂為左右兩塊巨石，「中國共產党亡」幾個大字就清晰地顯現在右邊巨石的內側斷面上。

同年10月，《人民日報》副總編梁衡到掌布鄉觀看後寫道：「雖然人們也常在石壁上發現些白雲蒼狗，如人如獸，如畫如圖，但那也只限於象形的比附。今天突然有巨石能寫字，會說話，叫人怎麼能相信，怎麼敢相信？但是，面對這一分為二、內藏文字的石頭我們又不能不相信。」

2003年12月5日至8日，應平塘縣委、縣政府的邀請，以全國政協委員、著名地質學家李廷棟，中國科學院院士、著名地質專家劉寶君，中國地質大學教授、國土資源部國家地質公園評委、著名古生物學專家李鳳磷等十五人組成的「貴州平塘地質奇觀–中國名家科學文化考察團」，深入掌布河谷重點對「藏字石」進行實地考察。

專家一致認為，掌布河谷景區「藏字石」上的字位於距今2.7億年左右的二疊統棲霞組深灰色岩中，五百年前崩裂下來，「藏字石」上至今未發現人工雕鑿及其他人為加工痕跡，堪稱世界級奇觀，具有不可估量的地質研究價值。

這次考察有人民日報、中央電視台、光明日報、科技日報、旅遊日報、中國國際廣播電台等二十多家媒體記者隨團採訪報導，包括人民網、新浪網、東方網、搜狐網、雅虎網、新華網等在內的一百多家報紙、電視網站轉發了這一科學考察活動消息，但都隱去「亡」字，光提「中國共產黨」五個字。不過人民網、新華網刊登的照片中卻看的很清楚。2004年8月2日，中央10

套節目《走進科學》欄目中，也報導了「藏字石」五個字，隱瞞了「亡」字，並將照片消掉。

這一「藏字石」的出現，為我們洩露了天機：

第一、為什麼「藏字石」在 2002 年 6 月發現？

據科學家考察，這塊巨石有 2.7 億歲，是在五百年前崩裂下落，為什麼到 2002 年 6 月才突然發現呢？我們知道，法輪大法是 1992 年 5 月 13 日首先在中國大陸傳出的，因廣受歡迎，經短短數年傳法就使國內修煉法輪大法的學員迅速達到近一億人，此後並逐步傳向世界。

1999 年 7 月 20 日，江澤民和中共相互利用發動鎮壓法輪功，一直鎮壓三年才發現「藏字石」。這就是說，雖然中共建立以來罪惡累累，神早就定下來要滅掉它，但法輪大法在中國大陸開傳，首先使中國大陸民眾淨化思想、道德回升，然後再傳遍世界，這是一件功德無量的事，如果不進行鎮壓，也可將功補過，但神一直等了三年，還不斷升級，所以「天滅中共」的預示才被發現。

第二、「中國共產党亡」這幾個字，為什麼「党」是簡化字？

中國文化是神傳文化，每個字都有深刻的內涵。中共執政後，由國務院公布了四批簡化字，改變了中國傳統文化的內涵。如親簡化為 　，愛簡化為 　，進簡化為 　，廠簡化為厂。人們說：「親不見，愛無心，進落井，廠內空」。這就說明，中國文字這個神傳文化的內涵被中國共產黨抽掉了，所以「党」用了簡化字。

第三、「藏字石」使無神論無法自圓其說

馬克思創立共產主義，「無神論」是其理論基礎的重要組成部分，在《國際歌》中就有「從來就沒有救世主」和「神仙」的話。由於它們不讓人相信神佛的存在，不相信善惡有報，所以敢

於不斷殺人，血染「紅旗」和「大地」，並不斷批判「封建迷信」，說那是「愚昧無知」。江澤民在 1999 年 4 月 27 日發動鎮壓法輪功時給政治局常委及其他領導同志的信中也說：「難道我們共產黨人所具有的馬克思主義理論，所信奉的唯物論、無神論還戰勝不了法輪功所宣揚的那一套東西嗎？果真是那樣，豈不成了天大的笑話！」

中共在剛剛接到「藏字石」的報告時，認為是有人在石頭上雕鑿了「反動標語」，準備破案嚴懲。但經科學家鑑定卻是「至今未發現人工雕鑿及其他人為加工的痕跡。」不是人為的，那不就是神寫的嗎？科學家還鑑定「藏字石」是在五百年前崩裂下來的，那時神就在石頭上寫好了字。

我們都知道馬克思從創立共產主義到現在才一百多年，中共從 1921 年建立到現在才九十多年，可是在五百年前，中國共產黨什麼樣，結果如何，神佛早就知道了，而且連中共造簡化字都知道，這叫無神論怎麼解釋呢？過去中共一貫標榜，它是中國人民的「大救星」，可是後來逐漸被人們所唾棄，神早就判了它的死刑，它不能自圓其說，便再次造假，在喉舌中把「亡」字去掉，在「藏字石」的門票中印上「掌布救星石景區門票」的字樣，繼續耍流氓欺騙民眾以掩蓋其覆滅的下場。

共產主義幽靈自到世上以來，就是一個邪惡的魔教，它的實踐在全球範圍內已經徹底的失敗，在蘇聯和東歐共產黨的政權倒台後的今天，國際共運早已被全世界所唾棄。它們的失敗是必然的，因為它們的無神論反宇宙、反自然、反天、反地、反人類，逆天而行，所以必然遭到天意神靈的懲罰。

現在世界上只有中共還披著共產空皮做最後的掙扎。回顧中

共九十多年的歷史，始終是以謊言、戰亂、饑荒、獨裁和屠殺為禍神州。特別是對修煉「真善忍」的一群好人實行毫無人性的殘害更使天理不容。但正義終將戰勝邪惡，中共必亡，大法必成，這是天意。「藏字石」即是天滅中共的鐵證。任何人逆天而行，必遭天懲！

然而中共錯誤的認為，法輪功在威脅其政權的鞏固，必欲除之而後快。因此，江澤民和中共從 1999 年「7·20」開始「玩火」，發動起鎮壓法輪功的邪惡運動；2001 年又導演「天安門自焚」嫁禍法輪功，再次「玩火」；事物總是那麼驚人的巧合，2009 年 2 月 9 日，正是導演「天安門自焚」的中共電視台，由於燃放禮花彈導致其新樓北側配樓發生火災。大火燃燒了六個多小時，建築裡面十幾層的中庭已經坍塌，這是神對其「玩火自焚」的一個小小的警示。

中共鎮壓法輪功正是「玩火自焚」。其實法輪功恰恰是社會上最善良、最穩定的因素。法輪功反迫害講真相是在江澤民無端嫁禍之後開始的；傳《九評》是在江交出所有權力之後，中共仍繼續鎮壓的情況下進行的；致於「三退」那是由於中共徹底失去人心的結果。中共滅亡的命運是其邪惡本性、作惡多端的結果。是「玩火自焚」的結果，是江澤民從內部打垮中共的結果，也是中共逆天而行、人神共憤、天滅中共的結果。「藏字石」上的「中國共產黨亡」就是神對中共的死刑判決書。

從 2004 年 11 月《大紀元》發表《九評共產黨》之後，在全球華人、主要是大陸人中掀起了退黨、退團、退隊的三退高潮，截止 2018 年 3 月，已有 3 億人在《大紀元》退黨網站（http://tuidang.epochtimes.com/）上公開聲明三退。

第四節

認清中共「三退」保平安

2013 年中國新年前夕,紐約各界中國城遊行。(大紀元)

　　西來「幽靈」共產黨(其實是一個魔教、邪靈)在中國篡奪政權以後,為了讓人們聽它的話、跟它走,就兒童時開始,它就迫使和誘惑人們加入它的少先隊、繼而加入它的共青團和共產黨組織。它胡說什麼只有加入共產黨的組織,才說明自己「政治覺悟高」、「要求進步」,再加上只有加入共產黨的這些組織,才能做官當幹部、才能找到好的工作,許多人因此加入了共產黨的這些組織。

　　共產邪靈要求人們在加入黨、團、隊組織時,都必須發誓:把自己的一生獻給共產黨,為共產主義事業奮鬥終生。很多人都認為這個誓言沒有什麼,不過是用嘴說說,走走形式而已。其實,這是一個要命的毒誓。這些話一出口,就意味著自願地把生命交

給中共了，承認是中共的一分子了。有功能的人看到，隨著毒誓的發出，在人的右手和額頭上就被印上了一個魔鬼的印記，也就成為歸這個邪靈管的生命了。

把共產邪靈從西方引到中國，實際上是引狼入室。中共篡權以後，一方面竭力摧毀中華民族的傳統文化，摧毀人的道德和行為規範；另一方面，接連不斷地發動血雨腥風的政治運動：土改、鎮反、肅反、三反五反、大躍進、反右傾、文化大革命、八九「六四」屠殺市民學生，1999 年開始迫害修煉「真、善、忍」的廣大法輪功民眾，造成了八千多萬中國同胞喪生，甚至在法輪功學員活著的時候摘取他們的身體器官販賣牟取暴利，幹出了這個地球上從未有過的罪惡，令人神共憤。再看當今的中國社會，道德淪喪，世風日下，禮崩樂壞，信義無存，黃賭毒假泛濫成災，工人失業，農民失地，貪官橫行，民不聊生。中共禍國殃民已經到了如此地步，天理難容！

2002 年 6 月，在貴州省平塘縣掌布鄉風景區發現了一塊「藏字石」，這塊奇石斷面內驚現排列整齊的大字「中國共產党亡」，這是上天在向世人傳達「天滅中共」的天意！

中共的黨、團、隊是由所有加入過的人所組成的，所有向它發過毒誓、身上被它打上印記的人，都是中共的一分子，在天滅中共時，就會成為中共的陪葬品。大家知道，大多數入黨的人是被中共的謊言所迷惑，沒有看清共產黨的邪惡本質，發的毒誓也不是發自內心。上天慈悲於人，現在網開一面，給所有加入過中共黨、團、隊的人一次機會：現在只要聲明退出，有行為的表示，就能廢除發過的毒誓、抹掉身上的印記，這樣，天滅中共就與你無關了，再加上認同「法輪大法好，真善忍好」，就能在各種天

災人禍中保命保平安。

2004 年 11 月以來，中國出現了一個波瀾壯闊的退黨大潮，人們通過讓親戚幫助退，自己上網退、出國旅遊退等多種方式進行「三退」，截止 2018 年 3 月，「三退」人數已突破三億人。

可是，直到今天，還有許多人猶豫不決，未作「三退」，其思想障礙主要有以下幾個方面：

一是認為「三退」是搞政治。由於中共的長期洗腦和誤導，對共產黨不能說壞，只能說好。誰只要一說共產黨不好，就會被扣上「搞政治」的大帽子而受到共產黨的殘酷迫害。什麼是搞政治？搞政治的基本要點是，必須有政治主張，例如想要什麼樣的社會制度、政治體系，想要自己當政，還是要誰當政；還要有行動綱領以實現相應的政治目的。法輪功修煉者勸說別人「三退」沒有任何對社會制度、權力的訴求，他們只是講人心向善、遠離邪惡的道理和躲避災難、自我保護的方法。每個人選擇什麼是由每個人自己決定的。法輪功學員勸說別人「三退」是在救人，他們就像貴州省那個「藏字石」一樣，沒有任何政治目的。

二是認為自己是好人不用退。有人說，我雖然是老黨員，可是沒有做過傷天害理的事情，是個好人，不用退。你個人可能真的沒有做過什麼壞事，可是中共是由一個一個黨員組成的，你是中共的一分子，中共的滔天罪惡，你就必須承擔一份，因此，你就在天懲之列。現在你只有退出中共，與中共劃清界限，中共做的任何壞事才都與你無關。古語說：「順天者昌，逆天者亡」。好人也必須順天意而行，順天而行的人才是真正的好人。

三是對現在這種「三退」方法有懷疑。有人說現在這種「三退」方法沒有通過組織，也不辦任何手續，到底管用不管用，算

不算弄虛作假？現在這種「三退」方法，是上天給需要「三退」的人提供的最簡單最方便最安全的方法，是管用的，關鍵是你要真心退。神只看人心，「人心生一念，天地盡皆知」，只要你真心退，神會知道的。對於所有「三退」名單，是非常嚴肅對待的，《大紀元》退黨網站都要進行認真登記和存檔的。

　　四是有人認為退黨是「叛變」行為。其實，絕大多數人入黨是被共產黨的謊言所迷惑，或者是想在中共體制內得到一些好處，而不是真正相信什麼共產主義。實踐證明，共產黨吹噓的共產主義「天堂」，就是要把人間變成地獄。共產黨帶給黨員的是人性喪失，良知泯滅，善惡顛倒，最後成為它的陪葬品；帶給人類的是人權的被剝奪，生產資料的喪失，以及殺戮、戰爭、飢荒和各種各樣的災難。對於有良知的人來說，身處中共這樣一個無惡不作的組織中，是一種恥辱與罪惡。現在認清了它的真實面目和邪惡本質，退出它，不再與邪惡為伍，是人性的回歸，良知的復甦，是脫離魔鬼，棄暗投明，會受到世人的尊敬，得到神佛的佑護。

　　五是認為共產黨近期不可能滅亡，不用急著退。有人說什麼中國現在經濟發展很快，國力強盛，人民生活水準有很大提高，中共再有十年二十年也滅亡不了。無數事實告訴我們：大自然的變化，神的事情，那可不是用人的思維能夠想像得了的。唐山大地震，幾分鐘就把一個城市變成了廢墟，使二十四萬人喪生，十六萬人傷殘；南亞大海嘯，幾分鐘就使近三十萬人喪生。蘇聯、羅馬尼亞等東歐國家的共產黨，都是在很短時間內垮台的。據有功能的人預測，天滅中共就在眼前！機不可失，時不再來，希望您能抓緊「三退」，不要因為一念之差，而失去自己生命的永遠，給自己造成無法彌補的遺憾！

中國大變動系列 **065**

習王體制部署 習要掌權二十年

作者：王淨文 / 季達。**執行編輯**：張淑華 / 韋拓 / 余麗珠。**美術編輯**：林彩綺。**出版**：新紀元周刊出版社有限公司。**地址** ： 香港荃灣白田壩街5-21號嘉力工業中心A座16樓03室。**電話**：886-2-2949-3258 (台灣) 852-2730-2380 (香港)。**傳真**：886-2-2949-3250 (台灣) / 852-2399-0060 (香港)。**Email**：newepochservice@gmail.com。**網址** ： shop.epochweekly.com。**香港發行**：田園書屋。**地址**：九龍旺角西洋菜街56號2樓。**電話**：852-2394-8863。**規格**：21cm×14.8cm。**國際書號**：ISBN978-988-77342-8-4。**定價**：HK$138 / NT$500 / US$32。**出版日期**：2018年5月。

新紀元
NEW EPOCH WEEKLY

www.ingramcontent.com/pod-product-compliance
Lightning Source LLC
Chambersburg PA
CBHW020455270326
41926CB00008B/612